牧志恩河一件

琉球王国末期の疑獄事件

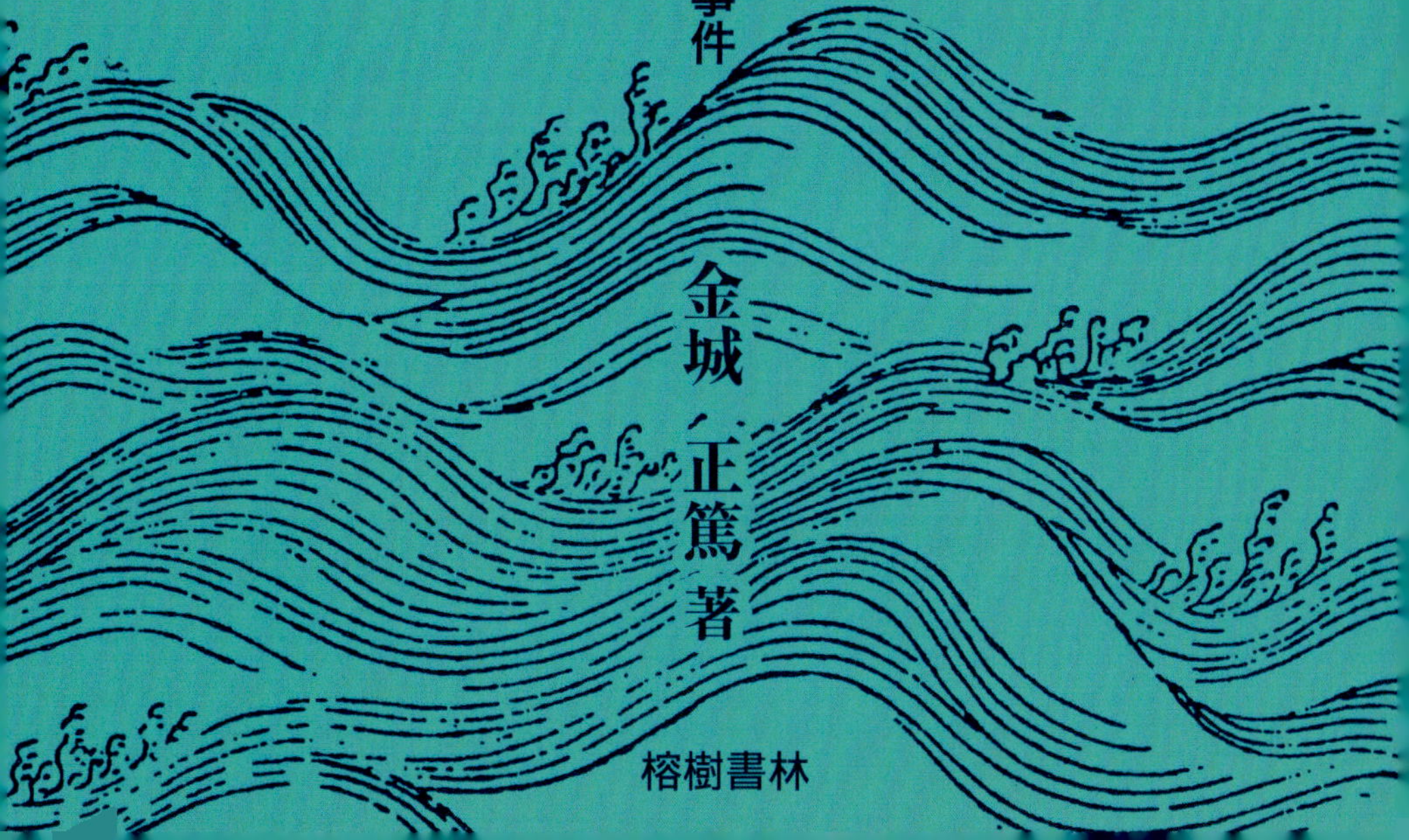

金城正篤 著

榕樹書林

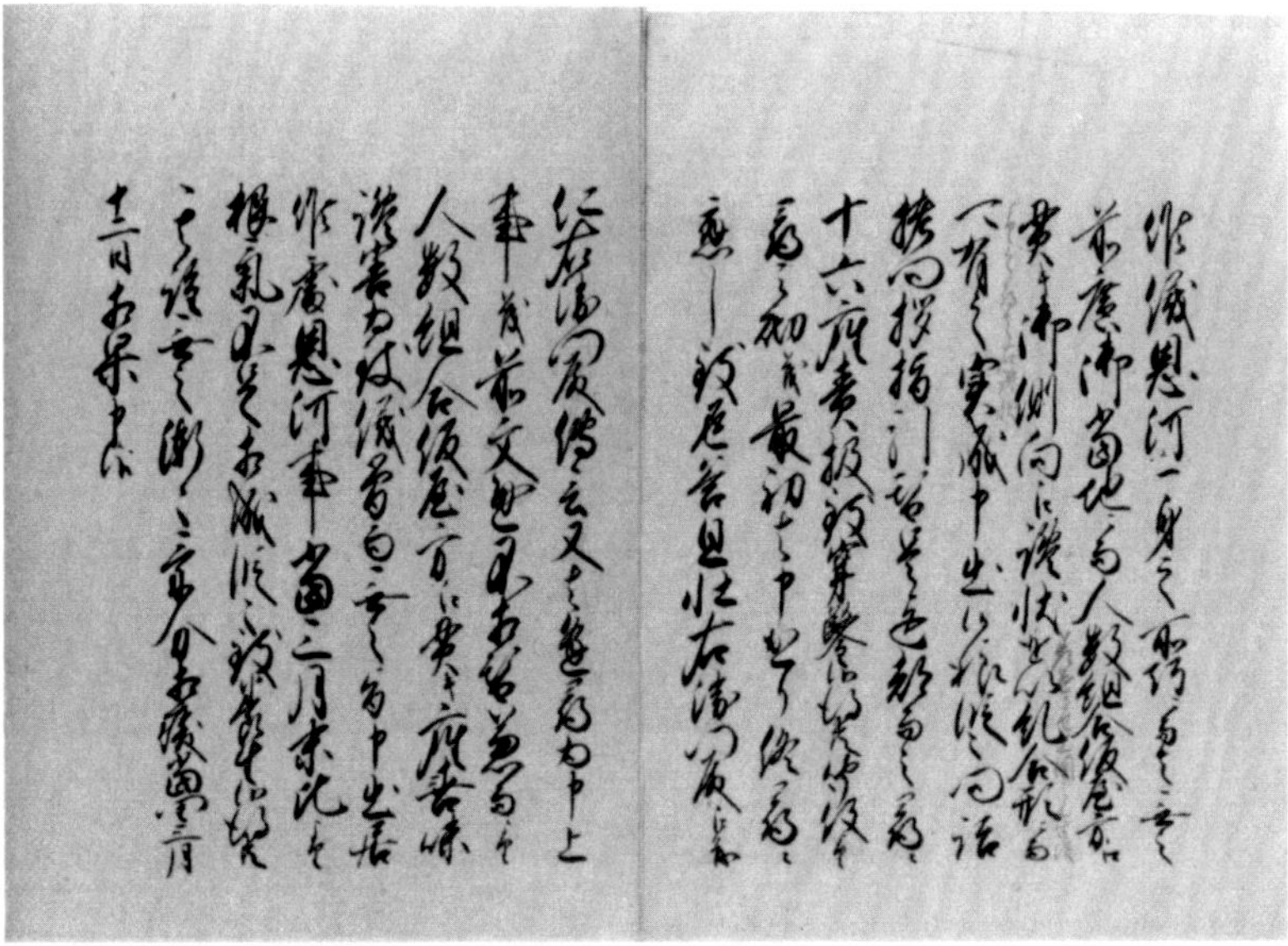

「牧志恩河一件調書」（本書 136 ページ参照）

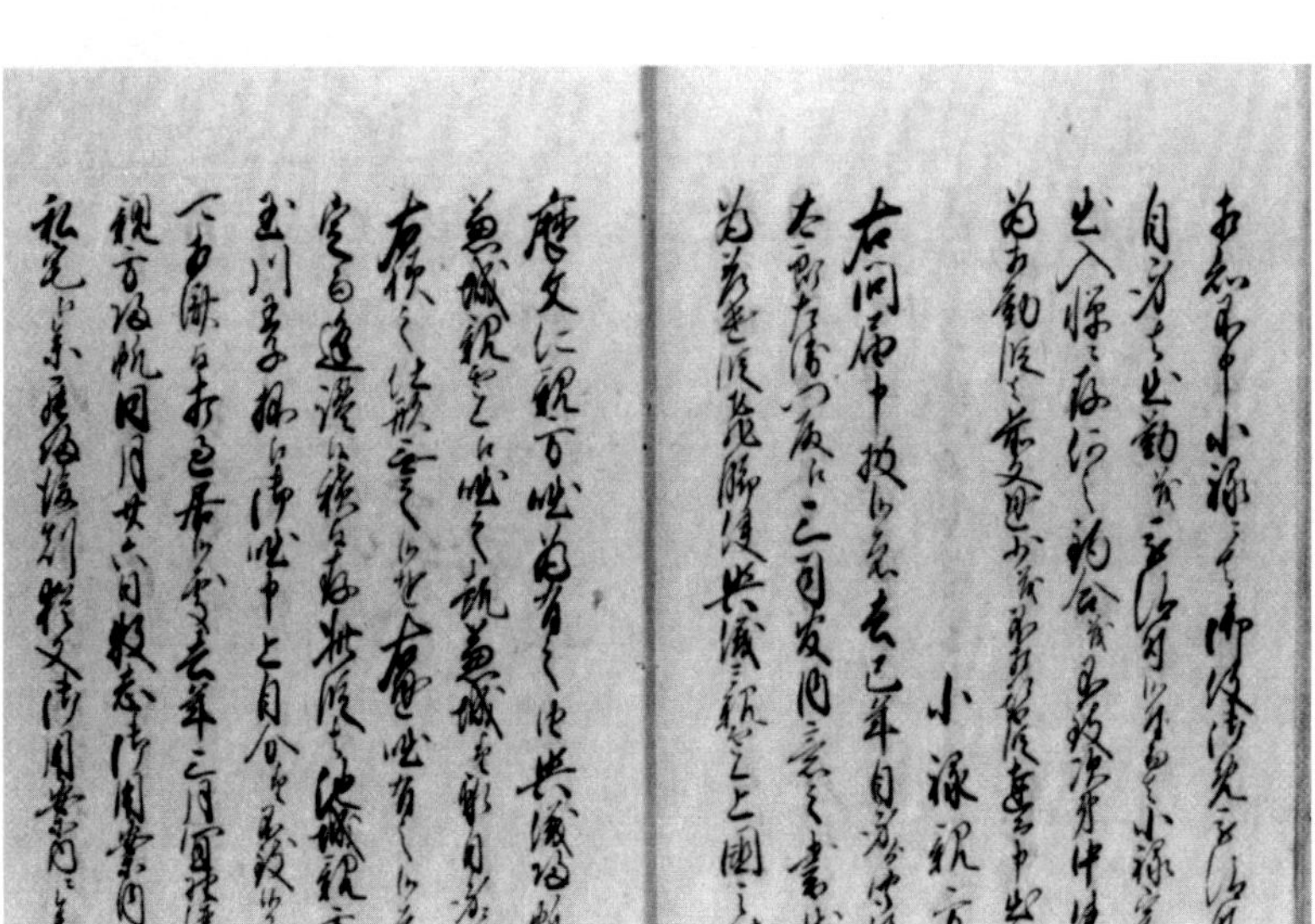

「牧志恩河一件調書」（本書 162~63 ページ参照）

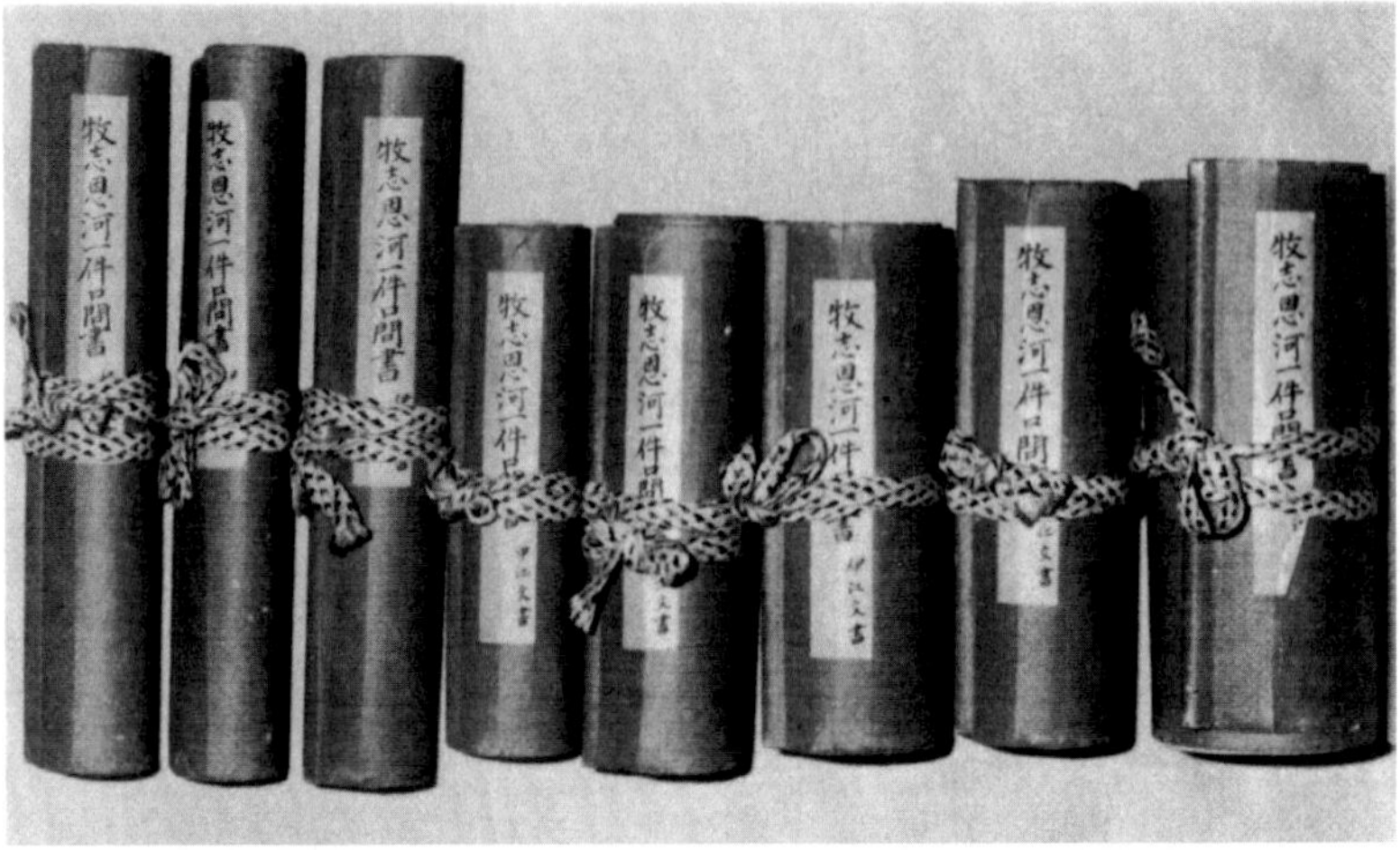

「牧志恩河一件口問書」（本書 178~204 ページ参照）

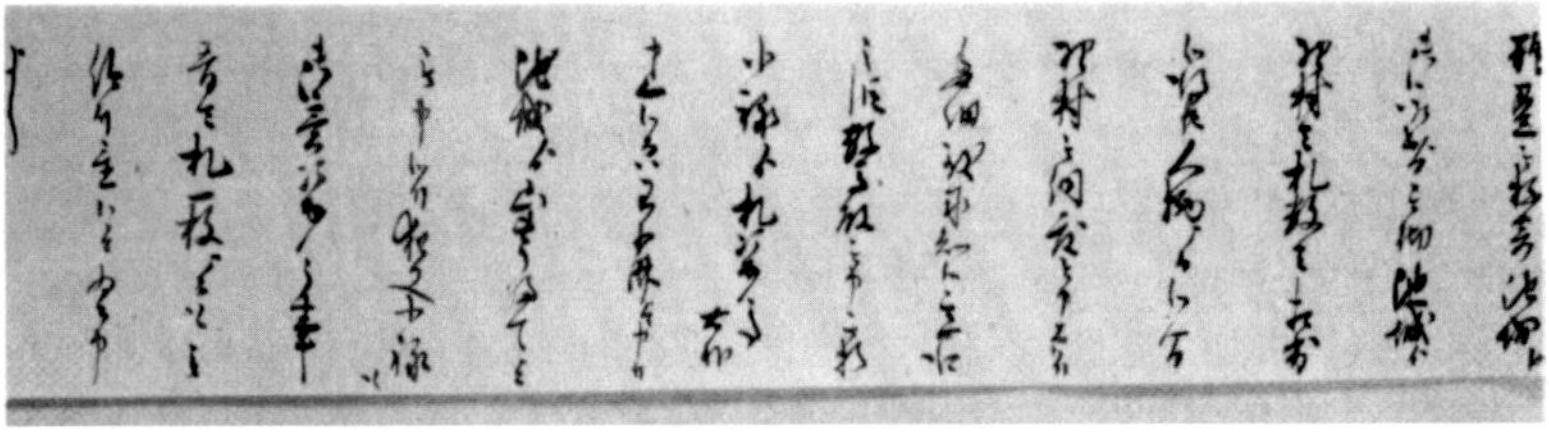

「牧志恩河一件口問書」（本書 192 ページ参照）

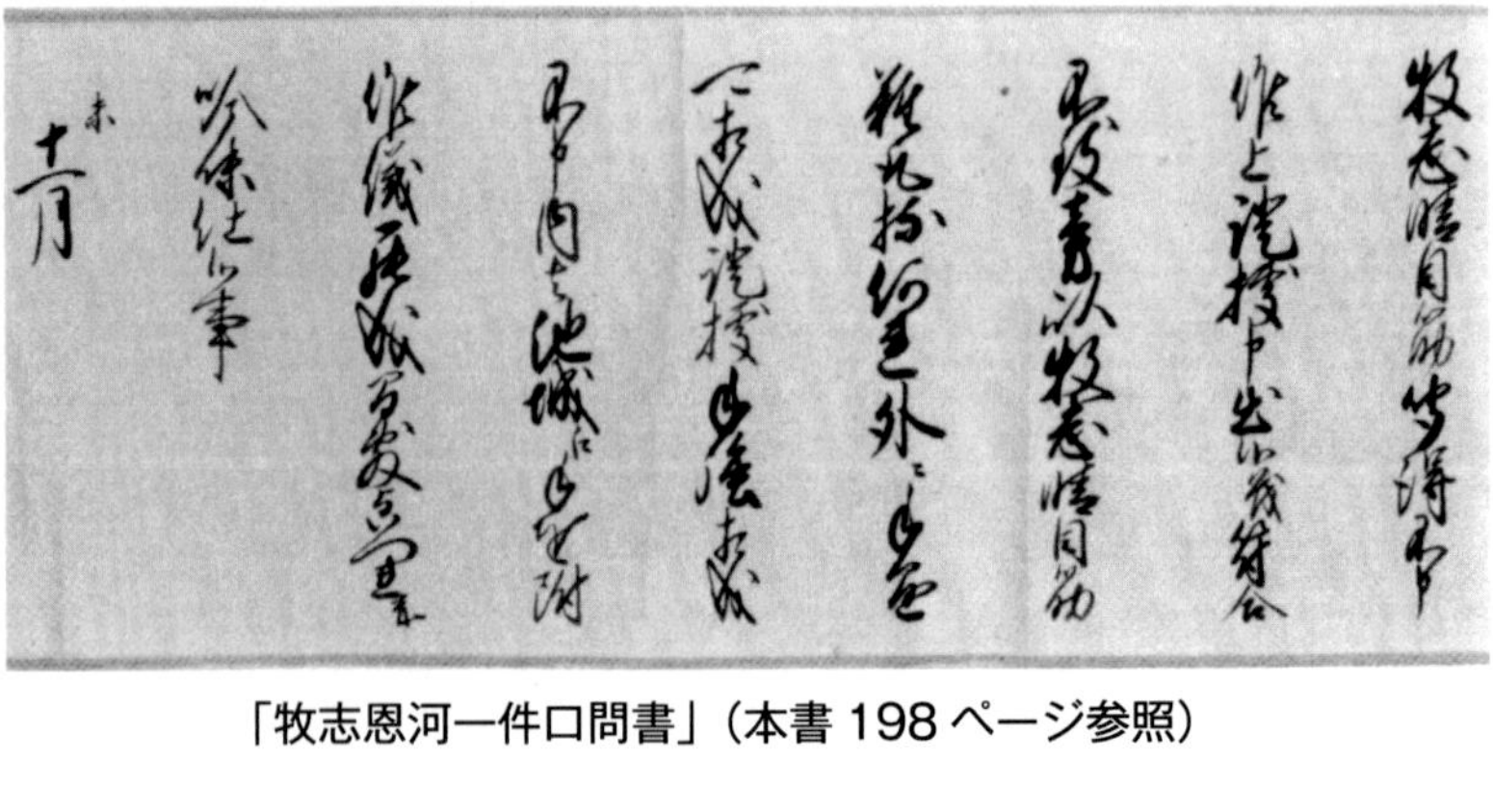

「牧志恩河一件口問書」（本書 198 ページ参照）

序にかえて

「牧志恩河事件」についての、先学の理解を聞くことから始めたい。

①伊波普猷の理解

「黒船の渡来が頻繁になつて、東亜の風雲が益々険悪の度を加へた頃、薩摩では急進主義の斉彬公が太守となり、〈今の勢は内外の政事振切つたる取計〉をせざれば時勢に追付かぬといつて、在来の密貿易の機関の改造に取りかゝるに及んで、端なくも琉球の内政に未曾有の混乱を来たして、所謂牧志恩河の大疑獄が起るやうになつた。《中略》この時琉球では、親支派で倹質な毛恒徳座喜味親方盛普が要路に立つてゐたので、容易にその命を奉じようとはしなかつた。この座喜味は支那を崇拝して、薩摩に不利益なことをするといつて、島津氏の感情を害したので、遂に大臣の職を免ぜられて、僅に死を免れた人であるが、東恩納文学士はこの人を第二の若那《ぢゃな》だといつてゐる。座喜味の免職一件から、端なくも所謂黒白党の政争（即ち日支両思想の衝突）が始まり、遂に同胞相噬むの大惨劇が演ぜられて、明治の初年に及んだ。かうして琉球は、外部からの勢力でどうにかされなければ、始末が出来ないほど行詰つて了つたのである」（『孤島苦の琉球史』、今『伊波普猷全集』第二巻、二四九～五〇ページ）。

「(斉彬の急死によって) 薩摩には、斉彬崩れがあつて、反動の時代が来たが、その余波は忽ち琉球にも及んで、未曾有の大疑獄となつた。そのおこりは、彼の蒸気船購入、座喜味革職等の難題が、専ら玉川、小禄、恩河、牧志の献策によるとされ、薩人の手足となつて、国を売らうとしたといふ所にあるが、それにこの一味が薩官と結び、玉川王子を擁して、廃立を謀つたといふ流言もたづさはつて、遂に小禄以下の入獄となつた。さうして小禄は漸く赦されて間も無く病死し、恩河は拷問に絶(堪)えずして獄中に死し、牧志は薩藩の命によつて、鹿児島に護送される途中、七島灘で入水した。玉川王子は法の裁きは受けなかつたが、神託《みせぜる》によつて、神前で詰問され、間も無く病を得て、この世を去つた。」(同上書、五〇一ページ)。

伊波のこの「事件」に関する情報は、ほとんど喜舎場朝賢の『琉球三冤録』に依拠したものと思われるが、「事件」を王府支配層内の親中国派と親日派の対立、いわゆる「日支両思想の衝突」ととらえるのは、伊波の沖縄史＝琉球史理解の得意のシェーマの一つである。

②東恩納寛惇の理解

「事件の性質は時の三司官小禄親方、物奉行恩河親方、日帳主取牧志親雲上等の一味徒党が王叔玉川王子を擁して、隠に廃立を企てたと云ふにあるが、此事件が色々の事情と錯綜して、事の真相が判然としない。殊に先侯の御在世中は憚る所あつて近侍の人々も此の事を余り口にしないし、事件は疑獄として、存在する計りで、暗から暗に持ち越されて居たのであった。

之れに関する史料も頗る不十分で、僅かに喜舎場翁が書かれた、琉球三寃録と云ふのが真境名安興君の手に在る位であつたが、此の頃になつて、伊江男爵家から当時の判決文が出た上に、当時恩河親方と薩摩から同船して色々内談をした薩摩人市木正右衛門自筆の日記が出て、大分真相が明かになつたやうに思はれる。（「牧志恩河一件の真相」、『東恩納寛惇全集』4、四二五ページ）。

安政六年二月廿三日に、物奉行恩河親方が突然免職になつた。是れが抑も事件の発端で、是れより火の手は方々に燃えひろがつたのである。

恰度これより三日前、二月廿日に、島津斉彬公薨去に就き、《中略》斉彬公の薨去は前の年の七月廿日で、半年も前の事で《中略》琉球に伝達せられたのは其の年の十二月の廿日である。当時外国人に対して、軍艦注文一件の行きがかりがあつたので、斯く喪を秘して居たのである。何にしろ順聖院の薨去が発表になると同時に、此の事件が持上がつたと云ふ事は、極めて大切な事で、其の間に何か関係がなければならぬ。斉彬公の後には、三郎君と云はれた、久光が嗣がれた。此の二代の性格、政策は全然正反対であつた。其の相違が、琉球方面に現れて、大事件を発生したのである。であるから牧志恩河一件を単に琉球計りで詮議しやうとすると、迚もわからない。時の判官伊江王子が色々苦心せられたにも拘らず証拠不十分に終つて、上下一般傾けた小首が今迄起き直らないのは、此の為めである。（前掲書、四二六ページ）。

『尚泰侯実録』の編著者としての東恩納は、「事件」の矢面に立たされた牧志・恩河・小禄を「一味徒党」と呼び、「事件の性質」を「玉川王子を擁して隠に廃立を企てた」ことを重視しているように思われる。そして、玉川王子の異母兄にあたる伊江王子が裁く側（糺明奉行）に立ち、「証拠不十分」で謎のまま幕引きがなされた、と。

また、東恩納は「牧志恩河一件を単に琉球計りで詮議しやうとすると、辿もわからない」といい、「薩摩人市木正右衛門自筆の日記が出て、大分真相が明らかになつたやうに思はれる」と、いみじくも述べているように、薩摩側の関係史料と突き合わせて検討しないと、「事件」の真相に迫れないのかも知れない。なお、「此の頃になつて、伊江男爵家から当時の判決文が出た」、という「判決文」は、本書に「伊江文書」として収録してある。

③比嘉春潮の理解

「全く思いがけないことが鹿児島で起った。それよりまえ、市木らが沖縄で談判折衝に奔走していた七月十六日、斉彬は急病で死んだのであった。年五十歳であった。薩摩では斉彬が藩主になる前から、藩内に深刻な党派的対立があった。斉彬が死ぬと反対党が急に勢を得て、斉彬の企画は事の善悪を問わず悉くこれを破棄するいわゆる斉彬崩れの時代が現出した。」（『比嘉春潮全集』第一巻、三三九～四〇ページ）。

「大湾の破格な昇進、座喜味の免官勧告など、人事に関する薩摩の態度は露骨であった。非薩摩派と見られる人々の不安は深まっていった。こういう場合に親薩摩派の人々のたびたびの会合・密談、島津にとっては外交問題であったが、首里王府の中枢部にとっては人事問題でありおのおのの地位の問題であった。《中略》これら薩摩の人事問題に関するあまりに強圧的な干渉は王府に大きな不安を与えた。このような情勢のうちに軍艦の注文は進められていたのであった。が島津斉彬の急死によって、薩摩の政策は大変動を来たした。」（前掲書、三四二〜四三ページ）。

「牧志が入獄する頃から、この機に乗じて私怨私憤を以って他を傷けんとする悪風潮が首里王府の中枢部にまではびこり、虚説は虚説を生み、停止する所を知らず、ついには薩摩派が薩藩と通じ玉川王子を擁して国王の廃立を企てているという噂が立つに至った。このとき王叔の伊江王子が加増糾明奉行を命ぜられた。」（前掲書、三四六ページ）。

比嘉は、薩摩の積極政策の琉球での代行役を担わされた主要人物——牧志・恩河・小禄——が逮捕・投獄され、拷問の責め苦のもとで取り調べを受け、やがて結審に至る経緯を記述している。とりわけ、国王廃立の矢面に立たされた玉川王子は、徹底糾明を主張する大里王子（尚惇、三司官）および伊江王子（尚健、加増糾明奉行）とは「異腹の兄弟」であり、玉川王子の妻が小禄親方の娘であることを理由に離婚を迫るなど、人脈関係にも注目している。

最後に比嘉は喜舎場朝賢の『琉球三冤録』からの引用で結んでいる。

「大里、伊江の党員は、はじめ気焰赫々たりしも王命の排除するするところとなり党勢忽ち萎靡《いび》す。世人之を目して黒党と謂い、譜久山、仲里の正議に循由せるものを白党と称したり」（前掲書、三四八ページ）。

④真境名安興の理解

「外国人の渡来と共に外交問題が起って来た。《中略》外交の多端に伴れて沖縄と薩州との間の交渉も多くなり、殊に彼地では古今の名君と称へらる、島津斉彬公が其の衝に当られたのであるからして、其の政策が沖縄の守旧派と開進派との間に軋轢を生ずる様になった。《中略》此の事は喜舎場翁の『琉球三寃録』や、当時の三司官であた小禄親方の与力潮平親雲上日記を見れば能く分るが、此の時にも亦女性の活動で事件が落著したのである。ソレは沖縄では牧志恩河事件として有名なる者であるが、守旧派のいふ所は、開進派は薩州に国家の秘密を告げたとか、国王廃立の議を企だてといふが、これは根も葉もないことで、実は政敵を陥れる口実に過ぎなかった。《中略》当時の摂政三司官を初め大官の多数が守旧派の肩を持つて居つたから、王も遂に再審して極刑を課する命を下した。此の時に王の侍講であった有名なる漢学者東国興津波古親方は、先王尚育の妃佐敷按司加那志思真鶴金に取入って前議を翻へさせたことがある。《中略》是が琉球史上に於ける女の裏面に於て政治に干与した最後の活動であった。」（「沖縄の婦人性」『真境名安興全集』第四巻、六六〜六八ページ）。

真境名は、ほとんど喜舎場朝賢の『琉球三寃録』に依拠して、牧志・恩河事件で、徹底糾明派の大里・伊江・與那原・摩文仁等の「党人」の意見を押さえて、穏健派の仲里・與世山・譜久山等の主張が採用されたのが、「先王尚育の妃」の口容れがあったから、ということで、「沖縄の女が影となり形となって、政治上に関係した」事例として取り上げているのである。

牧志恩河一件　琉球王国末期の疑獄事件／目次

一　牧志・恩河事件――なぜ「牧志・恩河」か――

東アジアをとりまく時代の状況は、琉球王国にも大きな転換を迫りつつあった。琉球諸島への外艦の頻繁な渡来がそのことをよく物語っていた。頻繁な外艦の渡来が偶然的な漂着でなく、欧米諸国が意図的に派遣した水路探険、対外進出の拠点確保のためのものであることは、王府内部でも漸く理解されはじめていた。このような時代の趨勢《すうせい》にどう対処してゆくか。王府支配者の能力が試される正念場を迎えようとしていたのである。牧志・恩河事件は、まさにこうした時代状況の中でおこったできごとであったが、それが疑獄事件という悲劇として演じられなければならなかったところに、琉球王国の特異な地位が示されていた。

この事件の真相を伝える史料は乏しい。幸いに当時の裁判記録ともいうべき『牧志恩河一件調書』（伊江文書）、『牧志恩河一件口問書』（同上）、およびこの事件を実見した喜舎場朝賢の『琉球三冤録』が、事件の概略を理解する手がかりを与えてくれる。

いま、これらの資料に拠《よ》りつつ、牧志・恩河事件の経緯を見ていくことにしよう。

一　発端

1　三司官座喜味親方の免官

一八五八年（安政五、咸豊八）五月、三司官・座喜味親方（盛普）が薩摩の命で免官させられた。

座喜味は一八四七年（弘化四、道光二七）以来、ここに至るまで十二年間、継続して三司官を勤めた人物である。座喜味三司官の免官は、牧志・恩河事件を誘発する重要な出来事であり、かつ、事件の核心の一つとなる象徴的な出来事であった。

これより先、だれの仕業か明らかでないが、座喜味三司官の施策を非難する「落書」が仮屋（在番奉行所）に投じられたことがあった。そのことが薩庁へ伝わり、たまたま別の用件で使者として鹿児島に来ていた恩河親方（物奉行）に対し、事実確認のためでもあったのだろう、聞役・新納太郎左衛門は座喜味に関して次のように尋ねている。

座喜味親方事、大和よ里売（穀）物積下候得は、態々焼酎垂（醸造）方禁止申付、積帰させ、且砂糖萩（荻）敷取細メ百姓為及迷惑、且諸士せり詰為及難儀候段、御聞通相成候間、実成申聞候様尋有之（『牧志恩河一件調書』、以下『一件調書』と略称）

これに対し恩河親方（朝恒）は最初、次のように答えた、と自身述べている。

飢饉ニ付而は、無是非焼酎垂方禁止申付候節も有之、萩（荻）敷手広相成候而は、杣山之不為相成、蔵方難渋ニ付而は、余計之費取細候向ニ而、態々諸士為及迷惑候儀ニ而は無之段、致返答。（同上）

この文脈で見る限り、座喜味の所行についての聞役・太郎左衛門の質問に、恩河が答える形で話は進められており、しかも恩河は、聞役の列挙した事実を否定している。ところがその後、何度かしつこく尋ねられるうちに、「座喜味とは兼々中も悪敷く有之」と自認する恩河は、つい本音を漏らしたらしい。最後はすべて「弥尋之通不相替」と返答した。

座喜味のいわば悪政を非難したとされる「落書」が、具体的にどのような内容のものであったかは知る由もないが、その「落書」をネタに、座喜味三司官の追い落としを図った薩摩の計略に、恩河は運悪くはまってしまった、というのが真相であろう。つまるところ恩河は、鹿児島で座喜味を誹謗・讒訴《ざんそ》したという罪名を着せられる羽目となった。

事実関係が全く解明されぬまま、薩摩からは一八五七年（安政四、咸豊七）十月、藩主斉彬の密命を帯びた市来正右衛門（四郎）が来琉、薩摩の要求の一つとして座喜味三司官の「退役」を迫った。その理由を説明して市来は、「三司官座喜味親方ハ、多年当職ニアリテ上席ノモノ候処、元来生質驕譢ニシテ、恣意威権ヲ以テ施政シ、国王幼冲、摂政官アリトイヘドモ軽侮シ、我意ニ募リ、己レニ佞媚ノ徒ヲ進メ、弁難スル者アレバ無辜《コ》ニ黜罰擯斥スル等ノ事少ナカラズ、従テ人望離散シ、佞媚党ト正論党ト府中稍両立、甚ダ混雑ニ相成リ、剰へ同人ガ外国ノ措置、専断ノ所為少ナカラズ、種々取繕ヒタル御届等申出デ、実況不分明ノ廉多ク」、と列挙している。（『島津斉彬言行録』一二九ページ）

要するに座喜味が三司官の上席にいて、内には権勢を恣《ほしいまま》にし、外に対しては独断弥縫して、実情にそぐわぬ措置が多い、というのである。したがって、「今後貿易御開キ等ノ儀ニツキ、此者在職障碍ヲ生ジ」（同上、一三一ページ）る恐れがあるというのが、「退役」を求める理由である。

それにしても、市来＝薩摩は、まことに単刀直入に三司官・座喜味「退役」の理由を示したものである。

琉球王府は薩藩によるこの強圧的な要求＝露骨な人事干渉を受け入れざるをえず、先記の通り、座喜味を「退役」させた。

いずれにせよ、恩河親方の立場は苦しいものとなった。

2 後任三司官選挙をめぐって

座喜味が退いた後、先規に従ってその後任選挙が行なわれることとなった。このときの状況を喜舎場は『琉球三寃録』（以下『三寃録』と略称）の中で、次のように伝えている。

今回座喜味の後任は、選挙例規に拠り衆官（王子・按司・親方及び要路に居る親雲上等を謂ふ以下此に倣ふ）投票を為したるに、多数票は与那原親方良恭に当れり。其次は伊是名親方朝宣、其次は翁長なり。翁長は只一票ありと云ふ。摂政三司官は之を薩庁に具状し、例格に拠り多数票者に任ぜられんことを請ふ。如何なる事由なるを知らず、薩庁は乃ち一票者なる翁長に任ぜられたり。其三司官を免職し、多数票者を退けしことは古来未曾有にして、朝野恂々怪訝驚愕せざるはなし（『琉球見聞録』合冊、以下同じ、一五七ページ）。

喜舎場が伝えているように、三司官は「衆官」＝王府首脳者の互選により最多得票者が選ばれ、薩藩がそれを任命する慣例となっていた。つまり、琉球王国の最終的な人事権を掌握していたのは薩摩であった（国王でさえ「願い」によって薩藩主が任命する形をとった）。

しかし、今回の三司官選挙に際しては、従来の例が破られ、最少得票者の翁長が任命された。喜舎場が言っているように、これは「古来未曾有」のことであったのだろう。異例であったが故に、朝野人士が騒然となり、かつ訝《いぶか》り、かつ驚いたのである。背後に何かある、と疑うのが正常というべきだ。

その嫌疑が小禄親方（良忠、当時三司官）にかけられた。後任三司官の申請に際し、小禄が薩官に贈賄して「次票者なる伊是名に命ぜられんことを密願した」というのである（『三冤録』一五七～五八ページ。琉球館聞役・新納氏から聞いたとして、摩文仁親方賢由が伝えた情報）。このあたりの事情を『一件調書』では牧志親雲上（朝忠）の供述として、次のように伝えている。

去ル巳年（一八五七）十一月、三司官故座喜味親方跡御役入札後、御用案内ニ小禄親方宅参り候時、小禄より野村は人柄ニ而候得共、度々人ニ被越、不便（不憫の意）ニ存候、数馬殿・仁右衛門殿ニは野村被伺筈、正右衛門殿（市来四郎）ニは下涯（着任したばかり）、何分様子不相分候間、折見合、野村人躰之次第相咄、江夏十郎殿え通し上させ候様、且仁右衛門殿江茂、折次第致沙汰、山田壮右衛門殿江通し上させ候様被申付（後略）

文意は、三司官選挙が終わった後、小禄が牧志を使者に立て、野村（『一件調書』ではすべて野村となっている）を後任三司官に任ぜらるよう薩官に働きかけた、というのである。その際、「進物」（賄賂）が贈られたという嫌疑もかかった。

牧志の他の供述書（一八五九＝安政六年十二月二十四日）には、これと異なった記述が見えている。すなわち、三司官選挙二、三日後、数馬殿宅に玉川御殿・池城殿内・小禄殿内・伊是名親方・恩河親方・牧志・宮平親方の面々が揃い、仮屋方（在番奉行所）からは岩元清蔵・八太郎・仁右衛門・柳田正太郎が列席した。その席で池城親方が数馬殿に向かい「野村は札数は相劣候へ共、人柄之事候間、野村被伺候而は如何可有之哉与被申候を、小禄より左様申候而は不相済与被申候付、池城より山芋ふて与被申候付、小禄も御意次第之事、むかしは札一枚ニ而も被仰付置候段為被申よし」とある（『牧志恩河一件口問書』。以下『口問書』と略称）

上記の面々が揃っている場で、得票数の劣る野村を推薦したのは池城親方であり、それを小禄がたしなめた、というのである。

いずれにしてもここに、牧志・恩河事件の渦中の人物三人（恩河・小禄・牧志）、および事件の発端をなす疑惑の重点、したがって糺明の重点（座喜味に対する誹謗、三司官選任に絡む密願・贈賄）、が出そろったことになる。

恩河・小禄・牧志にかけられたこれらの疑惑、事実の有無は、やがて糺明されるであろう。ただ、この「事件」を明るみにだし、かれら三人を逮捕・糺明に追い込んだ直接のきっかけをなしたのは、さきにふれた、在番役として当時鹿児島にいて、恩河親方と聞役・新納太郎左衛門との談合の模様、さらにその新納から聞いたという小禄親方の「密願」（『一件調書』では「内意」とある）の情報、が摩文仁親方（賢由）から伊江王子（たまたま将軍継統の慶賀使として与那原親方らと鹿児島に来ていた）に伝えられたことにあったと推測される（『三冤録』一五七～五八ページ参照）。摩文仁は泣きながら伊江の手を執って、それらのことを逐一話したという。聞役・新納もまた彼らの望み通り王府に書簡を送り、それらのことを公式に伝えた。

事態がここまで来れば、王府も動かざるをえない。たとえ風聞とはいえ状況証拠はいくらでもある。しかも何のめぐりあわせであろう。一八五八年（安政五）七月、薩摩では藩主斉彬が急死し、いわゆる対外積極政策が一大頓挫を来たすにおいておや、である。

二　糺明

1　恩河親方にかかる嫌疑――座喜味親方誹謗の件

一八五九年（安政六、咸豊九）三月、物奉行恩河親方が免職、ついで投獄された。「罪状」はかつて薩摩に在るとき、座喜味三司官を誹謗した、というのであった。その辺の事情を『一件調書』には次のように記されている。

> 恩河親方事、去巳年（一八五七）上国之節、聞役新納太郎左衛門殿江申候は、三司官座喜味親方事、当時国王様御幼年、王子衆ニ茂御若輩、余之三司官茂新役勝故、座喜味一分権威を振ひ、一統歯をかミ居候、就而は御国元よ里御沙汰共御座候ハヽ、別而仕合之御事候間、太郎左衛門殿ニ而御役人衆江通し上候様取計度（後略）

座喜味一人が権威を振るい、みんな歯ぎしりしているので、御国元（薩摩）の方で何とかしてもらえないものか、と聞役・太郎左衛門を通して頼み込んだ、というのである。ただ、のち摩文仁親方の証言によれば、座喜味親方の件は、恩河親方が上国する以前から、琉球館へも問い合わせがあったが、その後、事実の究明のないまま沙汰止みになっていたところ、恩河の上国を機に再度持ち上がった次第、だという。

恩河には鹿児島滞在中における座喜味誹謗の嫌疑のほかに、例の「落書」一件も恩河が「人数組合」（徒党を組んで）なせるわざであるにちがいなく、したがって恩河一人でなく他に一味がいるはず、上国の際聞役から尋ねられて答えたというのは、右「落書」の内容に確証を与えるためであろう、と尋問がつづく。「栲問拶指引替、是迄都而之尋二十六座責扱致穿鑿」、つまり、尋問のたびに「栲問」と「拶指」をかわるがわる駆使して十六回にも及んだが恩河は最後まで否認し続けた。

恩河にはそのほかに、もう一つ「罪状」があげられていた。それは先島への「拝借銀」の一部を着服した、という嫌疑であったが、取調べの結果、事実を立証する証拠は出てこなかった。

恩河は栲問の責苦に「根気不足」、「気分相廃」、つまり、心身共に疲労の末、一八六〇年（万延元、咸豊一〇）閏三月十二日、判決を見ぬうちに死亡した。

2 小禄親方——後任三司官選任の件

恩河についで三司官・小禄親方が同じ年（一八五九）の五月九日免職（『一件調書』では小禄の辞表提出は三月二十九日とある。以下の日付は『三冤録』による）、ついで投獄（七月十八日）された。

小禄にかけられた嫌疑は、座喜味三司官後任選挙の際、薩官に贈賄のうえ、「二番札江被仰付度為致内意」（『一件調書』）と、選任工作を行なった、というものであった。この嫌疑の出所をたどってみると、例の鹿児島駐在の在番官・摩文仁親方が、聞役・新納太郎左衛門から聞いたという情報が初発のようである。

小禄の免職直前の三月下旬、小禄の取り扱いについて王府内ではあわただしく人の動きがあるさなか、同二十七日、浜比嘉親方と牧志親雲上の二人が小禄宅を訪ね、「自身（小禄）よ里正右衛門殿江三司官為致内意段、聞役よ里問合有之候、其通ニ而候哉」、と尋ねている。また別の「問合」（照会）には「進物」を贈ったこと、その「中使」（仲立ちの使者）を牧志が勤めた、とあるがどうか、と尋ねたという。このことについて小禄は取調べを受けるなかで、次のように供述している。

牧志ニは、自身宅江参候時よ里事之子細能存知之事ニ而、自身よ里中使内意させ置候ハヽ、共ニ致世話（心配の意）、取計向幾重ニ茂内談可致之処、右式存知之事茂取隠、致逃廻候上は、是以自身よ里中使不致証拠、兎角牧志よ里自身名を仮、致内意候付、正右衛門殿よ里太郎左衛門殿江書状差遣、太郎左衛門殿よ里右通問合仕置候積。（『一件調書』）

文意は、もし自分（小禄）が牧志を「中使」に立てて「内意」（密願）させたのであれば、このことが露見したとあれば牧志も一緒に心配するのが当然のはずなのに、このことをよく知っていながら逃廻っているのは、自分（小禄）が牧志を「中使」にしていない証拠であり、おそらく牧志が自分（小禄）の名をかりて「内意」したものにちがいない、というのであ。

のち、牧志の供述によれば、「内意」の件は書面でなく、小禄の申付で「咄形」、つまり、話の形で行なったといい、「進物」の件は一切そのようなことはない、と証言している。

この件についての小禄の供述は先記の通りであるが、「内意」の件は、「太郎左衛門殿は正右衛門殿よ里承、正右衛門殿は牧志よ里承、いと口は基、牧志よ里相起」、としており、「中使」の件についても、一年にわたる「栲問拶指、都合十二座に及」ぶ取調べを受けて、その事実なしと否認し続けた。また、「進物」の件についても何の証拠もあがらなかった。

さらに、一八五八年（安政五）のこと、王府首脳十五人のうち、「座喜味組合者共」（座喜味の一党）として、与那原親方・摩文仁親方・喜舎場親方・阿波根親方・浦添親雲上の五人を「退役」させるよう在番奉行所から圧力がかけられたことがあるが、この件も小禄・牧志らが内通している疑いがかけられた。

この件についても、むろん事実を立証する証拠は出てこなかった。

3 牧志親雲上

日帳主取牧志親雲上が免職されたのが一八五九年（安政六）九月二十五日、ついで入獄。牧志にはとくにこれといった「罪状」は見当たらない。しいていえば、恩河・小禄の「罪状」を立証するための証人として逮捕・投獄された感がなくもない。

しかし、外艦渡来以来、通事としてその活躍ぶりはめざましく、そのことゆえに薩摩から大いに目をかけられ、薩藩の後押しで異例の官位昇進を遂げたこともあり、この「事件」のいわば陰の立役者にまちがいない。したがってその取調べも、恩河らと共に座喜味誹謗の働きをした疑い、小禄のために「中使」を勤め、「内意」・「進物」を薩官に伝達した疑い、の二点が中心となる。その他に、蒸気船購入の問題等に関連したことがらもあった。

前述のように、小禄は「内意」の一件は牧志が勝手に自分（小禄）の名を仮りてやったにちがいない、と述べていたが、牧志はそのような事実はない、と次ぎのように供述している。

小禄兼々遺恨迚も無之、其上小禄名を借り致内意、万一仁右衛門・正右衛門より小禄江、中使為有之段引当いたし候ハヽ、私ニは偽作之所相顕可申候へは、小禄名を仮り候儀毛頭無之。（『口問書』）

小禄に恨みがあるわけでなし、調べればすぐ足の付く「偽作」などしていない、としている。

牧志は取調べの中で、既述のように小禄の「中使」となって「内意」を伝達する役目を勤めたと主張したが、糺明が続くなかで、微妙にその証言の内容を変えてきた。このことをたとえば『一件調書』には次のように記されている。

小禄よ里内意之中使申付置候ハヽ、右一件到来之上は、倶ニ致世話取計向小禄致内談之処、其儀無之、是等之旁を以は牧志より小禄名を仮り、為致内意積与此所堅問詰、栲問申付候処、御晴目向多有之候上、多月過行、覚違等ニ而前後過不足茂可有之（後略）

要するにいろいろと証言したうえに、月日も相当経過したため、記憶ちがいで前後矛盾もあるかも、というのである。

とかく牧志の供述には、軽率ともいえるところがある。たとえば、小禄が自分の部下（仮与力）の潮平なる者に向かって、自分のために牧志・野村にまで迷惑をかけて残念だ、と話したといい、その話が潮平から同じく小禄の使用人桑江なる者に伝わり、さらに桑江から牧志が聞いた、と供述している。しかし、潮平・桑江両人を牢込のうえ問い糺してみても、潮平は小禄からこのような話を聞いたことも、したがって桑江に話したこともないといい、桑江もそんな話を潮平から聞いて牧志へ話したことはない、と同じく否認している。小禄自身もそんな事実はない、としているのである。

また牧志は、「座喜味組合」の者として在番奉行所から「退役」の沙汰のあった五人のうちの喜舎場親方・阿波根親方について、「喜舎場・阿波根は致掃除見せ可申」（『一件調書』）、とある人に漏らしたことがあったという。牧志自身は尋問の中でそのことを否認しているが、「雲外飛揚の自負心なき能はず、国人の猜忌を招く実に尠からず」、と『三冤録』の著者が評した牧志の気性の一端を示す「風聞」である。

『三冤録』の著者は、また獄中での牧志について次のようにも評している。「此時牧志は糾問を受くる毎に歴々白状を為し、幾多の栲問を免れたり」（同書、一六四ページ）。

4 国王廃立の「風聞」

「罪状」を立証する確かな証拠は何一つなく、糺明の手掛かりがつかめず苦慮した当局は、たとえ「風聞たりといへとも手掛り可相成儀共は屹与相糺候様」（『一件調書』）、との内部通達を出した。どんな「風聞」でもよいから手掛かりになりそうなものは徹底糺明せよ、というのである。

「風聞」のおもむくところ、ついに「御相続替之企」、つまり、国王廃立の陰謀が企てられたという噂まで浮上してきた。これには次のようないきさつが絡んでいる。

オランダ船（異国船）が来着し、もし国王に対面を要求してきたら、どのような理由を構えて謝絶するか、ということが王府内で種々論議された結果、国王が「気損」ということで意見がまとまった。その旨を在番奉行所に伝達したところ、「気損」というのは大和では「気違者」のことを指し、かかる「気違者」に政事を授けておくのは西洋諸国に対しても「太守様」（薩摩藩主）の面目が立たず、事によっては「御改革」＝「御相続替之事」、つまり国王の廃立もあり得る、と威嚇にも似た返答を受けたのである（『一件調書』、東恩納寛惇『尚泰侯実録』一四三ページ参照）。

この「御相続替之邪説」の「風聞」は、それ以上の追求はなされぬまま、闇の中に葬られたのである。このことに関して東恩納は次のように論評している。

斯の事たるや、国家の大変にして且君侯の一身に拘る不祥事なるを以て、臣子の本分寧ろ口にするを憚りたり、（中略）法庭の糾弾亦此の事に及ばず、単だ苛責拷糺問ふ事なくして語らしめんと欲したるのみ（『尚泰侯実録』一四四ページ）

三　終局

この「事件」は、はじめから「罪状」を立証する確かな証拠のないまま、いわば状況証拠に基いて、拷問の責苦を用いて糺明が続けられた。

糺明奉行には最初、仲里按司、宇地原親方が任ぜられ、小禄入獄後、宜野湾親方（朝保、向有恒）、摩文仁親方（賢由、夏超群）が加わり、牧志入獄後に伊江王子が加増奉行になった。平等所（糾問担当）役人を指揮するのが糺明奉行である。

ちなみに、宜野湾と摩文仁の二人は、東恩納寛惇が指摘しているように、この「事件」に対しては本来「証人」の側に立つべき人物である。それが「糺奉行」に加えられたのは、「恩河等百方苦楚を加え糺明するも、罪に服せざるを以、此の二人を加へて弾正の任に当らしめたるなり」という（『尚泰侯実録』一三九ページ）。

証拠がなければ罪を判定することはできない。これは裁判の鉄則である。「苦楚惨酷名状すべからず」（『三寃録』）とされる拷問が繰り返され、一年も垂んとしてなおかつ「罪状」を確定する供述さえ得られぬありさまである。糺明する側にもあせりの色があらわれた。先記のように、いかなる「風聞」でもかまわぬから手掛かりになりそうな情報は徹底糺明せよ、という通達が出されたのも、そのことを物語っているが、なによりも糺明する側に、明らかに足並みの乱れが露呈してきた。一八六〇年（万延元、咸豊一〇）、糺明もほぼ終局に近づいた頃、当局から次のような内部通達が発せられている。

小禄親方・牧志親雲上〔この時点ではすでに恩河は死去――引用者〕糺方一件付、加勢主取世名城里之子親雲上、並宇地原親方、摩文仁親方、伊江王子、御見付落着難成所よ里、見立相替筈候間、右吟味書相下ケ、存寄之程、書付を以可申上旨被仰渡（『一件調書』）

糺明する側の責任者――世名城・宇地原・摩文仁・伊江――の間に、結審の段階で合意に達しかねているので、別の判断もあるはずだから、判定資料を回すので、意見を文書にして提出せよ、というのである。

それを承けて、同年七月、小波津親雲上・森山親雲上・与世山親方・仲里按司の四人連署で一通の意見書が提出された。いまその内容を紹介してみる。

①三人ともその犯罪を「薩州御側役衆江相貫キ候」としているが、なるほど恩河と牧志にはその「晴目」(証言)があるが、小禄には「三司官為致内意儀曽而無之旨申出、何之証拠茂無之候を、三人共御側役衆江相貫キ候与究而、書付置候儀不束相見得申候」。

②上の「形行」を「不臣之仕形」と断じ、「此情犯、科律・新集科律、又は清律等ニ茂相見得申間敷」としているが、誇張も甚だしく、「古来、唐・御当地茂情犯ニ応し準シ例等を以、罪科被仰付御規向之事」であり、「三人之情犯甚不臣之仕形」ゆえ、「科律・新集科律、又は清律等ニ茂相見得申間敷与之見付、何様共難存当事御座候」(上の三つの律の中に準ずべき律例があるはずだ、という)。

③責め道具=栲問器具が不足している、ということに対する批判である。この糺明には「栲問」・「拶指」が使われた。その上、「水問」や「棒鍍」など「非法之刑具」を使用したい意向のようだが、清律でもその使用が固く禁じられている責め具を用いて、「犯人」を問責し失命でもさせたらどうするのか。まして「無証拠之上、別而八議之人品、右様重刑具を以屹与可致責扱与之儀、何共難存当事御座候」(以上①〜③は「世名城書面」に対する批判)

④「小禄疑之情犯を以、罪科被召行候而ては、従者は張本相成不穏」と見えているが、「疑之情犯を以等を減、牧志より罪科軽目之方ニ被仰付候而茂、律法通ニ而、従者は張本相成候筋ニ而は無之」。「咎目向」(処罰の方法)をこそ検討すべきであり、もしも「無限致糺明候向ニ而は、終ニ失命又は苦痛絶兼、いやなから請合させ、実情を不得罪科」を負わせることになる恐れがある。そういうことになれば「無証拠ニ付而疑之情犯を以、等を減、御咎目被仰付儀は不穏、無限致糺明失命等及させ候儀は穏与申筋合ニ而、抑律意取失、差当御不足は勿論、往々此流弊如何可成行哉」といい、中国唐代の残忍な刑官

の例をあげていましめている。

⑤「小禄紲明筋」に関して、取調べが行届かぬ故に白状が得られないと考えている向きがあるが、「去年七月以来、拶指・栲問都合十二座ニ及、責扱為致候得共、三司官為致内意儀毛頭無之段、申出候付」奉行役人どもは工夫をこらして手掛かりを得ようとして、無罪のものまで投獄し、その上、「風説之事々茂致穿鑿」しているが、何の手掛かりも得られぬ始末である。「今更小禄紲明之手筋不行届、猶口問帳等委敷取調部、精々手を尽候ハヽ、白状又は証拠可致出来与之儀、何共難心得儀与奉存候」。

〔④〜⑤は「摩文仁親方・宇地原親方書面」に対する批判〕

以上長々と仲里按司・与世山親方・森山親雲上・小波津親雲上、の四人連名の意見書を紹介したのであるが、要するに、何の証拠もないまま、これ以上紲明を続けることの無用を述べ、まして、「非法之刑具」を使っての栲問の強化に反対し、「刑」の判定を促したものである。

いま紹介した記事から、この「事件」に判決を下すのに、紲明する側で苦慮した状況を読み取ることができる。こうした当時の状況を『三冤録』の著者は次のように描写している。

双方各意見を具申し裁決を政庁に任ず。摂政・三司官専断する能はず。大に衆官を国学に集会し、其当否を議せしむ。満場の集会、王子もあり、按司もあり、親方もあり、親雲上もあり、無慮百有余名。爵位の崇昇（卑？）、年齢の長少を序し、各班を分ちて、整々粛々、左右前後に排列せしめたり。此第（等？）の衆官は、固より大明律・大清津（律？）なるものを目撃耳触せしことなければ、如何にして法理を斟り情義を酌み、刑権を操縦して、以て恰好の地に論究することを得ん。只無限の蜚語流言に惑ひ、例の嫉妬猜忌の心思を以て、盲論聾議を恣にして、必ず刑坑の深に陥れんとのみ主張するもの多かりき。端正敦厚の君子は証憑の薄弱なるを顧み、無辜の身を傷はんことを恐れ、只管原諒すべきに従はんと欲し、上に謁し下に面し、縷々陳述する所議正確・論理精覈なりと雖も、党同伐異する澆季の世の常なれば、容易に物我の心を化して善に循ふこと能はず。是を以て、議論終日諤々として一致することを得ざりき。（同書、一六六ページ）

結局、最後の断を国王に仰ぐこととなった。時に国王尚泰は十八歳。裁決をくだすのに苦慮し、八、九日思案したあげく、さらに糺明を続行強化すべし、とする大里王子（摂政）・伊江王子（糺明奉行）らの議によって施行すべきを命じたが、三日後、津波古（政正）らの意見に動かされて、前命を取消し、仲里按司（糺明奉行）・譜久山親方（三司官）らの議によって施行すべきの命をくだした。

かくて一年余にわたる「事件」の糺明が終り、一八六〇年（万延元、咸豊一〇）十二月、三被告に対する判決がくだされた。

恩河親方………久米島へ六年間の流刑（ただし、恩河はこの年閏三月十二日に死去）。

小禄親方………伊江島照泰寺へ五〇〇〇日の寺入。

牧志親雲上……久米島へ一〇年間の流刑（のち、終身禁獄に改む。ただし、一八六二年（文久二）薩藩の命で保釈のうえ、薩摩に連れ去られる途中、伊平屋沖で船中から海に身を投じて消えた）。

首里王府を根底から揺るがしたこの「事件」も、泰山鳴動して誰一人主役らしき者を確定しえぬまま、幕がおろされた。

この「事件」の背後には、いうまでもなく薩摩がいた。薩藩の対外積極政策という至上命令がひかえていたのである。そのいわばエージェントの役回りを演じたのが牧志であり、恩河であった。ただし、この「事件」の糺明の過程では、表向き薩摩の政策の可否を正面に据えた議論は展開されず、もっぱらその代行者たる牧志らをたたく形で事態は進行している。

いずれにせよ、この「事件」は薩藩主島津斉彬の対外積極政策とその挫折によってもたらされた衝撃波が、誘因をなしている。とりわけ「内外の政治振切ったる取計」として押し進められた蒸気船購入・海外留学生派遣等、一連の積極政策の琉球への押しつけ、そのはねかえりとしての王府人事への露骨な介入が、王府人士の反薩気分を増幅していたと見てよいだろう。

この「事件」は、したがって表向き親薩摩派と目された三人の人物を裁くという形で展開するが、もっと深いところには、王府内の役職＝ポストの獲得をめぐる陰湿な競争・対立が横たわっていた。

この「事件」は、たんに開明派対保守派の対立・抗争という図式だけでは、とらえきれないところがある。開明的な人物として知られる宜野湾親方朝保は、この「事件」では糺明奉行の一人として裁く側にあった。証人の側に立つべき人物を、裁く側にまわして、あくまで「犯人」を仕立てようとする政治裁判の色を濃厚に帯びざるをえなかったのも、官場の陰湿な人脈関係を反映しているとみられる。

四　余録

1　なぜ「牧志・恩河・小禄事件」でなく「牧志・恩河事件」なのか

「事件」の中心人物は牧志親雲上朝忠・恩河親方朝恒・小禄親方良忠の三人である。三人とも既述のような嫌疑をかけられて逮捕・投獄され、残酷な栲問を受けた。したがって「事件」名も「牧志・恩河・小禄」事件とでも呼びそうなものを、後世には「牧志・恩河」事件と通称される。

「牧志・恩河・小禄事件」でなく「牧志・恩河事件」と呼びならわしてきたのには、それなりの理由がありそうである。結論的に私見をいえば、小禄は全くの無実であり、その冤罪を痛惜する当時の人士の同情が「事件」にかれの名を冠することを意識的に避けさせたのではないか、ということである。

むろん、他の二人についても、冤罪の色が濃厚である。喜舎場朝賢があえて『琉球三冤録』を著したのも、三人の冤罪を雪ぎたかったからであろう。それは一つの見識を示している。同じ『三冤録』の中でも、小禄に向けられた著者の眼差しには、痛惜の熱い思いをひときわ強く感じさせるものがある。

小禄は「豪爽濶達、酒を嗜み放誕にして、胸中城府を設けず」とその人柄を喜舎場は紹介する。そして、小禄が免職、ついで投獄された年月日のところには、こう記している。「同年（一八五九）五月九日、小禄三司官を免官す。此日天曇り地震三回す」、「同年七月十八日、小禄旧三司官を獄に下す、此日地震数回、大雨盆を傾くるが如し」と。

また「伊江島照泰寺へ五百日の寺預」の判決の記事にすぐ続けて「小禄は満腔の悲憤に堪ゆべからずと雖も、訟訴上告を為すべき所なく、寃を含み屈を呑んで伊江島へ渡航して処分を受たり」と。

喜舎場の小禄に寄せる感懐は、当時の大方のそれでもあったのではないか。せめて「事件」の呼び名から小禄を外すことによって、裁いた側に痛棒を加えた、とみられないか。

2 「野村親方」のこと

この「事件」では、座喜味親方「退役」に伴う後任三司官の選任をめぐる疑惑が、糺明の一つのポイントであったことは、既述のとうりである。

ところで、小禄が薩官に贈賄して次期三司官に推薦したとされる人物は、『三寃録』では「次票者なる伊是名」としている。しかし、『一件調書』ではそれが「野村」となっていて、伊是名の名は出てこない。『口問書』でも「野村」で通してきているが、ただ一か所、「野村」でなく「伊是名」としているところがある。すなわち、未年（一八五九）十二月の牧志の証言の一節に「桑江自身宅江参り、小禄より潮平江私ゆへに伊是名・牧志等江も相拘させ、気之毒之段、為被申由」と見えるのがそれである。

伊是名と野村は同一人物なのか（たとえば領地替えによる改姓等）。『一件調書』・『口問書』は当時の裁判記録であり、同時代史料として最も信頼できる記録である。その記録の中で「野村」と「伊是名」が同じ場面で顔を出していることになる。

いずれにしても「野村」なる人物はよくわからない。三司官候補として取沙汰される程の人物なのだから、それなりの経歴をもつ人材であったと思われる。後考を待つ。

〔註〕

「山芋を掘る」については、一一七～一一八ページの註（＊）参照。

（『那覇市史』通史篇　第一巻　前近代史　一九八五年八月）

二　「牧志・恩河事件」関係記録について

目　次

【解説】

【資料紹介】

一　喜舎場朝賢著「琉球三冤録」（手写本）について

1　執筆年代

牧志・恩河事件に関する信頼できるほとんど唯一ともいえる著述として、喜舎場朝賢（一八四〇―一九一六）の「琉球三冤録」がある。本著述が、はじめて活字に組まれて公刊されたのは、大正三年（一九一四）五月のことで、同じ著者の『琉球見聞録』の「附録」として収録された時である。「事件」から数えると実に五〇余年後のことである。

『琉球見聞録』は、明治五年（一八七二）の「琉球藩」設置の頃から、同一二年（一八七九）の沖縄県の設置に至る、いわゆる「琉球処分」の時期の、明治政府（＝松田道之）による「処分」の方針の伝達と、それを迎える首里王府の対応の模様を、公式の記録に依拠しながら、克明に追跡した著述であり、松田道之の著述（報告書）である『琉球処分』（明治一二年刊）とともに、「琉球処分」の歴史過程を知る上で、不可欠の同時代史料である。

ところで、その『琉球見聞録』（以下、『見聞録』と略称）は、先記のように大正三年五月に東京の三秀社という出版社から公刊され、伊波普猷の有名な「琉球処分は一種の奴隷解放也」という論文が、「序」文として載せられているのであるが、著者である喜舎場朝賢自身の漢文で書かれた「序」文も収録されており、その末尾に「大日本明治十二年。大清光緒五年。尚泰王三十二年。歳次己卯季冬琉球国喜舎場朝賢序。」とある。つまり、『見聞録』の序文が書かれたのは、明治一二年（一八七九）の冬、まさに「琉球国」が滅びた年である。

それから三五年後に、本書は公刊されたことになる。その『見聞録』の「附録」として収録された「琉球三寃録」（以下、「三寃録」と略称）は、実は書かれた年代が明記されていない。『見聞録』が著述後三五年もたってから公刊されたように、「三寃録」も著述後かなりの間著者の篋底に蔵されていたものと考えられる。

ここに紹介する「三寃録」は、沖縄県立図書館（東恩納文庫）の所蔵に係る手写本で、『見聞録』に収録されているそれ（かりに活字本と称しておく）と大筋で内容にそれほど大きな違いはないが、何か所か記事に微妙な違いがある。この点については後ほど触れるとして、ここでは、活字本と手写本をくらべることによって、「三寃録」の著述年代を推測する手掛かりが得られないか、考えてみたい。

結論的に私見を言えば、「三寃録」は『見聞録』と同じ時期か、あるいはそれより以前に著述された可能性がある、ということである。

著者の喜舎場朝賢は、明治三三年（一九〇〇）に牧志・恩河事件の当事者の一人である牧志朝忠の遺族の依頼を受けて、いわば、牧志の名誉回復のための「請願」書を起草し、時の奈良原沖縄県知事に提出しようとしたことがあるが、* 依頼者が死去したため、提出しないままにおわった。その時に、喜舎場は遺族を通して、通事として活躍した牧志朝忠の履歴を丹念に調べあげ、また、「事件」に巻き込まれて逮捕・投獄された時に家族に送った書簡や獄中で詠んだ詩など、牧志の言行を通して、かれの人柄を深く理解するようになったと考えられる。

*そのときの「請願」書、およびその添付資料と思われる諸文書が、いま彼の『東汀随筆続篇』第一回（第一〜第十七）に収められている。

つまり、活字本の「三冤録」は牧志についての以上のような調査・理解をふまえて、すくなくとも牧志に関する記述がかなり書き加えらたと考えていい。東恩納文庫にある手写本の「三冤録」には、活字本にあるようには牧志に関する記事はくわしくなく、別言すれば手写本は、それ以前の、いわばオリジナルな形のそれであろう。*

*活字本のもととなった「原稿」を今のところ見出し得ていない。それが発見されれば、ここに紹介した手写本との比較において、上記のことが明確になるかも知れない。なお、東恩納手写本中に、数か所「伊本」（「伊波本」の意か）によればという意味の注記があって、他にも別の写本があったことをうかがわせる。

つぎに、本稿で紹介しているもう一つの記録「潮平筑登之親雲上里実事跡」との関連でいえば（細かなことは後述する）、この記録もおそらく喜舎場朝賢の聞き取りか、もしくはかなり身近な距離で入手した記録と考えられるが、そこで述べられている記事と、手写本の「三冤録」の記事とは、かなりの部分で連動している。そして、「潮平筑登之親雲上里実事跡」は、「事件」（判決が一八六〇年、牧志朝忠の投身自殺が一八六二年）の直後か、「事件」から時間的にそれほど経過していない時期に記録されているものと考えられるからである。

しかしながら、「三冤録」の著述年代については、いまのところ明治三三年（一九〇〇）以前、ということはほぼ動かないと思うが正確な著述年代の確定は、今後の課題としておきたい。

ただ疑問に思うのは、『見聞録』が刊行された時点では、著者の喜舎場朝賢は存命中であり、上梓される前に、「附録」として収録される「三冤録」について、何らかのコメントがなされてもよさそうであるが、何も触れてないことである。その必要を認めなかったのか、あるいはその頃著者の病状がかなり進んでいたとも伝えられるから、その余力を持ち合わせていなかったのかも知れない。

2 活字本との内容の出入

イ 手写本にあって活字本にない記述の例

活字本では「同年（万延元年）十月衆官を国学に集会し小禄牧志の獄事を議定す」に続けて、小禄を自白させるために「水問法」という残酷な責具を用いて糺問すべきだ、云々の議論を記述しているのだが、手写本は先の引用にすぐ続けて次のような記述になっている。「茲ニ糺問已ニ結了シタルニヨリ摂政三司官ハ與世山ヲ総裁者ト為《なし》漢学者普天間親雲上助業ヲ平等所ニ就キ大屋子等ト打合セ律書ヲ調査照合セシメラル」と。さらに小禄・牧志に対する国王の最終的な「処分」（判決）が下される部分で、手写本では次のような記述が見える。「国王乃チ宜野湾親方朝保ニ命シテ意見ヲ上申セシム宜野湾乃チ甲論ハ拠ル所ナシ乙論ハ律法ニ拠ル律法ニ拠ルヲ至当ナリト上陳ス」とあって、国王の最終的な決断が宜野湾親方朝保（糺明奉行の一人）の意見を受けて下されたようになっている。

これらの記述は活字本にはない。

ロ 活字本にしか見えない記述の例

この例はかなりある。活字にして公刊する段階で、あるいは最初の著述後新たな情報を得て補訂したことを示している。今その主な部分をアトランダムに例示してみる。

①牧志朝忠に関する記述が書き足されている（脱獄したことのあること、そのとき家族に宛てた「遺書」に触れていること、獄中で詠んだ詩を紹介していること、など）。
②「事件」の審理中に、摩文仁親方が放ったとされる首里士族「花城某」なる「無頼漢」が、恩河親方が座喜味三司官を誹謗した、と言い触らし、平等所にしょっぴかれて取り調べを受けたこと。
③衆官を国学に会して、この「事件」について論議させたといわれるが、その「集会」には王子・按司・親方・親雲上等、「無慮百有余名」が集まって、「議論終日愕々」の模様を伝えていること。
④牧志、投身自殺直前の事態、等々。

ハ　活字本と手写本の記述のくいちがいの例
①恩河親方の免職・下獄の月日を、活字本は「己未（一八五九）二月廿三日恩河の物奉行を免職し同三月廿八日獄に下す」とし、免職してひとつき後に投獄されたようになっているが、手写本では下獄の日を「仝月廿八日」とあって二月に掛けている。
②小禄親方に対する「判決」は、活字本では「伊江島照泰寺へ五百日の寺預」となっているが、手写本では同じく「三百日ノ寺領」とある。本稿に収めた「潮平筑登之親雲上里実事跡」でも「寺領三百日」とある。
③小禄の糺問について、いわば徹底糺明を主張したのが、糺明奉行伊江王子・摩文仁親方・宇地原親方等、それに摂政大里王子・三司官與那原親方等がそれを支持し、さらに平等所役人も両派に割れた。そのなかで平等所大屋子善平里之子親雲上（孟良）が、手写本では仲里按司・与世山親方・盛山親雲

上・小波津親雲上等に荷担し、先の徹底糺明を主張する意見に反対の立場を表明したことになっているが、活字本では善平里之子親雲上は逆に徹底糺明の側にグループピングされている。ちょっとしたことかも知れないが、やはり気になるところである。「事件」の裁判記録である『牧志恩河一件調書』を見ると、大屋子善平の立場は手写本の記述が正しいように思われる。*

＊拙稿「伊江文書　牧志・恩河事件の記録」（『歴代宝案研究』第二号所収）、四五―四六頁参照。

二　「三司官小禄親方与力　潮平筑登之親雲上里実事跡」について

1　記録年代と記録者

本資料は今さき紹介した喜舎場朝賢の「琉球三寃録」（手写本）の後ろに一緒に綴られていて、「此書ハ当時三司官小禄親方の与力役たりし潮平筑登之親雲上里実か身上に罹《ママ》る事跡目撃耳触に係るものを一々筆記したるものなり」という前書きがある。そして、「明治四〇年五月」（一九〇七）に「横田蔵書」から筆写した旨が記されている。筆写したのは、「三寃録」と同じく、東恩納寛惇であると考えられる。

「三司官小禄親方与力潮平筑登之親雲上里実事跡」という名称は、前書きの趣意を汲んで仮に紹介者が付けたものである（以下、「潮平里実事跡」と略称）。「潮平里実事跡」が明治四〇年段階に横田という人の蔵書として保存されていたこと、それを恐らく東恩納寛惇が書き写した、ということになろう。横田がどういう人物で、その記録がどういういきさつで横田蔵書に納まったのか、いま明らかにし得ない。また、「潮平里実事跡」

が、いつ、誰によって記録されたものかも不明である。私の推測では、記録者は喜舎場朝賢ではないか、また、記録年代も「三冤録」と同じ頃ではないか、と考えてる。

「潮平里実事跡」の記録者が、「三冤録」の記述者と同一人ではないか、というのにはかなりの蓋然性がある。その根拠をあげてみよう。

①「事件」の経緯についての記述が、「三冤録」と似通っていること。

②記述の形式が、やはり両者共通していること。たとえば、冒頭の記述を見ると、

「安政四年（咸豊七年）丁巳十一月薩庁命アリテ異国通事大湾親雲上朝忠ヲ十五人衆席勤務ニ任シ仮ニ日帳主取ノ事務ヲ執ラシム」（三冤録）

「咸豊七年丁巳七月十二日小禄親方良忠三司官御役被仰出御与力之儀玉那覇筑登之親雲上常恕・許田里親雲上良□・私三人え被仰付……」（潮平里実事跡）

③またたとえば、小禄三司官の免職・投獄の日に掛けて、

「（安政六年）五月九日三司官小禄親方ヲ免職ス此日天曇リ地震三回ス……仝年七月十八日旧三司官小禄親方ヲ獄ニ下ス此日地震数回、大雨頻リニ降ル……此日仲里（按司）ハ筑佐事（刑事ヲ掌ル下役）ヲ小禄邸へ遣ハシ白衣着ニテ自邸へ参ルヘキヲ命ス小禄即チ命ノ如ク肩輿ニ駕シ参リタルニ……直ニ平等所（獄署）ニ送リ入獄セシメタリ」（三冤録）

「同五月九日（此日天曇地震三度寄）檀那様三司官御役御免ニ而……同未七月十八日（此日天曇地震数々寄大雨頻に降候）御紕奉行仲里按司朝紀より檀那白朝着ニ而御用有之彼之御殿え被罷出候処一通之御糺迄ニ而直に平等方え牢舎被仰付……」（潮平里実事跡）

見られるように、小禄三司官の免職・投獄にまつわる記述は、「三冤録」・「潮平里実事跡」ともほとんど重なり合う。これらの点から、両者は同じ人＝喜舎場朝賢による著述とみてほぼ間違いなかろう。

次に、「潮平里実事跡」の記録年代について若干検討しておこう。記録者についての推定が当っているとすれば、この記録は喜舎場朝賢が、「事件」の渦中の人物の一人である三司官小禄親方の与力を勤めていた潮平筑登之親雲上里実から、「事件」に巻き込まれた経緯を聞き取り、まとめたものである。その聞き取り調査がいつ行なわれたのか、がここでの問題である。

「潮平里実事跡」の記事の時期的下限は、牧志・恩河事件に判決が下されて後、池城親方安邑の後任に宜野湾親方朝保が三司官に就任し、また、牧志親雲上朝忠が薩摩の命で鹿児島へ向けて航行中、投身自殺を遂げたとされる一八六二年（文久二、同治元）までは確認できる。同じく「事件」で取調べを受けたことのある桃原親雲上良照が、後日「東京」で「急病死去」とあり、江戸が東京と改称されたのが明治元年（一八六八）だから、その時期までを含むことになる。

潮平里実は道光八年（一八二八）に生まれているから（『益姓家譜』）、「事件」に判決が下された時点（一八六〇年）で三十二歳を数える。本文に顔を出す父親（里宜＝九世）が六十一歳の計算である。里実が何歳まで生きたか、いま明らかにし得ないが、それはともかく、この記録は「事件」終結からそうかけ離れていない時期に記録されたものとおもわれる。想像が許されれば、おそらく明治元年（一八六八、その年に喜舎場朝賢は津波古政正の推挙を得て尚泰王の側仕えとなる）から明治一二年（一八七九、この年に廃藩置県で王府滅ぶ）の間にまとめられたものではなかろうか、と考える。さらに想像をたくましくすれば、最初に「潮平里実事跡」が成り、それを基に「三冤録」が成立したのではなかろうか。

2　史料としての性格

この記録は、当時三司官小禄親方の（仮）与力を勤めていた潮平筑登之親雲上里実が、「事件」とどのようにかかわったか、また、潮平里実の目を通して見た「事件」の内幕が如何なるものであったか、を伝えている。

潮平里実は、首里汀志良次村の出身で、先記のように道光八年（一八二八）の生まれ。咸豊二年十二月（一八五三・一）筑登之座敷、同七年二月（一八五七）尚泰王の「元服の大慶」で黄冠に叙せられ、同年七月十八日付けで三司官小禄親方良忠の「仮与力」となった。父・里宜は道光十年（一八三〇）に義村王子朝顕の仮与力となり、尚泰王代には勢頭座敷・座敷に叙せられている。先祖の里真（六世）は康熙五五年（一七一六）に兼城間切潮平地頭職に転任（それ以前は浦添間切宮城地頭職）している（『益姓家譜』による）。

この記録は、三司官小禄親方が「事件」に巻きこまれて免職・投獄されるに至って、その与力役の潮平里実が、同じく他の二人の与力、玉那覇筑登之親雲上と佐久川筑登之親雲上と共に逮捕・投獄され、取り調べを受けた際の状況を、無罪放免で出獄後に、その「身上に罹る事跡、目撃耳触に係るものを一々筆記したるもの」（前書き）である。本人の口述を、おそらく喜舎場朝賢が「筆記」したものであろう、というのが私の推測である。

三司官小禄親方に懸かる嫌疑は、座喜味三司官の後任選挙に際し、「二番札」（次点者）の伊是名親方（当時の裁判記録では野村親方とある）の任命を薩摩側に働きかけた、というのであった。その際、「例外進物」（賄賂）を贈って密願した、というのであるが、小禄は十数回の拷問にもかかわらず、そのことを終始否認し続けた。

潮平里実らに対する取り調べのポイントは、小禄に対する「責扱」（拷問による取り調べ）を穏便に取り計ってもらうため、在番奉行所の役人（産物方御目付）坂本権之丞へ「御進物」（賄賂）を贈って王府に働きかけてもらおうと企てた、というのである。どうやらそのことを最初に言い出したのは通事の牧志親雲上で、牧志が桑江里之子親雲上（当時「御物座当」＝国庫帳簿勘定の総帳をつかさどる役人）を通じて潮平に勧めたというのが、真相のようだ。もっともそのことは実際には実行されなかった。

潮平は取り調べに対し、桑江からそのことを勧められたことは認めたが、ただでさえ「檀那」（小禄親方）が薩官に「進物」を贈ったという嫌疑を受けている矢先、小禄の「責扱」を穏便にしてもらうためとはいえ、薩官に「進物」を贈ることは、小禄に懸かる嫌疑を結果として認めることになる、と考え、その勧めを断った。平等所での脅迫・誘導尋問が何度か繰り返される中で、潮平は同じことを主張し続けている。

潮平は、いうまでもなく小禄の罪状を立証するための証人として投獄・取り調べを受けたのであるが、結局、小禄の罪状を立証する証拠は何も引き出せなかった。薩官への「進物」を贈るよう潮平に勧めたとされる桑江も投獄の上取り調べを受けたが、桑江は牧志と相談の上潮平に勧めたわけでなく、自分の一存でしたことだ、と証言している。*

＊『伊江文書　牧志恩河一件調書』（「桑江里之子親雲上調書」）。

また、この件に関して他の二人の証人（仲吉里之子親雲上・桃原親雲上、裁判記録では名嘉地里之子親雲上・桃原里之子とある）を取り調べているが、二人とも最初は「進物」を贈ったという話を潮平等から聞いたと主張していたが、平等所で潮平と「対面」させたところ、二人とも潮平に論破されて、「言ノ理ヲ失テ忽チ顔色ヲ変シ手足戦慄シタリ」とあって、結局、要領を得ない結果となった（「三冤録」）。潮平は獄中で「瘡」（ふきでもの）を患い、医者に「死病」の診断を受け、病気療養のため一時「御預」（保釈）の身となったが、間も無く「事件」がひとまず決着を見て、無罪放免となる。

「潮平里実事跡」は「三冤録」と同じく、ほぼ同じ時期に喜舎場朝賢の手によって記録された、という推測については、前述した。その論拠についても既述したが、付言すれば、両記録には喜舎場朝賢の「運命観」・「応報説」、あるいは天変地変を政治の動向と結びつけて解釈する考えが顔を出している。たとえば、首里城近辺の赤木に虫が異常発生したとか、園比屋武御嶽の榕樹から人血のような赤汁が二、三〇日も流れ続けた、といい、そのことが「事件」と何らかの因果関係でもあるかのように記述しているのである。また、同じ著者の『東汀随筆』の第二回第二十八は「地震ハ国家騒擾ノ朕兆タル事」と題して、「我ガ経験ニヨレバ凡ソ国争ノ意外ニ生ジ物議紛然トシテ人心騒擾スルコトアラントスルトキハ必ズ先チ地震アリテ之レガ朕兆ヲ見ハスナリ」として、「小禄恩河牧志ノ事」と結びつけている。

同じく『東汀随筆』の第五回第十四の「宜野湾公及与那城ガ陰徳ヲ損ジタル事」と題する文章の中で、宜野湾朝保が「近世ノ偉人」と伝えられながら、その長男が早世し、一孫も成年になってまた没し、後継ぎが絶えた、とし次のようなコメントを記している。「或人言フ、公ハ牧志恩河ノ時強テ罪ニ充テント慾シ恐クハ陰功ヲ損ジタルモノ無《なき》ヤト、無乃《もしく》ハ然ラン乎」と。すぐつづけて、同じく「牧志・恩河事件」の際、徹底糾明を主張した平等所の大屋子与那城某の言動が、あまりにも過酷で「不仁」であったため、「其ノ子孫貧窮殊ニ甚シク本島ノ棲居ヲ為シ能ハズ、食ニ就クノ為メ輾転流離シ八重山島ニ往キタリシニ其ノ後ヲ聞カズ」、と記している。喜舎場の因果応報の観念が表白されている例である。*

*『東汀随筆』の全篇に「或種の運命観、応報説が濃厚に含まれ」ていることについては、夙に比嘉春潮が指摘しているところである（比嘉春潮「喜舎場朝賢翁とその著述」、同氏『蠹魚庵漫章』）。

ところで、ここに紹介した「牧志・恩河事件」に関する二つの記録＝資料は、繰り返すがいずれも喜舎場朝賢の著述と考えられるが、「三冤録」の方は先記のように『琉球見聞録』の「附録」として、大正三年（一九一四）五月に公刊された。一方、「潮平里実事跡」のほうは、これまで活字に組まれて公刊された形跡がない。もっとも東恩納寛惇の筆写になる「史料稿本」には「三冤録」と共に「潮平里実事跡」からの部分的な引用がなされ（その際、出典を「三冤録後巻」としている）、その「史料稿本」は『那覇市史』資料篇第二巻中の4（一九七一年一〇月刊）に収録されている。

両記録とも「牧志・恩河事件」（一八五九―一八六〇）後さほど経ってない明治元年（一八六八）から廃藩置県（一八七九）の間に著述されたのではないか、というのが私の推測であるが、その推測の当否はしばらく措くとして、それが長い間人目に触れる機会がなかったのには、それなりの理由があったようだ。このことに関連して、東恩納寛惇は「牧志恩河一件の真相」の中で次のように述べている。

「事件の性質は三司官小禄親方、……等の一味徒党が王叔玉川王子を擁して、隠に廃立を企てたと云ふにあるが、此の事件が色々の事情と錯綜して、事の真相が判然としない。殊に先侯の御在世中は憚る所あつて近侍の人々も此の事を余り口にしないし、事件は疑獄として、存在する計りで、暗から暗に持ち越されて居たのであつた。
之れに関する史料も頗る不十分で、僅かに喜舎場翁が書かれた、琉球三寃録と云ふのが真境名安興君の手に在る位であつたが、此の頃になつて、伊江男爵家から当時の判決文が出た上に、当時恩河親方と薩摩から同船して色々内談をした薩摩人市来正右衛門自筆の日記が出て、大分真相が明かになつたやうに思はれる。」（『全集』4、四二五頁）。

東恩納のこの文章は、大正二年（一九一三）十二月から同三年一月にかけて『琉球新報』に掲載されたものである。後世「牧志・恩河事件」のことが人々の話題に上らず、また、それに関する記録＝史・資料が人目に触れにくかった事情を伝えている。即ち、「事件」に最終的な「判決」を下した尚泰侯が在世中であり、また「事件」に関係した人々も生存していた状況では、「事件」についてとやかく論評したりするのが、種々憚られたのであり、その真相についてもしたがって「暗から暗に持ち越されて居た」のである。

ちなみに、尚泰侯が死去したのは明治三四年（一九〇一）八月である。比嘉春潮が沖縄図書館で「物外伊波先生を知りし年也」と特筆する明治四三年の十二月に、比嘉は伊波普猷から「牧志・恩河事件」についての話を聞いていて、それを「大洋子の日録」（同十二月十七日の条）に次のように記している。

△牧志恩河は玉川王子を擁立して運天に幕府の如きものを立て、首里の尚家を祭り上げおきて、運天と日本内地と直接交通をなさんと企てしなり。このことあらはれて処分されし時も、司法部と行政部との意見の衝突あり、それより白黒の党派となり、転じて日本党、支那党となりしと。玉川王子は糸満に

こめられ、明治四、五年（?）世を終へたり。」（『全集』第五巻、二三〇頁）

この段階（明治四三＝一九一〇）における伊波普猷の「牧志・恩河事件」に関する知識は右の通りであり、首里の尚家を押しのけて玉川王子を擁立し、「運天に幕府の如きもの」を立てて、「日本内地と直接交通」を企てたと、興味ある見方を示しているが、最後は「日本党、支那党」の対立、という当時流行りのシェーマで捉えてることで終わっている。史料的制約がその大きな原因であろう。伊波が「事件」についての確かな情報＝記録を手にするのは、恐らく大正三年（一九一四）に喜舎場の『琉球見聞録』が世に出て（その序文を伊波が書いた）、その「附録」に収録された「琉球三冤録」が初めであったのだろう。事実、大正五年に刊行された真境名安興との共著『琉球の五偉人』のなかで、「喜舎場翁の『琉球三冤録』を読むと」云々と、「事件」についての以前より一歩進んだ理解を示しているのである。

ここに紹介した二つの記録は、いずれも記録者の一定の主観を通して記述されたものであって、ある種の思い込み、また誇張や潤色を予想しなければならない。たとえば「潮平里実事跡」の末尾近くに出る次の記述は、ある種の思い込みを示していよう。「初より末迄反覆細鎖惟《おもえ》ハ讒者之張本は摩文仁賢由與那原良恭浦添朝昭手本にして」とあって、摩文仁賢由・與那原良恭・浦添朝昭の三人が「事件」の黒幕だと断じているくだりは、「事件」に巻き込まれて、無念の思いに身もだえながら明け暮れた者でなければ言い得ない、呪詛にも似た言葉である。

しかしながら、先に紹介した当時の裁判記録である『牧志恩河一件調書』および『牧志恩河一件口問書』と突き合わせてみると、事実関係について符合している部分が多く、信頼できる貴重な資料である。

この資料を紹介するにあたっては、沖縄県立図書館の宮城保氏のご協力を得た。同氏に対し謝意を表したい。

【資料紹介】「牧志・恩河事件」関係記録

資料一「琉球三寃録」（手写本）喜舎場朝賢著

一安政四年（咸豊七年）丁巳十一月、薩庁命アリテ、異国通事大湾親雲上朝忠ヲ、十五人衆席勤務ニ任シ（政務ヲ分担スル重官ヲ十五人衆ト謂フ）、仮ニ日帳主取（三司官命令出納ヲ掌ル即チ十五人衆ナリ）ノ事務ヲ執ラシム。抑モ弘化元年甲辰以来、英仏露米各国人、交々来球シ、交通条約ヲ求ム。其条約ハ、太抵通航船ノ需要物品購求、及ヒ難波船救護方法ニ過キス。摂政・三司官（政柄ヲ掌握スル上官）自ラ之ヲ処置スルヲ得ス、命ヲ薩庁ニ請フ。薩庁乃チ外国ノ要求ヲ、悉ク拒絶セシム。其重臣野元一郎・川上式部・小松帯刀・諏訪数馬・島津帯刀等、交々来球臨監ス。之ヲ守衛官ト謂フ。其属吏園田氏・市来氏等、球装ヲ為シ、凡ソ我カ官吏ノ外人ニ接スル毎ニ参加ス。蓋シ我カ外国ヲ親ミ、薩庁ヲ疎スルノ虞ヲ防クナリ。凡ソ外国ニ関スル一切ノ事務、大小トナク悉ク命ヲ守衛方ニ請ケサルヲ得ス。外人等其要求ノ聴サヽルヲ見テ、強制威逼シ、幾乎ント暴行ノ挙動ニ渉ラントスルコト、幾多ナルヲ知ラス。国事岌々乎トシテ累卵ノ勢ヲ為シ、国人寒心セサルナシ。是時ニ当テ、我カ国仮リニ総理官ナルモノヲ設立シ、按司親方ヲ選定シ之ヲ命シ、国政担当者ニ摹倣（倣）、専ラ外人応接ヲ為サシメ、摂政・三司官ハ、内ニ居テ之ヲ操縦ス。大湾通詞ノ役ヲ執リ、崎嶇艱難ノ間ニ奔走シ、竭力殫心シテ昼モ休スル能ハス、夜モ寐ル能ハス。我カ官吏薩州官吏ニ接スル、敬遠ノ手段ヲ執リ、陽親陰疎スルモ、大湾ハ往来親密スルヲ以テ、国情ヲ漏ラスノ疑ヲ抱クモノ多シ。薩庁大湾カ事務ニ尽瘁シ、抜群ノ効労アルヲ褒賞シ、屢々物品ヲ賜ヒ、茲ニ至リ特命ヲ発シ、十五人衆席勤務ニ特進シ、嗣後日帳主取缺員ニ際シ、直ニ昇進セシム。而シテ真和志間切牧志村地頭職ニ転任シ、牧志親雲上ト改称ス。我カ官吏ノ昇進ハ、摂政・三司官ノ国王ニ請フテ命スル所ニシテ、古来未タ曽テ薩庁ノ命ニ因ルモノニアラス。今牧志ハ薩庁ノ命ニ因リ、国制ヲ超ヘ一躍高昇シ、且薩庁ノ賞典ニ因リタルヲ、不満スルモノ多カリキ。亦頗ル学問アリテ、雲外飛揚ノ自負心ナキ能ハス。自ラ国人ノ猜忌ヲ招ク実ニ勘（尠カ）カラス。

此時薩庁特命ヲ発シ、摂政・三司官及ヒ玉川王子尚慎・物奉行恩河親方朝恒・牧志権日帳主取ヲ指名シ、琉球ノ名義ヲ以テ英人（仏人ノ誤カ）ヨリ汽船壱隻、及其附属品大砲銃剣、其他一切ノ器具ヲ合セ、之ヲ購買セシム。摂政・三司官以為ヘラク、琉球ハ古来清国ニ対シ、弁明スルニ固ヨリ日本ト交渉ナキヲ以テシ、永久進貢ノ役ヲ全スルヲ得。若シ汽船購買ノ故ヲ以テ、日本交通ノ情敗露スルアラハ、進貢ヲ停止セラル、患ヲ生セント。仍テ事由ヲ具陳シテ、固辞スルモ敢テ聴サレス。已ムヲ得ス其命ヲ奉諾ス。時ニ摂政ハ大里王子尚惇・三司官座喜味親方盛普・池城親方安邑・小禄親方良忠ナリ。大里座喜味等ハ怠慢シ、玉川・小禄・恩河・牧志カ、能ク其事ニ従事スルヲ媢嫉シ、此四人ハ薩庁ニ通情スルモノト為ス。且小禄ハ固ヨリ酒ヲ嗜ム。玉川ハ小禄ノ妹婿、屢々集会飲宴ス。又恩河牧志ト交リ親シカリキ。未タ幾許ナラス薩公薨シ、汽船購買ヲ果サス。事遂ニ息ムト雖トモ、媢嫉猶ホ止マス。世上狡黠諂諛ノ輩、衆官ノ風旨ヲ窺テ、小禄等ノ非行妄状ヲ構造シテ、以テ飛語流言スル多シ。其交遊スル豊見城王子朝尊・宮平親方良宗・松堂親方朝憲（保栄茂親方朝由ノ長男）・兼城親方朝□・美里親方安綱・豊見城親方盛綱等モ、合セテ誹議ス。

一仝五年戊午五月。三司官座喜味親方、薩庁ノ命ニ因リ免職セラル。後任ハ翁長親方朝長ニ任セラル。翁長ハ脇地頭職ナリシカ、今帰仁間切総地頭職ニ転任シ、譜久山ト改称ス。是ヨリ前キ座喜味ハ、財政ノ権ヲ握リ、国財ノ缺乏国民ノ疲弊ヲ憂ヒ、凡ソ財貨ヲ司ル吏役カ、農民ヲ倍克スル弊害ヲ強戒シ、且国庫ノ支出ヲ厳省セシニ因リ、吏役等禄資ノ利ヲ失テ、座喜味ヲ暗怨スルモノ多カリキ。茲ニ何人ノ所為タルヲ知ラス、陰ニ座喜味ノ非行ヲ列挙誹毀シテ、在球ノ薩官ニ投書スルモノアリ。安政四年、恩河ハ臨時使者ト為リ、麑島ニ在リ。琉球館聞役新納太郎左衛門ナルモノ、突然恩河ニ対シ、三司官座喜味ノ国政ヲ秉ルヤ、適々薩商等カ米穀ヲ琉球ニ運ヒ来レハ、特ニ醸酒禁ノ令ヲ発シ、米穀ヲ売ルコトヲ得サラシム。且財貨ヲ司ル吏役等ヲシテ、禄資ノ利ヲ失ハシメ、且諸郡ノ蔗畑ヲ減省シ、国民ヲシテ農利ヲ失ハシムト聞ク。果シテ此事アリヤ否ヤト問フ。恩河乃チ其聞アリト答フ。蓋シ薩庁該投書ニ因テ、新納氏ヲシテ其真偽ヲ探問セシムルナリ。恩河ハ之ヲ知ラス、只一時ノ閑話ナリト思ヒタリ。未タ幾許ナラス、薩庁命ヲ発シ、座喜味ノ非行ヲ責メ免職セシム。摂政・三司官ハ、座喜味ノ為メニ大ニ恐怖シ、連署シテ其処分免職ニ止ランコトヲ懇願シタリ。衆官以為ヘラク、是必ス座喜味ヲ薩庁ニ讒愬スルモノアリト。頻ニ探索スレトモ、遂ニ其実ヲ得ス。無乃《もし》クハ恩河ノ所為ナラント、疑フモノ多カリキ。

一今回座喜味ノ後任選挙、例規ニ拠リ衆官投票ヲ為ス。多数票ハ與那原親方良恭、其次ハ伊是名親方朝宣、又其次ハ翁長ナリ（翁長ハ只［一］票アルノミト云フ）。摂政・三司官之ヲ薩庁ニ具状シ、例規ニ仍リ多数票者ナル與那原ニ命セラレンコトヲ請ヒケレトモ、如何ナル事由ナルヲ知ラス、少数票者ナル翁長ニ命セラレタリ。薩庁ノ三司官ヲ免官シ、及ヒ多数票者ヲ退ケラレタルハ、古来未曾有ノ事ニテ、朝野恟々怪呀（訝カ）

驚愕セサルモノナシ。此時摩文仁親方賢由在番ト為リ、麑島ニアリ（在番ハ今ノ外国領事官ノ如シ）。適々幕府将軍続統ノ慶賀使伊江王子尚健・副使與那原親方良恭モ亦麑島ニ来レリ（伊江・與那原ハ安政五年五月渡薩仝九月帰国）。新納氏ハ伊江・與那原・摩文仁等ニ対シ、曩キニ座喜味ノ非行ヲ恩河ニ探問セシ顛末、及ヒ摂政・三司官カ、座喜味ノ後任ヲ薩庁ニ上申セラレシ際、三司官小禄カ、陰ニ薩庁当路ノ官長ヘ賄賂ヲ贈リ、次票者ナル伊是名ニ命セラレンコトヲ、密願シタルコトアリト話シタリ。伊江等事ノ意外ナルニ驚キ、国事重大ニ係リタレハ、必ス我等帰国ノ後、新納氏一己署名ノ書ヲ以テ、球庁ニ報知セラレンコトヲ頼ミタリ（凡ソ球庁ヘ報知ノ文書ハ、聞役在番連署スル制規ナルモ、隠秘ニ属スル以テ、聞役一己署名ヲ要スルナリ。一説ニ伊江等ハ、固ヨリ小禄・恩河ヲ媢嫉シ、暗ニ両人ノ亡行ヲ構造シ、新納氏ニ嚼スニ重貨ヲ以テシテ、球庁ニ報知セシメタルモノナリト云フモノアリ）。

此年十一月、牧志ヲ日帳主取ニ任セラル。

一仝六年己未二月廿三日。物奉行恩河親方朝恒ニ免職ヲ命シ、仝月廿八日獄ニ下ス。蓋シ新納氏ノ報知書到来シタルニ因ル。且恩河ハ国庫ヨリ、宮古八重山両島ヘ交附スヘキ金員ヲ、横取シタリトノ風説アルヲ以テ、摂政・三司官王命ヲ請テ、免職ヲ与ヘ獄ニ下シ、宇地原親方朝□ヲ、臨時糺奉行ト為シ、平等官吏等ト共ニ之ヲ糺問セシム。恩河固ヨリ両島ヘ交附スヘキ金員ヲ、横取シタル事全クナシト弁明シ、且拠ルヘキ証左モアラス、亦座喜味ヲ譏シタルコトアリヤノ糺問ニ対シ、此事一切之レナシ、曽テ新納氏カ、座喜味ノ非行云々ニ対シ、此聞ヘアリト答ヘタルノミト言フ。再三数四栲鞠惨酷ヲ極メ、名状スヘカラサルニ至ルモ、誓テ他ノ言ナシ。

一仝年（安政六年）五月九日。三司官小禄親方良忠ヲ免職ス。此日天曇リ地震三回ス。其後任ハ與那原親方良恭ニ任セラル。此ヨリ前小禄ハ、摩文仁カ麑島ニ在テ、頻リニ我ヲ非毀スルト聞キタレトモ、一切無実ナレハ、何ンソ害ト為スニ至ラント思ヒ、之ヲ怱セニシ、摩文仁カ帰国スルモ、何ノ弁明スル所ナカリキ。此年（安政六年）三月唐ノ首尾使者（進貢使ト為テ渡清シ、事峻テ帰国スルニ、直ニ薩庁ニ抵リ、事ノ顛末ヲ上申スルヲ、唐ノ首尾使者ト云フ）宜野湾親方朝保麑島ヨリ帰リ、新納氏カ報知書ヲ帯来リ、之ヲ政庁へ提出シタリ。三司官池城之ヲ受ケ取リ（三月廿七日…伊本、原注）、小禄邸ニ至リ之ヲ示ス。小禄ハ其書中言フ所一切事実ナシト答へ、再ヒ新納氏へ書ヲ寄セ、詳ニ探索セラレンコトヲ請ヒタリ。摂政・三司官即チ衆官ヲ書院（南殿）ニ会シテ之ヲ協議ス。協議決定ノ末、王命ヲ請テ（廿九日…原注）、鎖之側浦添親雲上朝昭・物奉行亀川親方盛武（濱比嘉親方…伊本、原注）ヲ小禄邸ニ遣ハシ、辞職スヘキノ命ヲ下ス。翌日小禄ハ辞表ヲ呈出シタリ。其後任ハ旧規ヲ照シ、衆官投票シ與那原多数票トナリ、薩庁へ上申シ之ニ命セラル。

此時（四月四五日比…伊本、原注）、牧志ハ物座帳当（国庫帳簿勘定ノ総調ヲ掌ル）桑江里之子親雲上朝通ヲシテ、私カニ小禄ノ与力役（家従ノ頭ナルモノ）潮平筑登之親雲上ニ謂ハシメ曰ク、君ノ主人ハ免官ニ止マラス、将ニ臨時糺奉行ヲ設ケ、厳重鞠問ニ及ハントス。今目附役坂本権之丞（岩下新之丞…伊本、原注）（薩庁ヨリ来球セル官吏）ハ、小禄ノ免官ヲ不満シ、甚タ慨然セラル。此人ヲ頼ミ、小禄ノ罪ヲ免職ニ止マランコト、球庁へ陰ニ申立セシメハ、或ハ免ル、ニ幾《ちか》乎カラン。而シテ薩官ヲ頼ムニハ、幾多ノ反布ヲ呈贈セサルヲ得ス。反布ヲ準備スレハ、牧志カ負担シ、坂本氏ニ逢テ尽力スヘシト。潮平之ヲ聞キ事ノ重大ニ渉ルヲ憚リ、敢テ之ヲ諾セサリキ。仍テ之ヲ小禄ニ告ク。小禄モ亦今サへ賄賂ヲ為セリト無実ノ毀リヲ受ケリ、能クモ之ヲ拒絶セリト賞シタリ。

一仝年（安政六年）七月十八日。旧三司官小禄親方ヲ獄ニ下ス。此日地震数回、大雨頻リニ降ル。此ヨリ前、仲里按司・摩文仁親方・宇地原親方等ヲ、臨時糺奉行ト為ス。此日仲里ハ筑佐事（刑事ヲ掌ル下使）ヲ小禄邸へ遣ハシ、白衣着ニテ自邸へ参ルヘキヲ命ス。小禄即チ命ノ如ク肩輿ニ駕シ参リタルニ、仲里、君ヲ糺問スヘキノ王命ヲ請ケタリト云テ、直ニ平等所（獄署）へ送リ入獄セシメタリ。此ニ至テ世上大騒動シ、小禄ヲ誹毀讒謗スル邪説益々譟シ伝フ。甚シキハ廃立ヲ企図スル隠謀アルヲ以テスルニ至ル。蓋シ国王ヲ廃シ、玉川ヲ立ルナリ。国人上下風説ヲ迷信シ、其虚実ヲ察セス、唱和シテ誹々罵詈ノ声路ニ満テ巷ニ溢ル。若シ風説ヲ信セサルカ、或ハ之カ弁解ヲ為スモノアレハ、即チ指シテ以テ小禄ノ党与ト為シ、合シテ之ヲ傷害ス。正直敦厚ノ士、舌ヲ巻キ唇ヲ緘チ、長歎息スルノミ。素ヨリ小禄ノ交遊スル玉川・豊見城・宮平・保栄茂・兼城・美里等ノ如キハ、何時奇禍ノ身上ニ来ランカト、朝暮憂煎スルニ堪ヘサリキ。大里・伊江（大里・伊江・玉川ハ皆先王尚灝ノ子）ハ、玉川ノ別荘ニ来リ、玉川ヲ喚テ邪臣（小禄ヲ指）ニ与スルヲ呵責ス。玉川弁明スルニ、固ヨリ毫モ非事ニ関スルナキヲ以テス。大里・伊江然ラハ、汝速ニ妻ヲ去ルヘシ（玉川ノ妻ハ小禄ノ妹）、玉川愚妻何ノ罪アリテ之ヲ去ルヘキ、尊兄ノ厳命ナリト雖トモ、小弟敢テ之ヲ奉セス。大里・伊江大ニ怒リ、痛々厳責スレトモ、肯テ承ケサリキ。大里・伊江・浦添等ハ、風説迷信ノ甚シキモノニテ、風説ヲ悉ク聞得大君（先王尚温ノ妃浦添ノ伯祖母）ニ吹聴セシヨリ、大君モ震怒セラレ、玉川ニ其妻ヲ去ル事ヲ厳命セラル。玉川益々悲憤ニ堪ヘス酒ヲ使ヒテ終命ノ速カナランコトヲ求メラル。

一臨時糺奉行等ハ、毎日平等所へ出席シ、大屋子等（糺問ヲ司ル役人）ニ命シ、小禄ヲ拷糺スルコト幾十回ナルヲ知ラス。笞杖頻リニ加ヘ、苦楚惨酷ヲ極ムルモ、毫モ敢テ首肯ヲ為サス。只桑江カ潮平氏ニ来リ、坂本ヲ頼ミ、自身ノ罪ヲ免レシメン［ト］セシ顛末ヲ自首シタリ。

一（安政六年）九月二十三日。臨時糺奉行等ハ、筑佐事ヲ遣ハシ、潮平ヲ引致セシメ、大屋子汝カ主人非行アリテ、糺問ノ央ニ在リ、已ニ主従ノ義絶チタルハ、汝カ能ク知ル所ナリ。汝須ク前ニ小禄邸ニ在テ、執リタル事務一々問ニ随テ、実ニ答フヘシ。曩ニ汝カ主人、例外ニ物品ヲ、薩庁官ニ贈リタルコトアルヘシ、汝毫モ隠セズ直ニ陳述スヘシ。正確ナル証拠茲ニアリ、汝若シ之ヲ偽ラハ、却テ身ノ故障ヲ惹起セント頻リニ威嚇シタリ。潮平、小禄ハ秋毫モ例外ノ呈贈品ヲ発遣シタルコトナシ、我ハ毎日朝出暮詰ニテ、事務ヲ執ル、凡ソ薩庁官ヘ進呈品ヲ発遣スルニハ、偏ニ旧例ヲ照シ、或ハ他ノ三司官邸ト商議交渉ノ上、施行シタルナリト答フ。再三数四拷問厳酷ナルモ、答ルコト之ニ止テ、肯テ他言セス。大屋子乃チ事端ヲ改メ、前ニ桑江某カ汝宅ニ来リ、小禄ノ為メニ計画シタルコトアリヤ、事実悉細残ラス開陳スヘシ。潮平即チ坂本ヲ頼マントセシ一条ノ顛末、巨細縷々明陳シタリ。大屋子亦桑江ヲ引致シ、糺問シタルニ、有ル所ノ事実、委ク符合シタリ。

一仝年（安政六年）九月二十五日。日帳主取牧志親雲上朝忠ヲ獄ニ下ス。牧志モ問ニ随テ実ニ答ヘ、潮平・桑江カ言ト異ナル所ナシ。

一仝年（安政六年）十一月四日。伊江王子ヲ加増臨時糺奉行ト為ス。大里・與那原等、以為ヘラク、小禄カ白状ヲ為サルハ、拷問ノ未タ尽レサルモノナリ、猶一層威厳惨酷ノ手段ヲ用ヒサルヘカラスト。乃チ同心ノ摩文仁・宇地原・浦添・喜舎場等ト議定シ、此日王命ヲ請テ、伊江ヲ加増臨時糺奉行ト為シ、糺場ニ涖マシム。伊江乃チ前ヨリノ拷糺ヲ扣ヘ置キ、改メテ始メヨリ引キ起シ、小禄・牧志・潮平・桑江等ヲ交々引キ出シ、厳酷ノ鞠糺ヲ加フ。其惨状名状スヘカラス。小禄ハ高声童啼キヲ為スニ至ルモ、弁解前言ト変ル所ナシ。亦証左ノ拠ルヘキ事実ヲ発見セサリキ。

初メ小禄入獄以来、家従等憮然トシテ迷乱憂悶シ、手足ノ措ヲ知ラス。三司官與那原ノ親族家従等、交々来テ邸務ヲ臨監ス（小禄ハ與那原ノ大宗家ナルヲ以テナリ）。曽テ桃原里之子親雲上良照（與那原ノ弟）・仲吉里之子親雲上（伊江文書ニ名嘉地里之子親雲上…原注）良平（小禄ノ別派遠族）来監スルアリ。摩文仁ニ告ケテ曰ク、我等小禄邸ニ臨監セシトキ、其与力潮平某カ、其同僚玉那覇某ニ対シ、曩キニ発遣シタル進呈品ハ、甚タ奇怪ナリト話セシヲ聞キタリト、摩文仁ハ之ヲ聞キ、好キ証拠出タリト為シ、直ニ糺場へ提出シタリ。

仝（安政六年十一月）二十日。潮平ヲ引キ出シ、大屋子去ル四五月頃、仲吉・桃原カ小禄邸ニ臨監スルトキ、汝ハ同僚玉那覇氏ニ対シ、去年進呈品大分発遣セラレタリシハ、何方へノ礼物ナルヤト私語シタリキ。佐久川某モ席ニ在リテ、之ヲ聞ケリト仲吉・桃原カ申告スルアリ。事実相違ナキヲ認ムヘシ、汝隠サス実ノ通リ陳述スヘシ。潮平此ノ如キ話シハ、一切口ヨリ出シタルコトナシ。当時我等ハ主人ヲ失ヒ、心志愁悶シ、宛モ喪中ニ在ルカ如シ。只頭ヲ垂レ黙坐シ、人ノ問ニ随テ之ニ応スル而已。何ンソ一言モ他事ニ及フコトアラン。大屋子再三頻リニ糺問スルモ、答ルコト前ニ変ルコトナシ。若シ我カ言ヲ信セスンバ、速ニ仲吉・桃原ヲ引致セラレ、対面ニ之ヲ弁明セン。大屋子又玉那覇・佐久川ヲ拘引シ来テ、之ヲ鞠糺スルモ、倶ニ此言ハ一切聞キタルコトナシト答フ。

潮平ハ頻リニ仲吉・桃原ヲ喚出シ、面前ニ陳弁センコトヲ乞フ。十二月二十六日。両人ヲ糺場ニ召出シ、潮平ト面談セシム。仲吉・桃原去ル四五月頃、我等小禄邸へ臨監ノ際、君ハ玉那覇氏ニ対シ、去年進呈品大分発遣セラレシハ、何方へノ礼物ナルヤト私語セシヲ聞ケリ。然ルニ君偽ヲ構へ、今ニ白状セサリシハ何ソヤ。潮平君等臨監セシ頃ハ、我一言モ個様ノ言ヲ出シタルコトナシ。君讒言ヲ構造シ、人ヲ罪ニ陥ラシメントスルノ所為、悪意深重ニアラスヤ。天罰雷刑立処ニ来ルヘシ。仍テ大屋子ニ対シ、彼両人ヲ獄ニ下シ、厳糺センコトヲ乞フ。自ラ実否判明ナラン。仲吉・桃原ハ、大屋子ニ対シ、当時彼等相互ノ私語明瞭ナラス、大略斯ノ如クナラン［ト］思ヒタルノミ。潮平今彼カ言曖昧甚タシ、誣言ニシテ人ヲ罪ニ陥ラスノ悪心疑ナシ。希クハ拘留シテ、厳重糺問ヲ下サレンコトヲ。二人言ノ理ヲ失テ、忽チ顔色ヲ変シ、手足戦慄シタリ。大屋子潮平ヲ退ケ、玉那覇・佐久川ヲ交々引出シ、仲吉・桃原ト対談セシメタルモ、両人トモ是彼等カ讒言ナリト主張シ、遂ニ其要領ヲ得サリキ。

今回ノ大獄ハ、古来未曾有ノ事ニシテ、天変地怪絶ヘス。本年五月以来、赤木ニ虫ヲ生シ、其虫従前未タ曽テ見サル処ニシテ、城中城外ノ赤木、悉ク之ヲ生シ、其夥シキ勝ヘテ言フヘカラス。或ハ木ヨリ懸ケ垂レ、或ハ地上ニ這ヘ行ク、良久ニシテ化シテ蝶ト為ル。其形異状ニシテ、黒翅赤腹ナリ。首里中ニ乱飛シ、紛々儚々行路ノ人ヲ妨クルニ至ル。正月ヨリ七月ニ至ル迄テ、虫ト為リ蝶ニ化スルコト五回ニ及ヘリ。亦天ニ光物ヲ発スルコト数回。又地震日々月々頻リニ起リ、一日十余回起リタルコトアリ。人家ノ石垣ヲ破壊スルコト多シ、亦園比屋布嶽（首里城歓会門ノ外ニアリ）中ニ在ル榕樹ヨリ、赤汁ヲ出スコト渾ク血液ノ如ク、路上ニ垂レ流ルコト、毎日壱升計リ。此ノ如クスルコト二三十日、其他ノ怪変勝ヘテ数フヘカラス。

一仝年（安政六年）十二月三十日。恩河ヲ久米島ヘ六年流刑ニ処ス。此程数十回栲糺ニ及ヒ、苦楚惨酷ヲ極ムルモ、更ニ他言ナシ。此ニ至テ、糺奉行及ヒ平等官吏議定ヲ為ス。恩河ハ新納氏カ座喜味ノ非行ヲ探問セシトキ、其非行ハ無実ナリト答フヘキニ、今却テ新納氏カ言フ所ニ、相違ナシト答ヘタル罪ト為シ、官爵ヲ剥奪シ、久米島ヘ六年流刑ニ処スヘキト具状シ、政庁ニ提出シタレハ、摂政・三司官、王命ヲ請テ之ヲ許可ス。

一万延元年庚申閏三月十三日。恩河獄中ニ卒ス。此ヨリ先キ、已ニ久米島ヘ流刑ノ宣告ヲ為シタレトモ、発遣ヲ為サス。猶ホ獄中ニ幽籠シ置キ、長久困苦労弊ニ堪ヘス、遂ニ重病ト為リ、起サルニ至ル。

此時牧志ハ、桑江ニ関スルモノ、事実ノ通リ白状シタレトモ、座喜味・小禄ノ事ニ対シテハ、一切関係ナシト言ヒ、且旧三司官免職ノ事ニ関シ、薩庁ヘ申立テタルコトナキヤ、トノ糺問ニ対シテモ、更ニナシト抗弁シタリ。大屋子等ハ頻リニ厳酷拷糺シ、小禄ノ罪証ヲ白状セシメント欲スルニ、牧志ハ其苦楚ニ堪ヘサリケン、曽テ守衛官諏訪数馬カ、我カ衆官ヲ招キ宴スルトキ、三司官池城ハ酔ニ乗シ、諏訪ニ対シ、今度三司官薦挙ハ、成ルヘク二番票ナル伊是名ニ命セラレタシト密談セシニ、小禄ハ側ニ酔臥シナカラ、斯ノ如キ話シハ無用ナリ、ト謂フタ事アリト自首シタリ。抑モ小禄・牧志ノ糺問、幾乎ント結局ニ垂トスルモ、此ニ至リテ新事ノ発出トナリ、再ヒ小禄ヲ厳酷ニ拷糺スルモ、此事一切聞キタルコトナシト答フ。亦伊是名薦挙ノ為メ賄賂ヲ贈リタル事モ承ケス。且牧志・潮平・玉那覇・桑江・佐久川等□拷糺スルモ、小禄ノ証拠トナルヘキモノヲ発見セス。大屋子如何ンシテ結局スヘキヤト大ニ心配シタリ。唯伊江・摩文仁・宇地原等以為ヘラク、拷糺ノ法未タ尽サヽルニヨリ、犯人肯テ白状ヲ為サヽルヘシ。須ク糺法ヲ改メ、一層厳酷ヲ加フヘシ（糺法ニ犯人ヲ倒ニ懸ケ、水ヲ注ク事アリ。此法甚タ苛刻ニ過キ、古来未タ曽テ之ヲ用ヒタルコトナシ。之ヲ用ルトキハ、多クハ死ニ致スト云フ。蓋シ伊江等此法ヲ用ント欲スルナリ）。亦池城モ引致シ、拷糺セスンハアルヘカラスト、大屋子主取世名城里之子親雲上・大屋子喜舎場里之子親雲上ハ、之ニ同意セリ。蓋シ小禄・牧志ヲシテ、廃立隠謀ヲ悉ク自白セシメ、亦其交遊セシ人々（玉川・豊見城・宮平・保栄茂等）ヲモ、悉ク獄ニ下シ、陥ラスニ重罪ヲ以テセント欲スルナリ。仲里及加増臨時糺奉行與世山親方政輔（此人ハ平等所大屋子ヨリ主取ト為リ、特進シテ紫冠ニ至ル。律学ノ精練此人ノ右ニ出ツルモノナシ）、平等之側森山親雲上朝盛・仝吟味役小波津親雲上朝仁・大屋子仲吉里之子親雲上朝顕・善平里之子親雲上孟良・與儀筑登之親雲上□□・比屋根親雲上安達・小橋川里之子親雲上朝昇・仝見習與儀筑登之親雲上□□・兼本里之子親雲上盛□等、其儀ニ反対シ、今回ノ獄事疑ノ一点ヨリ引キ起シ、無根ノ風説ヲ以テ、実際拷問スルニ及ンテ、証拠ノヨルヘキナク、如何ンシテ結局スヘキヤト憂慮スルニ、猶ホ何ンソ再ヒ厳酷ヲ用ルコトヲ為ンヤ。且池城ノ諏訪ニ対シ云々モ、酒宴上ノ酔語、牧志之ヲ陳述スルモ、法外ニ渉ルモノナリ。是レヲ以テ獄ヲ起スハ理ニ非ス。宜ク従前ノ拷問ニ止メテ結局スヘシト主張シ、双方各意見ヲ具申シ、裁ヲ政庁ニ乞フ。摂政・三司官大ニ衆官ヲ会シテ之ヲ議ス。満朝議論紛々タリ。摂政大里王子・三司官與那原親方ハ、伊江・摩文仁ノ議ニ合意シ、浦添親雲上朝昭・金武親雲上良智・阿波根親雲上朝興・喜舎場親雲上盛□・玉城親雲上盛宜・大村里之子親雲上朝直等、之カ助力ト為リ、勢焔赫々タリ。衆官其勢威ニ委靡シ、唯々是レ従フ者多カリキ。唯リ三司官譜久山ハ、仲里・與世山ノ議ヲ以テ有理トシ、亀川親方盛武・川平親雲上朝範・伊舎堂親方盛喜・高嶺親方朝康・津波古親雲上政正等、之ヲ賛同シ、伊江・摩文仁ノ議ヲ排斥ス。遂ニ相分リテ両党ト為リ、各議柄ヲ固持シテ相下ラス。双方意見書ヲ具シ、国王ニ呈上シ、特ニ王命ノ裁スル所ニ奉任ス。時ニ国王尚泰年纔ニ十八、自ラ裁決ヲ下スニ苦心シ玉フヲ見ル。王ノ守役富里親雲上朝顕ハ、伊江・摩文仁ノ党タリ。王之ヲ案スルコト八九日、乃チ伊江・摩文仁ノ議ニ由テ施行スヘキノ命ヲ下ス。朝野之ヲ聞キ大ニ驚キ、如何ナル大騒動ヲ惹起スルヤト寒心スルモノ多カリキ。此時津波古親雲上政正ハ（曽テ官生ト為リ、北京国子監ニ入リ留学七年、当時琉球第一等ノ漢学者ナリ）侍講官タリ。王ノ為メニ書籍ヲ講読ス。即チ国母尚氏（先王尚育ノ妃）ニ謁見ヲ請テ曰ク、今回ノ獄事、伊江・摩文仁ノ議ニ従フトキハ、甚タ残酷ニ過キ、無辜ノ者モ多ク罪科ニ陥リ、大ニ国体ヲ毀損スヘシ。仲里ノ議ハ至当ナリ。伏シテ希クハ殿下国王ニ奉嘱シ、仲里ノ議ヲ改メ用ヒ玉ハンコトヲ。是ニ由テ該命ノ下ル三日後国王乃チ摂政・三司官ヲ内殿ニ召シ、前ノ命令ヲ取戻シ、仲里ノ議ニ由リ施行スヘキ命ヲ改メ下ス。

一仝年（万延元年）十月。大ニ衆官ヲ国学ニ会シ、小禄・牧志ノ罪科ヲ議定ス。茲ニ糺問已ニ結了シタルニヨリ、摂政・三司官ハ與世山ヲ総裁者ト為、漢学者普天間親雲上助業ヲ平等所ニ就キ、大屋子等ト打合セ、律書ヲ調査照合セシメラル。且玉那覇・佐久川・潮平・桑江等ハ、皆踵ヲ接シテ無罪放免ト為、出獄セシメタリ。與世山・普天間ハ律書ノ照合ヲ畢リ、罪ノ疑ハシキハ軽キ従フノ律旨ニ基ツキ判決ヲ下シ、小禄ハ大臣ノ身分トシテ、人ニ疑ハレタル罪ト為シ、伊江島照泰寺ヘ三百日ノ寺領トシ、牧志ハ無罪放免スヘキト為、而シテ仲里及ヒ平等官吏等、多ク之ニ同意ス。唯リ伊江・摩文仁・宇地原等ハ、小禄・牧志両人トモ、十年流刑ニ処スヘシト為シ、各意見書ヲ具シ、政庁ヘ提出ス。是ニ於テ摂政・三司官大ニ衆官ヲ国学ニ会シテ之ヲ議ス。牧志ノ罪案ハ、川平・高嶺・津波古等律法調査ニ拠リ、無罪放免スヘキヲ主張スト雖トモ、黒党ノ勢焔更ニ抗スル能ハス、牧志ハ政務ニ故障スルモノト為シ、爵位ヲ褫奪シ采地ヲ没収シ、十年流刑ト擬シ、終身入獄スヘシト協議決定シ、王命ヲ請フ。小禄ノ罪案ハ、三司官譜久山・物奉行亀川等、三百日寺領ニ処スルノ法律ニ同意スルモ、摂政大里・三司官與那原・鎖之側浦添等、其党人等ト倶ニ、伊江・摩文仁等ノ議ヲ主張シ、十年流刑ト為スヘキヲ争フ。亦双方意見書ヲ具シ、国王ニ呈上ス。国王乃チ宜野湾親方朝保ニ命シテ、意見ヲ上申セシム。宜野湾乃チ甲論ハ拠ル所ナシ、乙論ハ律法ニ拠ル。律法ニ拠ルヲ至当ナリト上陳ス。国王乃チ小禄ヲ三百日寺領、牧志ヲ十年流刑ノ議ニ由リ、処分スヘキノ命ヲ下ス。糺奉行等ハ、各処分ヲ言渡サレタリ。

摂政大里王子ハ、前議モ破レリ、此議モ亦用ラレサルヲ以テ、即時病ト称シ朝ヲ退キ、籠居数日、乃チ上書シテ官ヲ辞ス。其後任ハ糺奉行タリシ仲里按司ニ任シ、王子位ニ叙シ、與那城間切総地頭職ニ転任セラレ、與那城王子ト改称ス。衆官協議スルニ当テヤ、両党互ニ軋轢スルコト日一日ヨリ甚タシ。会合スル毎ニ、必激論狂発シテ、大喧嘩ヲ惹起ス。是カ為メニ交誼ヲ絶チ、縁姫ヲ離レ妻ヲ去リ婦ヲ逐フテ、互ニ音問ヲ通セサルニ至ル。国中ノ騒擾、此ヨリ甚タシキハナシ。大里・伊江・與那原・摩文仁ノ党人、気焔甚タ盛ンナリシモ、王命ノ排斥スル所ト為リ、党勢忽チ挫折委靡ス。世人之ヲ目シテ黒党ト称ス。仲里・與世山・譜久山等ノ、正議ニ帰依スル人々ヲ白党ト称ス。

玉川王子ハ世難ヲ避ケ、領地ナル糸満村ニ別荘*ヲ築キ之ニ居ル。悲憤ニ堪ヘス酒ヲ飲ムコト数日、飯ヲ絶ツ。終ニ胃ヲ破リテ重病ト為ル。国王之ヲ憂ヒ玉ヘ、近待（侍カ）ヲ遣ハシ慰問セラル、幾回ナルヲ知ラス。医薬効ナク遂ニ卒ス。

＊欄外注：糸満村ノ旧家、平田ト云フ所ニ止宿シ、別荘ニハアラズ、今ハ他人ノ有トナルト笑古三司官池城ハ衆官等カ傷害シ、罪ニ陥レントスルカ為メ、寒心股慓（慄カ）日々憂慮ニ堪ヘサリシカ、該議遂ニ消滅シ、略心志ヲ安シ即チ辞職ス。其後任ハ宜野湾ニ命セラレタリ。

一文久二年壬戌六月。薩庁命アリテ牧志ヲ徴ス。蓋シ薩庁西洋各国ト交通セント欲スルモ、英語ニ通スルモノ少キノ故ヲ以テ、牧志ヲ徴シテ通詞ノ役ヲ執ラシメントスルナリ。牧志ハ獄中ニ幽閉スル四閲年。此日在番奉行（薩庁ヨリ来球臨監スル官吏）市来次十郎、其属吏ヲ平等所ニ遣ハシ、牧志ニ一面ヲ求メ、即チ肩輿ニ載セ擁シテ那覇ノ客舘ニ帰ル。市来氏始メテ薩命牧志ヲ徴スコトヲ報知ス。球庁衆官大ニ驚キ、摂政・三司官、王命ヲ請テ三司官宜野湾ヲ薩州ニ遣ハシ、異国通事長堂里之子親雲上朝□ヲ携帯シ、牧志ト交換センコトヲ願ハシム。仝七月十九日、市来氏ハ牧志ヲ携ヘテ覇港開洋ス。此夕船伊平屋灘ヲ過ク、牧志忽チ身ヲ海ニ投シテ卒ス。年四十五。

論ニ曰、嗚呼恩河・小禄・牧志、前世如何ナル宿業アリヤ、何ンノ無辜ノ身ニシテ、濫刑ノ陥阬ニ墜落スルノ深キヤ。夫レ恩河ハ新納氏カ問ニ対シ、座喜味ノ失過ヲ弥縫シ、事実ヲ知ラスト答フルハ固ヨリ可ナリ。

然トモ人ノ行為上、事実ノ有無ヲ語ルハ、之ヲ法律ニ問テ何ノ抵触スル所アラン。只吉凶栄辱、惟其招ク所ノマヽナリト言ヲ箴メラル。古人豈ニ我ヲ欺カンヤ。且恩河ハ浮華軽譟、座喜味ハ節倹峻厳、性質ノ反抗背馳スルコト、啻氷炭相容レサルノミナラス、座喜味ノ敗ルニ当テ郡（群カ）疑一身ニ萃ルモ無理ニ非ス。況ンヤ固ヨリ摩文仁ト深釁アルヲヤ*①。曽テ薩公ノ席上ニ在リ、公床上ノ支那地図*②ニ対シ、摩文仁ニ問テ曰、シンコウノ路ハ何ヨリスト。摩文仁ハシンコウト謂フ意義ヲ暁ラス、答ルコト能ハス（「シンコウ」ハ進貢ナリ。球人ハ支那音ヲ通用シテ「チンコン」ト謂フ。故ニ暁ラサルナリ）。恩河傍ヨリ福州ヨリ入テ、浙江蘇州山東ヲ過クト、図ヲ指シテ答フ。摩文仁靦然トシテ慙ヲ抱ク。他日公男子誕生シ、両人ヲ招宴ス。恩河唯リ祝詩ヲ呈ス、吐囑最モ雅ニシテ公ノ欣賞ヲ受ク。摩文仁深ク慙ツ。新納氏カ恩河ヲ告発シタルモ、焉ンソ知ラン摩文仁カ教唆シタルニ非サルコトヲ。且宇地原人ト為リ刻薄残忍ノ目アリ。必ス此人ヲシテ五刑ノ権ヲ操ラシム、其心ヲ用ルノ深刻亦知ルヘシ。小禄ハ豪爽濶達、身幹偉梧、只酒ヲ嗜テ放誕胸中城府ヲ設ケス。所謂子桑伯子カ太簡ニシテ、仲弓カ執ラサル所乎豈ニ知ランヤ。江湖ニ横ハル鱣鯨、終ニ蟻螻ニ制セラルヲ、何ンソ微ク之ヲ省ミサル。

＊①欄外注：恩河・座喜味互ニ間アリシコト、恩河自身ノ口書ニ明カナリ○洲

＊②欄外注：薩公支那地図ヲ屏風ニ仕立テ、坐右ニ備ヘシコト市来氏日記ニ見エタリ○洲

抑モ其罪案タルヲ見ルニ、人ニ疑ハルト謂フニアリ。噫何ンソ人ヲ人ヲ（衍字カ）誣ルノ甚タシキヤ。人ニ疑ハルノ罪、明律・清律・第何条ニアルヤ（琉球刑法此二律ヲ準用ス）、若シ之ヲ以テ罪ヲ定ムルモノトセハ、聖人モ免レサルモノアラン。昔シ周公管蔡ノ為メニ流言セラレ、清王之ヲ疑フヲ以テ、位ヲ避ケテ東ニ居ル。

是時ニ当テ周公モ三百日寺領ニ処スヘケンカ、且証左ノ拠ルヘキモノナシ。漫リニ二十年流刑ニ擬セント欲ス、之ヲ如何ント謂フヤ。娼嫉心ノ人ヲ傷フコト、鬼蜮ノ砂ヲ含ミ影ヲ射ルヨリ甚タシ。牧志ハ桑江ト同案ナリ。桑江業已ニ無罪放免ト為ルニモ拘ラス、十年流刑終身入獄ニ処セラル。嗚呼天ヲ籲ヒ地ヲ搶クノ惨、勝ヘテ言フヘケンヤ。其政務ニ故障スルト謂フハ、嫉妃上ノ言ニハ過キス。所謂罪ヲ加ヘント欲セハ、何ンソ言ナキヲ憂ンナリ。其薩庁ノ勢威ニ靠リ、一躍高飛スルニ当テヤ、衆猜ノ狂発スル、猶ホ風潮ノ奔馳スルカ如シ。孰カ能ク之ヲ禦ンヤ。仕途ノ険シキ九折ヨリモ甚タシ。一タヒ顛躓スレハ、忽チ九淵ノ底ニ沈ム。殆哉。若シ能ク之ヲ省察シ惕然トシテ謹慎倹束セハ、何ンソ此ノ如キニ至ラン。深ク惜ムヘシ矣。

琉球三冤録　畢

資料二「三司官小禄親方与力潮平筑登之親雲上里実事跡」

此書ハ当時三司官小禄親方の与力役たりし潮平筑登之親雲上里実か、身上に罹（係？）る事跡、目撃耳触に係るものを、一々筆記したるものなり。

明治四拾年丁未五月写之　　横田蔵書

咸豊七年（安政四年）丁巳七月十二日。小禄親方良忠、三司官御役被仰出、御与力之儀、玉那覇筑登之親雲上常恕・許田里親雲上良□・私三人え被仰付。玉那覇ハ御進物方、許田ハ日帳方、私ハ御物方。夫々手配を

以、各勤向致精勤。其頃三司官座喜味親方盛普ハ、御物座にて、諸座諸御蔵を始、向々御物御取締、余り厳重ニ御せり詰被成候上、何歟被下物等も、引方減少ニ而被成下候故、世上一統不致安心候上、飢饉災変之憂不相絶、万民及難儀候も、専座喜味非常之行より、致発起候由申触候者、段々罷在（コノ説如何座喜味の事ニツキテハ安政四年八月巳に密命アリ―欄外朱書にて書き込み＝金城注）。

此末如何可相成哉与罷在候折、翌午五月、恩河親方朝恒御上国之時、座喜味殿内非分御家老衆え色々被申上候付、座喜味ハ隠居相応之御処向被仰付候段、御書付到来ニ付、御咎目向は被差免度、御相役共段々被相働、無事隠居被仰付。其跡御役は先例通、諸官え入札被仰付、番先次第被仰付度、国王より御伺相成候処、大和之御都合如何相成為申哉、入札無構翁長親方朝長え被仰出、今帰仁間切惣地頭職譜久山親方与改名罷成候。

其節檀那より、今般三司官入札之儀、一番札ハ與那原親方良恭ニ而候処、二番札伊是名親方朝宣え被仰付度、御家老衆え品物取添、段々御内意被相働由。適三司官身分として、右様之御内意、至極不致相応由聞得、新納太郎左衛門より、在番御使者摩文仁親方賢由へ為申上由。其時慶賀使正使伊江王子尚健・副使與那原親方良恭、御上国の砌ニ而、太郎左衛門より段々内意被申含、檀那之非分色々作立、聞役一名之御問合、差遣候方被致吟味候而、右御銘々ハ、同年九月御帰帆相成、

同九年己未二月廿三日、恩河朝恒ハ、早速御役御免ニ而、平等方え牢舎被仰付、段々厳敷御鞠問被仰付候処、座喜味之非分ハ、御家老衆より色々御尋有之候付、世上不安之有様、充々為申上段、致白状候付、久米島え十年流刑之処分相及候由。飛脚使與儀筑登之親雲上帰帆、於館内摩文仁親方賢由、小禄之非分段々被相噺候趣、檀那え為申上由候処、檀那ハ無実之事々ニ而、何楚事立不申浮□与被相心得候由。是程之大事、被

聞候上は、則々摩文仁親方賢由御引合、表向御吟味等、兼而被成置候ハヽ、是丈ニは相及間敷与、後以悔入申候。

翌未年三月、唐之首尾御使者宜野湾親方朝保帰帆、新納太郎左衛門より之御問合御持下、表御方え被差上候処、御相役共御存外相成、其御問合池城親方殿内え御持参、檀那え為致披見候処、抑存外之事々書立、一事も実事迚無之候付、右様之事ハ一切無之候間、重而御問越御穿索被仰付度、池城え為申上られ由候処、其御採用も無御座、直ニ御書院え諸官御揃相成候。

檀那与恩河与は兼々御交際親敷有之候故、座喜味一味同志之方ハ、兼て申含置候故、邪説色々作立、正道ニ致吟味候方ハ、却而小禄一味之者与致評判、何共可致様不罷成候由。且小禄は廃立隠謀之企有之由、甚敷邪説作立、是ニ与する玉川王子尚慎・豊見城王子朝尊・保栄茂親方朝由・宮平親方良宗・兼城親方朝義・美里親雲上安綱・豊見城親雲上盛綱等も、追々御取扱可相成与之風説も、世上え令流布候故、半疑之者共、段々罷在候。

同五月九日（此日天曇地震三度寄）、檀那様三司官御役御免ニ而、隠居被仰付候間、早々願書差出候様、御鎖之側浦添親雲上朝昭・御物奉行亀川親方盛武、御出被御達候付、此儀御意ニ而候哉与被申上候処、弥御意之段被御達候ニ付、直ニ御請被仕。翌十日、御隠居願之御書面被差出候処、弥其通相済。跡御役入札も、追々被仰付、一番札與那原親方良恭え被仰出候。

同五月十三日、御物座帳当桑江里親雲上朝通、私宅え被罷出、檀那様御事、御隠居迄ニ而無御座、追々御糺奉行被召立、厳敷御鞠問被仰付御模様有之候得は、此涯檀那不及御苦痛様取計不申ハ不叶、産物方御目附坂本権之丞殿えハ、当分小禄隠居御取扱さへ、御同意無之、至極不便ニ被思召由候得は、此時彼の御方懸り

上、小禄事当分之篇ニ而、屹与事静に相成候様、御内沙汰被下度頼上候ハヽ、随分行届可申、左候得は大和人衆えハ、いつれ品物取添、御内意不致ハ不叶、御方ニは御物方諸反布類格護も有之、又御内原御方ニも、手嶋布抔段々有之筈候得は、彼是取寄置候ハヽ、御内意向は牧志親雲上朝忠より、御取計被成候段、兼而相談仕置候間、いつれ之筋其通取計候様、段々被申進候付、此儀至而不容易事候。

檀那様御事、前条三司官御内意も、品物取添、段々被相働由候処、品物之儀大少共、構之役人格護相成、少迚も檀那之侭ニは不罷成。是以相考候得は、品物添被成御内意候儀、何共難存当、決而不実之非分を請可申は差見得候処、及御苦痛候迚、此節品物取添、大和人衆え御内意被成候ハヽ、弥前条三司官御内意も実之様相成、却而檀那之為不罷成、其上此節之儀、諸官御吟味段々罷成、被達　上聞ニ［候］而、右通御決定相成居候を、我々身分として右様之働、至極不恐儀与存候間、たとへ何分御相談相成候而も、此儀ハ御内意不罷成段、切而致返答候処、御方御同意不致は不及是非取止候間、此噺ハ一切口外不仕様、可相心得候。若口外いたし候ハヽ、檀那牧志之為不罷成、故障之儀共可出来与存候間、返す々々も口外不致様、被相心得度頼入候而被罷帰候。

右ニ付此噺一切不仕候処、今度之儀は、至而不容易事ニ而、此侭押へ置候様ニも不罷成、先以檀那迄ハ極内々申上候方可宜与相考、桑江里親雲上朝通相談之趣、始終一々申上候処、檀那も此儀至極上夫之取計、致感心候段被相達候。右ニ付而は、此涯能々不相慎候而は不叶、私儀は不断殿内え詰居、少迚も御故障不罷成様、諸事差引いたし、間に大和人衆より御手紙も到来次第、表御方え御届申上、万事程克相勤居候処、同未七月十八日（此日天曇地震数々寄、大雨頻ニ降候）、御紙奉行仲里按司朝紀より、檀那白朝着ニ而御用有之、彼之御殿え被罷出候処、一通之御糺迄ニ而、直ニ平等方え牢舎被仰付、至我々も残念至極、言語之道相絶、弥国中大騒動相成、邪説も弥増盛被申触、殿内近付之方ハ、面を上け道行も不罷成、悲嘆無此上事候。

乍然天之人を不殺、おのつから実事分明可罷成と、只精神を尽し、人目も不憚、殿内出勤いたし、御懐并御兄弟御子部ニ到り段々諭し上、今度之事件はいつれ天地神仏の御助を蒙り不申ハ、此大難いかて免り可申哉。讒愬誠偽之所、早霊効無御座候而は、檀那之苦痛何共難忍次第御座候間、此涯少迚も、無御気怠御立願等、深く被成候方可宜哉、弁之御嶽三ケ所ハ、至而鴻慈霊光有之、人々祈願ニより、身命又ハ讒愬誠偽之所、早々感応霊験有之由、兼々承り候間、彼之三ケ所え、一七日物籠り立願いたし候方、何様可有之哉。弥御同意御座候ハヽ、此御名代、私相勤度申上候処、至極御同意ニ而候間、道楚心を砕き立願被致度、御頼入有之候付、同九月十六日相始、廿二日迄精神を尽し致立願、弥実事分明ニ蒙御引廻候ハヽ、此御高恩月々十六日、小禄正統終廿二日自分永々奉報御鴻恩度、夜中之祈願無他念丹心を尽し祈り上候処、七日目之夜、折節風至而静之時、上之御嶽より御門口え吹卸候霊験、夢之覚り如只事ならすと、身を驚し仰天伏地手を合候而罷帰り、追々明方相成、暫枕を懸候折、平等所よ御用有之由、筑佐事罷出候ニ付、女性共驚入候躰相見得候付、私は重き御用ニ而無之、何歟口上御引当之為ニ而も可有之哉、追付罷帰筈候間、父母様屹与諌上、少も御心配不被成様可取計与、愚妻え委く申付候而、筑佐事一同罷出候処、栲問屋え相扣候様被相達、差扣候折、百足虫大形二ツ我か前に落、二ツ共其所ニ久敷伺上、暫く有て二ツ共一所ニ東表え同烈（列カ）罷通り、不審成儀ニ思ひ、心中弥安静罷成、追付御用之由、筑佐事罷出候付、一同参上仕候処、今日之御用、何等之儀与存候哉、被相尋候付、不相分段申上候処、其方檀那事、不届之儀有之、当分御紀之央ニ而、追々慥ニ相分筈候間、是より先檀那之頼も無之所ハ、能存知之筈候得は、於殿内不審成事共ハ、大小共不差置申上候様、尤大和人衆え、例外進物も段々有之筈候間、少も不隠疑之儀ハ、一々申上候様、此儀慥成証拠も有之、偽を以申

上候ハヽ、却而故障筋相成候間、少迚も偽不申上様、返す〳〵被相達候付、拙者儀、毎日朝出晩詰ニ而、殿中彼是之御用承り候処、不審成儀一切無之。

大和人衆え御礼物も、先例又ハ二殿内御烈（列カ）合之上、差出申事ニ而、少も例外之品物差出候儀、無御座段申上候処、是丈御親切之御尋問難有奉存、委細申上筈候処、却而偽を以申上、不都合之儀候間、猶篤与相考、此後御糺明之節、実成委ク可申上。

且桑江里親雲上朝通、其方家内え罷出、段々相談事為有之由、被聞召候間、弥其通為有之哉。初より末迄、委細申上候様被相達候付、此儀御達之通、別状無御座形行は、前文檀那え申上候有様、一々申上候処、少も不相替候哉与相達候付、少迚も違め無御座段申上候処、只今之御用ハ相済候間、重而扣所え罷帰候様、被相達罷帰候。

追付桑江里親雲上朝通も、被召寄御糺明有之躰相見得申候。晩方は御用留被仰付候間、かんさし大帯は、家内え差帰し候様被相達候付、筑佐事一同仮屋え牢舎相成、桑江も同断御用留相成候。同翌々廿五日、日帳主取牧志親雲上朝忠、御糺明被仰付、御用留相成候。同廿八日、御用有之罷出候処、桑江里親雲上朝通、面会被仰付、其方家内え桑江罷出、相談事為有之事件、委細申上候様御達有之。最初申上候通、一々致白状候処、桑江ニも実事ニ而何楚之申分も無之、私は引取重而桑江段々御糺明、終ニ御責扱相成候。

夫より檀那も、折々御糺明被仰付、色々願御懸引候得共、右様之事一切不仕段申上候ハヽ、直ニ御責扱相成、童子啼被成候砌ハヽ、心中迷乱胸中打寒ク、至極窮屈之躰ニ而月日を送り、同十一月廿日、御用有之罷上り候処、其方事去ル四五月比、小禄一門仲吉里親雲上良平・桃原親雲上良照、小禄え罷出、諸事差引承り候折、其方以上ニ而、去年品物大分外え差出候儀、何方へ之御礼物ニ而候哉。玉那覇筑登之親雲上常恕え噺いたし、其時佐久川筑登之親雲上も居合、仲吉等承り、此儀御内意品、別条有間敷与、御糺奉行摩文仁親方賢由え被申上、慥成儀候間、実形不隠申上候様被相達候付、右様之噺ハ一切不仕、御一門衆え被罷出候時は、殿内奉公人共ハ、檀那を失ひ、喪家同断頭を下ケ、何等之噺も不仕、彼方より尋次第、漸く致返答候迄ニ而、右様之儀毛頭無之候間、彼之両人も御用被仰付、直面御引合有御座度申上候処、側々証拠人佐久川筑登之親雲上も聞合候間、真直ニ申上候様被相達、人之不言以上を聞及候由候得は、是非共相互ニ面会、讒言明白ニ差分無之候而不叶候間、道楚早めニ面会被仰付度申上候処、暫引取候様被相達、無念にて罷帰り候。

右ニ付玉那覇筑登之親雲上常恕、佐久川筑登之親雲上も、御用被仰付、一人々々御糺明為有之由候処、無実之事故、両人共右様之噺ハ一切不承段申上候処、両人も御用留被仰付候。同十二月十日、筑佐事ニ付而、願筋有之候間、今明日之間、御呼出被成度願出候処、翌日御用有之罷出願立候趣ハ、仲吉等讒愬不実之披露、何共落着不罷成候間、屹与両人共御糺明被仰付、私も面会相成候ハヽ、自然与明白ニ相成可申与奉存候間、道楚早めニ御用被仰付度願立候処、御聞届相成候段、御返答有之罷帰候。

同廿六日、御用ニ付罷出候処、仲吉・桃原も両方ニ居し、両人より私へ申候は、去ル四五月頃、私共小禄へ罷出候砌、御方口上ニ而、去年品物大分差出候儀、何方えの御進物ニ而候哉。玉那覇筑登之親雲上常恕へ被相噺候儀、慥ニ我々聞及居候処、于今《いまに》偽を構、不致白状由承知仕候間、屹与実形通申上候様、相達候付、御方等殿内え罷出候折ハ、我等一言之噺も不仕候を、右様讒言申上、悪心至極天罪雷害、立所ニ其報可相分、然も只々御糺明之央候得は、是非共急ニ差分無之候而不叶儀候間、両人も牢舎ニ而、厳敷及御責遣候ハヽ、是ニ而互ニ実事分明相成可申段相達候処、、密噺之事ニ而委細ハ不相分、其様之噺与承り候段、又々申進ミ先之口上与致齟齬、何共難存当。

右ニ付直ニ願立候は、此両人之口上、兎角御聞取為相成筈ニ而、讒言之段は見及候間、早々牢舎被仰付度、士族之身分ハ彼等も我も同断、たとへ父兄之威光ハ相替候共、互ニ難渋付而は、御取扱ハ同様之儀ニ而可有御座哉。暴悪之者共、厳敷御糺明被仰付候ハヽ、実不実ハ天の照覧、急ニ明白相成可申与奉存候間、道楚其御取扱被仰付度申上候処、余り高声ニ而右様申上候儀、不義之仕形ニ而候哉。御両人御取扱ハ、段々御法様有之候間、御吟味之上、何分も被仰付筈之段被相達候付、誰ニ而も人之讒を受候而、空く罷過可相成哉。いつれ此涯厳敷御鞠問、死生共ニいたし候段、言葉いまた不終内、今日之御用ハ相済候間、引取候様被相達候付、無是非罷帰り候。同日玉那覇筑登之親雲上常恕・佐久川筑登之親雲上も、一人〳〵被召寄、段々御尋問被仰付候得共、不実之事故、両人も讒言之由申上候処、荒々敷御差引為有之由候得共、実々其通ニ而少も違め無之段、御返答相成ニ付引取させ、其后も両人とも御糺明有之候得共、同断之御返答ニ而、夫より御糺明無之。翌申年三月中旬比、出牢いたし候。

恩河親方ハ長々の牢舎故、終ニ病気相煩ひ、未十二月廿八日比、平等所ニ而御卒去。御家内え被相届候。且桑江里親雲上朝通も、四五度計御糺明相成、実成通被申上候ニ付、其篇ニ而御糺明無之候。

翌申三月五日未明起立、相牢之者五六人廻座ニ而、噺いたし候折、百足虫大形一ツ、天井より我か前え落、其所ニ長々伺上、終ニ南表え緩々与罷通り、不審ニ存候処、同座之者噺之趣は、百足虫ハ吉事を告候ものニ而、潮平ニは今日ハ善御糺明ニ而も可有之哉与噺之最中、追々筑佐事罷出、御用之段有之候付、罷り上り候処、是迄之御糺明与ハ相替り御糺奉行衆も近く御下り、問本大屋子も、是迄両人ニ而候処、五人並居候而、其方事長々牢舎ニ而苦痛ハ不及申、親父之病気も漸々強く罷成候由候得は、此涯実形白状いたし候ハヽ、被差免筈、小禄之為とて隠置候も、最早無益之事候間、彼此篤与相考有筋は不差置申上候而早々出牢、親父之病養手を尽し候方、孝道ニも可相叶哉。たとへ其方隠置候而も、外より致露顕候ハヽ、却而厳科ニも可相及哉。

此節之儀、御国許より慥成証拠書等到来いたし候付、御糺奉行も多人数被召付、実非分明之御審問少迚も難遁段ハ、能被存筈候得は、何歟疑敷事ハ有之侭申上候様、和理《わり》無き大屋子共替り〳〵返す〳〵被申進候付、今度之事件ハ、至而重き事ニ而、実事ハ勘弁も不罷成、桑江朝通一条も委く申上、其外ハ少迚も疑敷事無御座、仰之通御国許より、慥成証拠書等有之候ハヽ、此証拠持参にて上国、聞役御家老衆之御宅差寄、御内意向之御書面、又ハ被差上候品々、且持登届上候人躰等、委く聞届候ハヽ、夫ニ而実不実ハ慥ニ相分り可申与奉存候間、此所ニハ御吟味不罷成哉、与申上候処、何等之御返答無御座。

其方事是迄段々御親切之御糺明難有奉存、有筋ハ不隠申上候儀、本意ニ而可有之哉。たとへ檀那与契約有之候而も、此御糺場にていかて可逃哉。厳敷及御責遣〔候〕ハヽ、少迚も隠置不相成段被御達候付、実形有丈申上候而御落着無之御責遣被仰付候ハヽ、少も不苦、たとへ此所ニ身を終候共、是迄申上置候通、少も違め無御座段申上、左候而又以願立候ハ、仲吉等入牢、互ニ厳敷御責遣被仰付候ハヽ、讒者之根源も明白可相成哉与奉存候間、道そ御採用有御座度奉願候。

依之猶重畳願申上候儀、恐多儀ニは御座候得共、親父之病気強相成候由承知仕、至極驚入居申候間、何卒一時出牢、親見舞被仰付度、頻ニ奉願候処、小禄の実事、いまた不相開候付《ママ》ニ而は、彼是願通ニハ不被仰付候間、猶篤与相考、此後御糺明之節、委細申上候様、被相達候付、不孝之子親の死病も対面不被仰付、無実ニ牢舎を蒙り、最早神仏之御助も無御座、実ニ此生りニ而可有御座哉。居なから涙を流し泪〔泣〕居候処、今日之御用、此篇ニ而相済候間、引取候様被相達候付、無是非罷帰候。夫より親之病気如何可有之哉。便を設ケ承候処、前々之通不相替由、委細承り候付、一先安心いたし候。

且又牧志朝忠御事、桑江朝忠（通カ）一条ハ、実々其通之段致白状、其篇ニ而相済候得共、右外ニ守衛方諏訪数馬殿御宿え御招、御酒宴之時、池城親方安邑より、此節三司官入札之儀、可成程二番札え被仰付候方、御取計被成度、段々内密之御噺被成候折、小禄は大酒ニ而酔臥なから、右様之御噺ハ不宜段為申由、牧志彼是委細承り候段、実成之様被申上候付、夫より又々事新敷相成、檀那も猶々御糺明、御責遣等被成候得共、此儀ハ一切存不申段、御返答相成、牧志ハ数度之御問尋事、静ニ色々之御糺、都而実形之様被思召方も被罷在候付、小禄ハ猶々御責上強く、水責抔之御企相成、其道具も作立、池城安邑モ追々入牢厳敷御鞠問被仰付候御吟味為相成由候処、御糺奉行仲里朝紀・平等之側森山朝盛・同吟味役小波津朝仁・同所大屋子仲吉朝顕・善平孟良・與儀筑登之親雲上・比屋根安達・小橋川朝昇・見習大屋子與儀筑登之親雲上・兼本里親雲上等ハ、当分さへ無根御糺明ニ而、惣而疑より事を引起、現場於糺ハ、理筋分明ニ難取捌、如何引結可申哉与、一統心配之折柄、猶々御責強く、且池城御穿鑿向、酒宴之噺より引起、殊ニ牢人牧志之申立、何共御法迦之事ニ而、此吟味ハ御同意不罷成段、右之御銘々、御申立被成候由。

且伊江尚健・摩文仁賢由・宇地原朝直（真カ）ハ、平等所主取、世名城盛□等ハ、屹与御責上、池城も早々牢舎御糺明被仰付候方、御吟味被相決、両方共御見付相替り候付、表御方え被差出候処、表御方にも同断御見付相替り、此上は

御意次第被仰付外無之由ニ而、双方共御見付書被差出、被達

上聞候処、御取置相成候由。

摂政大里尚惇・三司官與那原良恭は伊江朝（尚）健一味之見付書ニ、御鎖之側浦添朝昭本ニして、金武良智・阿波根朝興・喜舎場盛離・玉城盛宜・大村朝直等は一味同案。三司官譜久山朝長ハ、仲里按司朝紀一味

之見付書ニは、御物奉行亀川盛武手本ニして、川平朝範・伊舎堂盛喜・高嶺朝康・津波古政正・山内盛富等は一味同案ニ而
主君之御決定待上居候処、八九日相過候而、大里等見付之通言上相下り、世上も驚動いたし候処、右言上被相下候而より、叡慮不穏、夜も御休ミ無御座、兎角天地神仏之御保護も為被為在哉、言上相下り三日め未明、摂政三司官等御用、一昨日之言上御取返し被遊候而、却而仲里朝紀見付通、被仰付候御趣意相下り候付、世上も先以静ニ罷成候由（御守役冨里朝顕・伊江王子一味役兼濱朝珍ハ、仲里按司一味）。
今度之事件ハ、古来未聞之大変ニ而、万民協和無之、邪説色々作り立、剰小禄ハ廃立隱謀張本之由聞得、大君加那志様え為申上ニ而、大里尚惇・伊江尚健も被相寄、屹与重罪之方被仰下候由。浦添朝昭は御本生之甥孫ニ而、不断参殿同志為申合由。佐敷按司加那志様・野嵩按司加那志様えは、豊見城朝尊御本生之伯叔母、并御姉ニ而、極悪之風説、段々御聞及、御蟄居被遊候。乍然賞罰は国家之本候得は、いつれ正道ニ取行候ハヽ、天道ニ叶、君ニ忠之道相立、不正ニ被行候ハヽ、天ニ戻り災変出来、君に万代之悪名を流し、不忠無此上由被仰下、賢徳之思召ニ候処、一方は是も弁別無之、只悪意深重之挙動而已ニ而、邪説甚盛ニ作り立、御国家之大難無此上事ニ而、天地神仏之いかり色々致発起。
去年三四月より今迄、地震荒々敷日ニ二三十度も寄、諸方石垣も寄こぶし、且御城近辺又は諸方之赤木、物様虫出、蝶相成り方々飛廻り、道行人面にも差障り、且そのひやん御嶽御門内、正面ニ有之候榕木より、新血湧出、毎日壱升計下え落候儀、申五月比より廿日此通り。右通色々災変致起、世上驚入居候者、余多罷在候とも、一方ハ其恐も無之、姦吏国弊之極、殆与打入候得共、難有御鴻慈之御意相下り候付、夫より檀那・牧志之御糺明も無御座。是迄之諸問付書、尚慎・豊見城朝尊も、御前え被召出、段々蒙上意、難有次第ニ而、

仲里一味之按司・親方、近き御間柄衆も、御械（機カ）嫌伺として、不断御登城、段々聖明之御趣意被成下候由。奸徒讒者之王子・親方ハ、前々は我侭之挙動有之候処、是より人気相損し、何事も思様ニハ不罷成。且世上律学多識之方、與世山政輔・普天間助業、其他仲里朝紀等相合、罪分御調部被仰付候最中之由。

私事当三月末比より、胸上ニ瘡を催し有之、散薬等相用候得共、漸々暑気強相成、長々之牢舎故、却而痛強く、瘡も腫立大く罷成、医者療治願申出候処、筆者衆見分いたし、追々御医者渡嘉敷通起被罷出、是迄之様被相尋候付、専痛強く及大粧候段申上候処、其通煎薬粉薬等相用候得共、却而日増痛強、腫立も格別太く、終ニ難癒く模様相成。渡嘉敷も死病之段為被申上由ニ而、御願願（衍字カ）段々申上候得共、御聞取無御座。此上ハいつも出牢は無覚束、瘡は猶々腫立太く、痛も強く罷成、昼夜苦痛絶兼、医薬之験も不相見得、看病方も思様不罷成、此所ニ身を終候ハヽ、父母ニ先立不孝、悪名万代ニ残し可申与、愁嘆此上なく、朝暮涙を流し、只冷然として日を送り、加籠之鳥同前暮居候。乍然勇士ニ生り、無実ニ身を失ひ候ハヽ、却而我身之不肖と心を引改、義実は天道之公にして、遁る所無し与決而、無実之罪は相免り、追々明月之光御方を輝し、有罪者は其罪を受、無罪者ハ無罪出牢、天地神仏之霊感可罷在与、勇気引励候故、漸々食事引進、痛も押鎮居候内、近比新入之牢人、結構成士族我か仮屋え来り候付、世上之動静承り候処、仲里朝紀、御見付通御意被成下候以来、国中一統静ニ罷成、御方并小禄良忠も、追々無罪ニ而出牢被仰付筈之段、風聞有之由、細々承り候付、致再生候心地ニ而罷過。

同十一月三日冬至、御用有之参上候処、其方事病気ニ付而ハ、御預被仰付候間、難有奉存、病養方能々入念、御用相片付次第、重而何分被仰渡候間、其内ハ外出無之様可相慎、兼而家内え致通知、衣裳かんさしも持参ニ而、迎ニ一門親類朋輩共罷出得面会、一涯言語を絶罷在、直ニ加籠ニ乗り罷通り候処、母様并姉妹も、道央迎ニ差逢再拝、今日出生の心地ニ而、手を取袖を引、相互涙を流し差扣候処、病身之父様は、猶更御待兼可被成と、夫より加籠も差置、母様等御一同帰宅。直ニ父様御見ニ懸り、御互ニ是迄之苦痛、喪家同前泣居。左候而御霊前御神之御前、御観音御火之神、手を合致拝礼、済而一門親類朋輩共揃合、彼是之御噺仕、難瘡も少々心安相成候付、緩々与清談を尽し、夜四ツ時分銘々被罷帰候付、夫より殿内え罷出、皆様御見ニ懸り、檀那様一条も御噺仕、追々出牢被成筈之段申上、夜八ツ時分罷帰り候。

昼は外出差障候付、夜々は殿内え罷出、世上之評判、御用之届類承り次第御噺申上、御出牢待上居候処、追々律法取調部も相済、大身之身分として、人ニ被疑候罪、寺領三百日被仰付候筋、御決定相成候処、一方之王子・親方ハ、十年以上流刑被仰付候方、又は見付相替り候付、猶又御意被成下、今一往再調部被仰付候処、賞之疑ハ重き付、罪之疑は軽ニ付候儀、律法之大意ニ而、寺領三百日よ里重き方ニハ、何とも不相及段、被申上候付、是又其通

御意被成下、伊江島照泰寺え三百日寺領被仰渡、命令表実ニ差越被相勤候。

同十二月卅日、檀那様出牢被仰付候段、殿内え御達相成候付、加籠かき并御奉公人共余多、御迎ニ被差越、私儀も御用有之罷出候処、其方儀無罪にて候間、最早外向徘徊御免被仰付候段、被申達候付、承知仕候段申上、直ニ殿内え罷出、檀那之出牢待上居候処、追々御帰殿相成、其一涯喪家之様、皆様檀那衣裳之襟ニすかり、泣涕して正気を失ひ候方も被罷在有様。嘸《さぞ》天道も御感情可有御座哉。長々此通ニ而は如何、其上檀那も御草臥す（くたびれ）相成筈候間、先以御静ニ被罷成候様、折角諌上候而、皆々御静ニ相成、互ニ是迄苦痛之御噺段々申上、左候而御霊前え御焼香被成候。追々御由緒方も御出被成候付、私儀は御暇乞迄ニ而致帰宅候。

三司官池城安邑も、最早夫々相片付候付、御隠居願被成候付、其跡役宜野湾朝保え被仰出、同與那原良恭

は、唐え慶賀王舅被仰付渡唐。帰帆無間も御卒去。其跡御役、亀川盛武え被仰出、與那城間切惣地頭職。摂政大里尚惇は、御見付違相成、直ニ御隠居被成候付、其跡御役仲里朝紀え、王子御位添而、與那城間切惣地頭職、與那城王子与御改名。皆々御賢徳正直之衆ニ而、御政事向全く行届、世上安堵仕候。

且仲吉・桃原事、何之御処分も無之、至極不安ニ罷在候処、王法之罪ハ逃り候得とも、天罪（罰カ）ハ難遁。仲里（吉）良平ハ台湾え漂着、破船致則死。桃原良照は、於東京急病死去。両人共於他郷、非命之死を請。是天罪（罰カ）ニ而候。私事万死一生、難瘡相煩ひ、出牢之上医者相頼、段々養生仕候得共、多年之気欝故、痛強く腫立太く、及大粧候処、酉正月末比、自然与おみ血差発し、夫より痛漸く快く相成、同四月末比ニは平癒仕申候。

牧志朝忠ハ表方之勤、政事向ニ故障する訳を以、流刑之筈ニ而、永々禁獄する処、罪を決定する処、咸豊十三（二）年戌六月比、麑嶋より御用ニ付、大和人衆より直ニ出牢、那覇仮屋え一同烈（列）行、同七月那覇開洋、此夜伊平屋嶋辺ニ而、海中ニ身を投て卒候由。

依之初より末迄、反覆細鎖惟ハ、讒者之張本は摩文仁賢由・與那原良恭・浦添朝昭手本ニして、大里尚惇・伊江尚健等は讒言耳ニ被傾入候而、是以是とし、宇地原朝真・喜舎場盛□（離）・阿波根朝興・玉城盛宜・大村朝直等之如きハ、力を極みて之を賛助し、其他按司・親方等は、只唯々其議ニ従、故に万世悪名を流し、黒党とし、正道之意見を伸、有理とする者ハ、與那城朝紀を始、亀川盛武・森山朝盛・小波津朝仁・高嶺朝康・川平朝範・伊舎堂盛喜・津波古政正・仲吉朝顕・善平孟良・比屋根安達・與儀筑登之親雲上・小橋川朝昇・兼本等之銘々、国学え立（出カ）張して相争、終ニ如其衆議蒙御仁慮。其他按司・親方正直之人は、只唯々其議ニ従ふ者、是以白党与申。忠道ニ叶ひ、家名を揚候由。右条々事長儀ニは候得共、善悪之報、目前明白ニ相成、子孫為心得、荒々書記置候間、如何ニも正道之方可相守事。

（『琉球大学法文学部紀要』三五号　一九九一年三月）

三　牧志・恩河事件について

ご紹介のありました金城でございます。日頃、教育行政にかかわる重要なお仕事に従事しておられる諸先生方、各市町村の教育委員の皆さん、それから教育長の皆さんの恒例の大事な研修会の場で、お話をする機会を与えていただきましたことを、大変光栄に存じております。

きょうは、沖縄史の中で「牧志・恩河事件」ということについて、お話しをしてみたい　と思っております。ここ数日、風邪でのどを痛めておりまして、声がカサカサになっておりまして、お聞き苦しい所があるかも知れませんが、しばらくの間お付き合いのほどお願い致します。

はじめに　「牧志・恩河事件」とは

さて、一応レジュメを準備しておきましたので、それの順序に従って話を進めて参りたいと思います。まずはじめに、「牧志・恩河事件」（一八五九～六〇年）とは何か、という所から入って行きます。これは琉球王国の末期に起こった、一つの疑獄事件であります。国王で言いますと最後の琉球国王となった尚泰王が即位して十二年目。それからペリーが琉球に来航してから六年目にあたります。つまり、時期的には日本が鎖国政策を改めて開国に踏み切らざるを得なくなった、そういう時期に当っています。

薩摩の島津氏の支配下にあった琉球にとっても、この時期は対外関係の面で、困難で多忙な局面を迎えた時期であります。この「事件」は、背後で薩摩が大きく絡んでいるのであります。つまり、当時の薩摩藩主は二十八代目の島津斉彬という人で、一八五一年に藩主の位を継いでおりまして、対外的にはきわめて積極的な外交・通商貿易政策を推進したことで知られております。ご承知のように、この時期の日本は、徳川幕府のもとで鎖国政策が維持されておりましたから、いわば幕府の鎖国政策の向こうを張る形で、島津斉彬は琉球を拠点にして西洋諸国と積極的に通商・貿易を進めようとしたのであります。

この斉彬の積極政策が進められる中で、琉球王府内部でも、薩摩の政策に協力的な人物が登用されて行くわけですが、不幸にも一八五八年七月（旧暦）に五〇歳の若さでその斉彬が急死します。そのため、薩摩ではこれまでの政策や人事面に大きな変動が起こります（「斉彬崩れ」という）。その波紋が「牧志・恩河事件」を誘発する直接の引き金となります。

「事件」ですから当然そこに渦中の人物が何人か登場します。主要人物としては三人の名前が挙げられます。それは薩摩寄りの人物と目された牧志親雲上朝忠・恩河親方朝恒・小禄親方良忠、の三人です。小禄親方は三司官という摂政に次ぐ王府の高官であり、恩河親方は御物奉行という財政長官とでもいうべきポストにあり、牧志親雲上は外国語の通訳であり、また財政担当の役人として表十五人の地位にあった人であります。いずれも首里王府の中で、重要な地位を占めていた人たちでありますが、すぐ後で見るように三人とも「事件」の張本として免職され、逮捕・投獄され、むごたらしい拷問を加えられながら、取り調べを受けることになります。

一　発端

1　三司官座喜味親方の免官

「事件」の発端は三司官座喜味親方の突然の免官でした。座喜味親方は和名を盛普、唐名を毛達徳（のち毛恒徳）といい、一八四七年（弘化四）から一八五八年（安政五）五月の免官まで十一年間、継続して三司官のポストにいた人です。別の意味で座喜味はこの「事件」のもう一人の渦中の人物です。

一八五七年一〇月、つまり島津斉彬が急死する一年前ですが、その斉彬の命によって薩摩は王府に対し座喜味三司官の「退役」を要求してきます。「退役」の理由は第一に、性格が「驕慢」で、その地位を利用してわがまま勝手な施政を行なっている、ということ。第二に「外国ノ措置」（対外事務）も妥当を欠いているこ と。この二点を挙げて座喜味の退役を迫ったわけです。たとえば後者の対外事務について妥当を欠くというのは、さきにペリー一行が来航した際、首里城門を閉鎖して、その入城を阻止しようとするなど、頑迷な保守・排外主義者であり、かつ反薩摩派と目されていました。「この者あっては、今後貿易お開きのジャマ」というのが薩摩の本音であったのです。

その他に「退役」の理由としては、第三に薩摩の商人が琉球に米（酒の原料）を輸入すると、ことさらに酒の醸造禁止令を出して米の販路を塞ぎ、商人に不利益を与えたこと。第四に王府役人の給与を削減して士族を困らせたこと。第五に甘蔗（砂糖きび）畑を制限縮小して百姓の利益を奪ったこと。

以上が座喜味三司官を追放するために薩摩が掲げた表向きの理由であった。たとえば、王府役人の給与を一定期間削減して、財政の不如意を切り抜ける政策は、琉球王府ではしばしば行なって来たことだし、また、砂糖きびの植え付け制限についても、以前から実施して来ている政策であるわけですから、いずれも座喜味一人の責任というわけには参りません。ともかく薩摩は以上のような「理由」を挙げて、座喜味三司官を「退役」に追い込みます。のちに「事件」の導火線となる出来事です。

2　後任三司官選挙への干渉

座喜味は一八五八年四月（太陽暦五月二八日）に三司官の職を退くのですが、同じ日に後任三司官の選挙が例規に従って行なわれます。投票の結果は、最多得票者は與那原親方良恭という人、次点が伊是名親方朝宣、最少得票者（ただ一票という）が翁長親方、ということになりました。

慣例に従えば、最多得票者が国王に報告され、薩摩に伺いが立てられ、三司官に就任する段取りになる筈であります。ところが、実際にフタを開けて見ると、多数票者の與那原は退けられ、得票数の最もすくなかった翁長が薩摩の肝入れで三司官に就任することになります。一体どんなからくりになっていていたのでしょうか。

ところで、この座喜味三司官の後任選挙に際し、もう一人の三司官である小禄親方は、得票数で次点となった伊是名親方に肩入れして、つまり薩摩役人に賄賂を贈って伊是名親方の三司官就任のために裏工作を行なったという嫌疑がかかり、のちこの「事件」の大きなポイントの一つになります。この伊是名親方ですが、当時の記録ではまた「野村親方」ともありまして、同一人であることは間違いありませんので、ここでは「野村」と呼ぶことにします。

要するに、最多得票者の與那原も、また小禄が裏工作をしたとされる二番票の野村もともに退けられ、最少得票者の翁長に白羽の矢が立てられたわけであります。喜舎場朝賢という人はその著『琉球三寃録』の中で、当時の様子を次のように述べています。つまり、摂政・三司官は選挙の結果を薩摩に報告し、慣例によって多数票を獲得した者を任命するよう申請したのであるが、いかなる事由かはわからぬが、薩摩は一票しか得てない翁長を任命した。三司官を免職し、多数票者を退けた例は、「古来未曾有」のことであり、朝野が恐れ訝り驚愕した、と。

ちなみに、この翁長という人は即日（四月十六日＝太陽暦五月二十八日）三司官に就任し、今帰仁間切の惣地頭職を与えられ、譜久山親方と改称しています。薩摩の圧力による座喜味三司官の追放、その後任選挙におけるやはり薩摩の慣例無視の翁長選任、この二つが「事件」のそもそもの発端であります。

二　経過

1　主要三人物の逮捕・投獄

さきに述べましたように、薩摩藩主島津斉彬が急死して、その政策が頓挫をきたしますと、琉球王府の人脈関係にもろにその影響が最悪の形で現われることになります。

一八五九年二月二十三日に御物奉行恩河親方が突如免職され、ついで投獄されます。罪状は国庫金の横領、および三司官座喜味親方を誹謗し退役に仕向けた、という嫌疑です。

同じ年の五月九日には三司官小禄親方が免職、ついで投獄されます。罪状は三司官選挙に際し、薩摩の役人に贈賄の上、「二番札」の者（次点者）への選任を密願した、という嫌疑であります。

やはり同じ年の九月二十五日には通事で日帳主取の牧志親雲上が免職、ついで投獄されます。罪状は三司官選挙に際し小禄親方の指示により、使者となって薩摩の役人に働きかけた、という嫌疑です。

こうして、いわば親薩摩派と目された三人の主要人物が相次いで免職、投獄され、取り調べが続けられて行きます。

2 糺明（取り調べ）

まず、恩河親方に掛かる嫌疑、座喜味親方を誹謗し退役に追い込んだ、ということについてですが、かつて恩河親方が鹿児島に滞在中、三司官座喜味親方について、国王が幼少であることをよいことに、座喜味一人権勢を振るい、みんな歯ぎしりしているので、御国元、つまり薩摩の方で何とかしてもらえないものか、と聞役（鹿児島にある琉球館に勤務する薩摩の役人）の新納太郎左衛門という人を通じて頼み込んだというのであります。

恩河には鹿児島滞在中の座喜味誹謗の嫌疑のほかに、以前、だれの仕業か明らかでないが、座喜味三司官の施策を非難する「落書」（投書）が仮屋（在番奉行所）に投じられたことがあったが、それもきっと恩河のなせるワザに違いない、と疑われることになりました。座喜味非難の「落書」というのは、その全容は判明しておりませんが、だいたいさきほど述べましたように、大和から米を輸入すると泡盛の醸造を禁じた、などを内容とするものだったようです。

恩河にはそのほかにも、国庫金の一部を横領したという嫌疑もかけられましたが、取り調べの結果、事実を実証する証拠は出てきませんでした。さらに、「仮三司官」を新設して、みずからその職に就こうとした、という風聞（風説）まで浮かんできます。

恩河は十六回に及ぶ拷問の責め苦に耐えて、罪状を否認し続けましたが、最後は心身共に疲労の末、一八六〇年閏三月十二日（太陽暦＝同年五月二日）、獄中で果てます。

二番目に、小禄親方に掛かる嫌疑というのは、さきほど申しましたように、後任三司官選挙にからむ問題です。すなわち、座喜味三司官後任選挙に際し、薩摩の役人に贈賄して、次点者である野村（伊是名）を選任するよう工作したということです。その際、牧志が小禄の使者となり薩摩の役人に密願した、というのであります。

この件については牧志の供述書には異なった証言があります。すなわち、三司官選挙の二、三日後、在番奉行の私宅で薩摩の役人数人、および琉球側からは三司官小禄親方、三司官池城親方、それに牧志を含む七人の者が酒を酌み交わしていますが、その席で池城親方が在番奉行諏訪数馬に向って、「野村は札数は少ないけれども、人柄がよいので、野村に選任されるよう伺いを立てられてはいかがでしょうか」と言うと、小禄が側から「そのように申し上げては相済みませんよ」とたしなめたという。そこで池城は小禄に向って「山芋ふて」というと、小禄も「御意次第のことです。昔は一票だけで任命された例もある由」と折れたという（「牧志恩河一件口問書」）。ちなみに「山芋を掘る」というのは薩摩の方言で、酒の席でクダを巻くことを言うんだそうです。つまり、ここで申し上げたかったのは、上記の面々が揃っている場で、在番奉行に向って得票数の劣る野村を推薦したのは池城親方であり、それを小禄がたしなめたことになっている、ということであります。しかるに、まことに奇妙なことに、そのことで小禄は職を免じられた上、逮捕・投獄され、拷問を受ける羽目になったのに、池城は全く問題にされておりませんし、証人としての取り調べも受けていないことであります。これはどうしたことか（もっとも後になって、池城にも捜査の手が伸びようとしますが、その直前に「判決」がくだされて、結局池城は無傷のままです）。

小禄に関してはそのほか、一八五八年（つまりこの「事件」が起こる前年）に、王府首脳十五人のうち、「座喜味の一党」として、與那原親方・摩文仁親方など五人を「退役」させるよう在番奉行所から圧力をかけられたことがあるが、この件も小禄・牧志らが薩摩の役人に内通している疑いが掛けられた。

一年にわたる取り調べを経ても、どちらも事実を立証する証拠は何一つ出てきませんでした。その間、十二回に及ぶ拷問に屈せず、小禄は罪状を否認し続けています。

三番目に、牧志親雲上に掛かる嫌疑というのは、恩河らと共に座喜味誹謗の働きをした疑い、および小禄の使者（中使）として後任三司官の選任工作を行なった、ということであります。しかし牧志にはこれといった罪状は見当たらず、しいて言えば、恩河・小禄の「罪状」を立証する「証拠」を引き出そうとして、取り調べを受けた感じを受けます。

牧志は、一八五三年のペリー来航の際には通訳を勤め、また座喜味三司官らが「城門を閉じて之を拒むことを主張」したのに対し、彼は「城内に招いて礼遇を厚くせんことを請う」たと言われています。通事としての才能を買われて、彼は薩摩の後押しでとんとん拍子で官位昇進を遂げます。この点でも、先に薩摩の圧力で座喜味三司官が免職（追放）されたのと好対照をなし、彼を快く思わない人物も王府内にいたと推測されます。

先にも引いた喜舎場朝賢の『三冤録』には牧志の昇進ぶりにふれて、牧志は平士、つまり平侍でありなが、薩摩の命により国制、つまり正規のステップを飛び越えて一躍高く飛んだ。またすこぶる学識があって空高く舞い上がろうとする自負心がないわけではなく、人々の猜疑心を招く要素を多分に持っていた、と評しています。

つまり王府内では、牧志がいわば薩摩とツウツウだと見られていたわけです。牧志は取り調べの中で、小禄の使者となって「内意」、つまり密願の書状を伝達する役目を勤めたと主張したのですが、紀明が続くうちに、微妙にその証言の内容を変えてきています。たとえば、例の「内意」の件は最初は書面であったかのように証言したが、のちには口頭で、つまり話の形で伝えたといい、その辺の所を問い詰められると、「いろいろ証言した上に月日も相当経過したため、記憶違いで前後矛盾もあるかも知れない」と自分でも認めているのであります。

牧志は拷問を恐れて白状したことになっていますが、このようにその自白の内容はしばしば前後矛盾していて、取り調べの役人も「信用できない」ともらしているしまつです。牧志は一時脱獄して家に帰っているらしいのですが、あるいは「泳がされた」のかもしれません。

牧志にはもう一つ、異国事務担当の「摂政心添」というポストの新設を図り、豊見城按司を就任させようとした、という「風聞」も起こっていました。さきの恩河親方に掛かる嫌疑の一つに、「仮三司官」の新設を図ったとあり、牧志が「摂政心添」の新設を図ったとされるなど、あくまで「風聞」の域を出るものではありませんが、王府内に何らかの派閥の形成が策された可能性は否定できないのかも知れません。

もう一つ、最後になりますが国王廃立の「風聞」のことがあります。これには次のようないきさつがあります。

オランダ船（異国船）が来着し、もし国王に面会を求めてきたら、どのような理由を構えて謝絶するか、ということが王府内で種々議論された結果、国王が「気損」ということで意見がまとまった、というのです。その旨を在番奉行所に伝達したところ、「気損」というのは、大和では「気違者」のことを指し、かかる「気違者」に政事を授けておくのは西洋諸国に対しても、「太守様」、つまり島津の大名の面目が立たず、事によっては「御改革」、つまり「御相続替えのこと」（すなわち国王の廃立）もあり得る、と威嚇にも似た返答が返ってきたのであります（『牧志恩河一件調書』）。

この件については、これ以上追及されず、「風聞」のまま、いわば闇の中に葬り去られました。しかし、国王廃立の風聞が、薩摩との絡みで起こっていただけに、親薩摩派と見なされた三人が、この件でも嫌疑を掛けられたのも無理なかったわけです。

単なる風聞に終ったにしろ、火のない所に煙は立たないという筆法で行けば、ただならぬ空気が当時の王府内には立ち込めていたものと想像されます。

ところで、裁く側にも刑の確定をめぐって意見が二つに分かれました。一方の側には、白状によって証拠をつかむまで、拷問を強化すべきだと主張する徹底糺明派とでもいうべき一派がおり、他方には、これ以上拷問による取り調べを続けるならば、生命に係わるとして、何一つ証拠があがらない以上、「疑わしきは罰せず」の原則を援用して、刑の確定を急ぐべきだとする批判派、ないし穏健派がいたのであります。

判決に苦慮した王府当局は、国学に百有余の衆官吏を集めて、この問題について議論させるという一幕もあったようであります。裁判官が判断を下せない「事件」を、一般の「衆官吏」が議論して、どういう結論が出るというのでしょうか。ともかく士族社会をゆるがす大事件であったことの証明にはなると思います。

摂政・三司官も決断が下せず、国王に最後の判決を仰ぐことになったといいます。当時十八歳の尚泰王も迷いに迷った様子であります。最初は徹底糺明派の意見に荷担して判決を下した国王も、たちまち穏健派の立場を支持して前の判決を変更するという異例の結末となります。

3 判決

判決は個々になされた模様で、恩河に対しては咸豊九年（安政六）十二月三十日（一八六〇年一月二十二日）に久米島へ六年の流罪が確定したが、刑の執行が行なわれぬうち、翌年の閏三月十二日（太陽暦＝一八六〇年五月二日）、獄中で病死しています。小禄親方については咸豊一一年（文久元）一月一〇日（太陽暦＝一八六一年二月十九日）に刑が確定し、伊江島照太寺へ五〇〇日の寺入を命じられます（その後の消息不明）。牧志親雲上もほぼ同じ頃に、八重山へ一〇年間の流刑が確定しますが、のち終身禁獄に改められています。牧志が八重山流刑から終身禁獄に改められたについては、薩摩に逃走の恐れがあるとか（喜舎場）、また、彼は外人と面識が多く、外人に救出される恐れがあるとか（東恩納）、がその理由にあげられています。

牧志は一八六二年、薩摩の命で保釈の上、鹿児島に連行される途中、伊平屋沖で船中から海に身を投じて消えた、と伝えられます。七月十九日（太陽暦＝八月十四日）、四十五歳でした。喜舎場朝賢は『三寃録』の中で、牧志はかねてから「神経錯乱の気味ありと云う」としています。推測の域を出ませんが、私には牧志が自殺しなければならない積極的な理由は、どうも見つかりません。とすると、洋上で薩摩の役人による殺害、ということも当然考えられます。いずれにしても牧志の死は海のように深い謎に包まれたままです。

三　問題点

1　事件の火付け役は誰か

恩河・小禄・牧志の三人の免職、ついで投獄・取り調べの直接のきっかけをなしたのは在番役として当時鹿児島にいた摩文仁親方からの情報が、その火もとのようであります。

すなわち、すでに述べましたように、公務を帯びて鹿児島に来ていた恩河親方が、薩摩の役人（琉球館聞役・新納太郎左衛門）に向って座喜味三司官を誹謗したとする情報、および、その新納から聞いたという小禄親方の三司官選挙に絡む「密願」（内意）について、伊江王子に伝えたことに端を発しています（伊江王子は、たまたま将軍代替わりの慶賀使として鹿児島に来ていたのです）。摩文仁は泣きながら伊江の手を取って、それらのことを逐一話したといいます。聞役・新納もまた王府に書簡を送り、それらのことを公式に伝えたらしいのです。

事態がここまで来れば、王府も動かざるを得ません。たとえ風聞とはいえ、状況証拠はいくらでもある、というところでしょう。しかも、なんの巡り合わせであろう。一八五八年（安政五）七月、薩摩では藩主・斉彬が急死し、いわゆる対外積極政策が一大頓挫をきたした折も折だったのであります。

ともかく、この疑獄事件の最大の焦点となった座喜味三司官誹謗の件、および後任三司官選挙に絡む選任工作の件、この二つともその情報源は鹿児島在番・摩文仁親方からもたらされている点を、指摘しておきます。しかも奇怪なことに、すでに東恩納寛惇が指摘していることですが（『尚泰侯実録』）、本来「証人」の側に立つべき人物である摩文仁親方を、小禄入獄後、取り調べ役人を総指揮する位置にある「糺明奉行」に加えていることであります。

当時の三司官の一人である池城親方が、この事件で「証人」としてさえ登場してないのと同じく、同じく「証人」として証言すべき摩文仁が、裁く側にまわっているのも、おかしな話であります。あくまで「犯人」を仕立てようとする政治裁判の色を濃厚に帯びていると感じざるを得ません。

2 証拠なき裁判

くり返し述べましたように、この事件には「罪状」を立証する証拠は何一つなく、あるのはただ「風聞」と、拷問による「自白」によって証拠固めを図ろうとする徹底糺明派の見え見えの策謀だけでした。しかし、くり返される拷問に耐えて、恩河もまた小禄も、終始「罪状」を否認し続けています。

たしかに三人には、疑われても仕方がないような振る舞いがなかったとは言えないと思います。たとえば第一に、薩摩の命令が彼ら三人を通じて王府に伝えられたこと、第二に、絶えず薩摩役人（在番奉行所）と行き来していること、第三に、とりわけ牧志などは薩摩の後押しで異例の抜擢・官位昇進を遂げていること、などであります。薩摩が打ち出してくる政策・方針は、すべて牧志ら親薩摩派が、事前に通じておいたものと勘ぐられても仕方がない状況があったからであります。

3 事件の概要を伝える記録

まず第一にこの「事件」の裁判記録として『牧志恩河一件調書』と『牧志恩河一件口問書』があります。前者は三人の供述と糺明する側の意見等が含まれており、後者は三人のほかに、事件関係者が証人として供述したことが記録されています。いずれも「事件」の経緯を知る最も信頼できる同時代の記録であるが、ただ裁判記録のほんの一部であり、「事件」の全容を伝えているわけではありません。つまり、類似の記録はもっとあったはずだし、今後発見されれば、さらに「事件」の全体像に迫れるはずです。

第二は「事件」に関する著述としてはこれまで何度か引き合いに出しました喜舎場朝賢の『琉球三冤録』があります。喜舎場朝賢という人は首里の儀保に生まれた学者で詩人であります。「事件」後の一八六八年に尚泰王の側仕えとなり、いわゆる「琉球処分」で琉球王国の滅亡をまのあたりにした人です（事件当時二十歳）。『三冤録』は、書名が示す通り、牧志・恩河・小禄三人の冤罪（濡れ衣＝無実の罪）を晴らす意図をもって書かれたものです。さきの裁判記録を踏まえて述録されたと見られ、記録としても貴重なものであります。

その中から、小禄親方に関する記述を抄録して紹介して見たいと思います。まず小禄の人柄について、「豪爽闊達、酒を嗜み、放誕にして胸中城府を設けず」とあります。胸中城府を設けず、とはだれとでも胸襟を開いて付き合う、という意味です。また、小禄の免職、投獄の年月日に掛けて、「同年（一八五九）五月九日、小禄三司官を免官す。此日天曇り地震三回す」、「同年七月十八日、小禄旧三司官を獄に下す、此日地震数回、大雨盆を傾くるが如し」、とあります。さらに伊江島照太寺へ五〇〇日の寺入（寺預・寺領）の判決の記事に続けて、「小禄は満腔の悲憤に堪ゆべからずと雖も訴訟上告を為すべき所なく、冤を含み屈を呑んで伊江島へ渡航して処分を受けたり」と。

小禄に関するこれらの記述の中には、『三冤録』の著者喜舎場朝賢の小禄への痛惜の念が込められているように感じます。天地も小禄の無罪を見通して慟哭している、と言っているようであります。この「事件」を「牧志・恩河・小禄事件」でなく、「牧志・恩河事件」と呼びならわしてきたのは、すくなくとも「小禄」には罪なし、とする暗黙の理解が当時からあったのではないか、と考えられないでしょうか。

4 なぜこんな「事件」が起こったのか

この「事件」は、薩摩との関係における琉球の地位を反映していたとも見れます。つまり、薩摩が王府人事の最終的な任免権を握っていたということであります。国王の地位とて例外ではありませんでした。「太守様」（薩藩主）の命令ということで王府の人事に露骨に介入・干渉できる状況があったわけで、結局最終的にそれを受け入れざるを得なかった琉球側の立場があった。琉球側にとっては、そういうみずからの情けない立場を思い知らされた「事件」であり、他方、薩摩のエゴイズムを余す所なく開示した「事件」であった、といえます。

この「事件」の審理の過程で、薩摩の役人を証人として呼び、事情聴取できなかったものか。意識的に避けたのか、それとも要請したが応じてもらえなかったのか。容疑者が、栲問に耐えて無実を主張し続けており、しかもこれまで薩摩のために働いた高官であります。死ぬか生きるかの重大な瀬戸際にいるかつての協力者に向って、薩摩が何一つ動く気配を見せないのは、どうしたことか。

さらに奇怪なことは、受刑中（服役中）の牧志を、王府の獄卒を騙すかのように、獄中から連れ出す、そのふてぶてしさであります。薩摩にとっては、西洋語に通じる牧志がどうしても欲しい人材、ということだったかも知れませんが、そのやり口はどうだろう、理解に苦しむ所であります。

斉彬の政策は、当時の国際情勢（客観的状況）から判断すると、進歩的・開明的であったと評価できると思います。しかし、それを有無を言わさず琉球側に押し付けてきたその強引なやり方は、反発を買って然るべきものがありました。物事はやはり順序を踏んで、納得的に進めて行かないと、どんな進歩的・開明的な政策・方針でも、どこかで挫折する運命であり教訓でもあった。

王府のこの「事件」の糺明も、薩摩の政策の是非を正面に据えた議論はまったくなく、その無理押しのいわば代行者の役回りを演じた牧志・恩河・小禄の三人を叩く形で審理は進められたのであり、なぜ彼らは裁かれねばならないのか。彼らがやろうとしたことは、巨視的に見れば琉球のためになるものであったのか、なかったのか。そういう議論はまるでなされていないのであります。

終ってみれば、コップの中の嵐のようなもので、判決が下され、「事件」がひとまずおさまると、またもとの日常の状態に戻ったかに見えます。王府首脳、あるいは琉球の支配層は、この「事件」から、何を教訓として学んだか、という問題があります。

当の張本人である薩藩主・島津斉彬が死んだから、この問題は終ったのではないはずです。斉彬の政策じたいが、抗い難い国際情勢が不可避に生み出したものであった以上、それよりももっと大きな嵐が、今度こそ王国全体を根こそぎ引き抜き、なぎ倒す巨大な波が近づきつつあることを、予見し得たものがいたかどうか、ということであります。その巨大な波、大きな嵐とは、ほかでもなく「琉球処分」という形で、まもなく琉球王国を呑み込むことになります。

最後にもう一つだけ触れておきたいと思います。それは、この「事件」が首里王府内部のポスト争いという一面をもっていた、という点であります。すでに言及したことでありますが、後任三司官選挙をめぐる問題で、当時の裁判記録に、「野村（伊是名）は札数は劣っているが、人柄がよくて、これまで人に越されてきたので、今回はぜひ野村へ」云々というくだりがありますが、ここにも王府内での三司官のポスト争いの一端がのぞいています。座喜味三司官が追い落としにあったのも、彼がこれまで十一年間（一八四七—五八）、同じ職にあり続けたこと（あとがつかえているのに！）も、動機の一つに数えることができるのではないかと思います。もっとも池城親方は座喜味と同じ頃の三司官ですが、十四年間（一八四八—六二）同じポストにおりましたし、古くは蔡温が二十五年間（四十七歳から七十一歳まで）三司官を勤めています。

また、通事の牧志親雲上の異例の官位昇進は、薩摩の後押しであっただけに周囲の嫉視を買うことになります。薩摩の後押しも気に食わないが、その昇進が「破格」であり、「異例」であり、常規（正規）のルールを破ったことは、いわば順番待ちの人が、牧志に先を越された恰好となり、そのことで牧志への反発を募らせていたことは、十分に想像がつくことであります。

狭い王府の所帯＝ポストをねらう士族社会の、いわば生存競争の反映でもあったわけです。

結論らしいものがない話になりましたけれども、これで私の講演を終らせていただきます。ご静聴ありがとうございました。

（「市町村教育委員会の集まりでの講演」一九九〇年十二月）

四　伊江文書　牧志・恩河事件の記録について

牧志・恩河事件の記録〔解説〕

一　史料について

牧志・恩河事件は、王国末期に起こった一大疑獄（＝証拠なき裁判）である。この事件が当時の士族社会に与えた衝撃は巨大なものがあったとされる。そのわりには、事件の経緯・真相については、必ずしも納得のゆく解明がなされていない。

この事件の背景には、幕末薩藩主島津斉彬のいわゆる積極外交政策の推進と、斉彬の急死に伴うその政策の頓挫によってもたらされた薩摩藩における政策と人事の変動が、直接の引金となっている。すなわち、琉球を拠点として、欧米諸国との貿易拡大のもくろみ、留学生の派遣、軍艦購入等々、当時としてはまさしく「振り切りたる」政策を打出した斉彬路線は、その実現のために王府に対し無理押しともいえる圧力を加え、王府内の人脈に微妙な亀裂を走らせた。つまり、斉彬路線を推進する上で都合のよい人物を異例に抜擢し（通事牧志親雲上の場合）、逆に邪魔と思える人物を強引に排除する（三司官座喜味親方の場合）など、王府人事に対する露骨な干渉をおこなったのである。

その斉彬が一八五八年（安政五、咸豊八）七月急死するや、先記のようにその政策が一挙に破綻する。その余波をもろに受けて牧志・恩河事件は起こる。事件は、斉彬路線の推進に加担したと見られる恩河親方（朝恒、向汝霖、物奉行）・小禄親方（良忠、馬克承、三司官）・牧志親雲上（朝忠、向永功、通事・日帳主取）の三人があいついで免職、ついで逮捕・投獄されることからはじまる。

ここに紹介した史料は、この事件の審理の過程を記録したものである。いずれも伊江家に保蔵されたもので、この事件では伊江王子（朝直、尚健）が糺明奉行（審理の最高責任者）を勤めた関係で、伊江家に伝わったのであろう。現在は沖縄県立図書館（東恩納文庫）の所蔵に係る。これらの記録は大きく二つに分類される。一つは「牧志恩河一件調書」と表記され、袋綴じで上下二冊に製本されている（史料一）。他の一つは「牧志恩河一件口問書」と表記されている文書群で、これはいくつかの巻物として保存されている（史料二）。いま、これらの史料について、順を追って若干コメントを加えたい。なお、A、Bなどの小見出し（文書名）は、便宜上紹介者が付したものである。

史料一のA　恩河親方調書　物奉行恩河親方は鹿児島において、三司官座喜味親方（盛普、毛達徳、のち毛恒徳）を誹謗したという嫌疑で、一八五九年（安政六、咸豊九）二月二十三日免職、同二十八日投獄される。その嫌疑の内容を細かく見ると、第一に、座喜味は大和（鹿児島）から焼酎（泡盛）の原料となる穀物（米）を輸入すると、醸造禁止を命じて米の販路をふさぎ、第二に、甘蔗の作付面積を狭めて農民を困らせ、第三に、士族の給料を減じて生活難を招かせた、という三点である。事件の起こる二年前にあたる一八五七年、公務を帯びて上国（鹿児島）した恩河親方に向って、琉球館聞役新納太郎左衛門が質問し、それに答える形で恩河が座喜味に関する先の三点を認めたことになっている。ところが糺明する側は、座喜味誹謗のことは上国した恩河の口からそもそも出たものであり、以前那覇の在番奉行所に座喜味誹謗の落書を投じたのも、恩河およびその一味であるにちがいない、と責め立てた。一六回の拷問・拶指に耐えて、恩河は、聞役の質問に応答したにすぎず、また、落書で座喜味を誹謗した事実はない、と否認し続けた。繰り返される拷問の責苦に、恩河はついに心身ともに疲労困憊の末、一八六〇年（万延元、咸豊一〇）閏三月十二日、獄死している。

「附」では、前半で右の件に関する牧志親雲上の証言が引かれている。牧志はその証言のなかで、恩河がみずから上国の使者に任ぜられるよう、在番奉行市来正右衛門から摂政三司官へ頼み込んで欲しいと依頼した、などとしているが、恩河はその事実も否定している。後半では恩河に係るもう一つの嫌疑である先島への拝借銭の横領、について、御物奉行関係者を取調べたが、その事実を立証する証拠はない、としている。

＊喜舎場朝賢著『琉球三冤録』（活字本）では三月とするが、東恩納文庫蔵の筆写本では「仝月廿八日」とある。いま後者に従って二月をとる。

〔語釈〕「拶指」＝刑具の一つ。指にはさみ責める棒。「前廉」＝前もって。「釣合」＝相談する、示し合わせる。「わくミ」＝つじつまがあうこと。整合する。

史料一のB・Cは、恩河親方関係者の証言であるが、いずれも恩河に係る罪状の嫌疑を否認している。とくに、事件より三年前の一八五六年（安政三、咸豊六）頃、恩河宅に「大名方」が多数集まって何やら密議をおこなったふしがあるがどうか、とただしていることなど、他の手掛かりをつかんで、恩河を罪に陥れようとする意図が見える。

史料一のD　小禄親方・恩河親方・牧志親雲上調書　前文のところで、たとえ「風聞」でもかまわないから、三人に係る嫌疑を立証する「手掛り」となるものは調査せよ、とある。それを受けて三人に係る嫌疑および取調べの状況を、箇条書きでかつ総括的に記録したものである。

その第一、蒸気船購入の件。御国元（薩摩）からの蒸気船注文は、実は小禄・恩河・牧志の三人が進言して図ったものであるにちがいない、と。むろんこのことは、薩摩の以前からの意向であり、今回はその強い圧力にやむをえず従ったまでだ、と三人とも同じ証言をしている。

第二、仮三司官設置の件。異国関係の事務処理のため、仮三司官の設置が取沙汰されたらしい。市来正右衛門（斉彬の密使、のち在番奉行）があたりから出たものらしいが、仮三司官には恩河親方が就任するという風聞があり、その事実を三人および他の関係者にも問いただしたが、「風聞の口先、穿鑿成り難く」、恩河みずからそのような働きに出たにちがいない、と問い詰めたが、そのような事実なし、と恩河は否認した。

第三、恩河親方が上国の折、鹿児島において座喜味親方を誹謗し、また、以前に座喜味誹謗の「落書」を投じたのも、恩河等のなせるわざにちがいない、と。恩河はそれらのことを否認し、「落書」については、証拠がなく、穿鑿のしようがない、としている。

第四、太守様（薩藩主島津斉彬）の死去の報が琉球に伝えられて以後、在番奉行所から、座喜味一派が勢いをつけ、「ひじを張る」ようなことになってはならぬ、という通達が摂政・三司官にもたらされたが、このことは、前もって小禄・恩河・牧志三人が、在番奉行所へ働きかけたからであろう、と。三人ともそれを否認した。

第五、一八五七年（安政四、咸豊七）三月頃、琉球逗留仏人から牧志に鉄砲一丁（代銀三〇〇〇貫文相当）が贈られ、そのお返しとして王府からは二〇〇貫文程相当の品物が計上され、その額があまりにも少ないと考えた牧志が、勝手に反物など自物を加えて贈ったことで処罰されることになった。そのことを知った在番奉行所からは、牧志が行なった行為はいいことであり、処罰されるとあれば、薩藩主に伺いを立てなくてはならぬ、という横やりが入った。恩河と牧志両人が、在番奉行所に何らかの働きかけをした結果であろう、というのである。両人とも否認した。

〔語釈〕「向羽」＝顔向け。「代合」＝交代。

第六、薩摩の「御新政」（斉彬の一連の積極政策のことであろう）について、恩河は上国の折に示され、かねてから熟知しており、そのことが薩摩と通じ合っている動かぬ証拠だ、というのであるが、恩河は「異国一件」についてはたしかに説明を受けたが、新政のすべてを委細承知しているわけではない、と証言している。

第七、一八五八年（安政五、咸豊八）二月頃、豊見城王子宅へ市来正右衛門・牧志・恩河等が集って、何やら密談をしたという風聞があるがどうか、という尋問に対し、牧志の証言によれば、たしかに集って酒を呑みながら和歌を詠み、詩作をするなどしたが、別に子細のあるようなことはしていない、という。

第八、恩河親方免職（一八五九年二月二十三日）後、玉川王子・安村親方・与世山親方・小禄親方の四人が、玉川御殿別荘（多和田にあり）に集った、という風聞についてである。小禄の証言では、酒を給わり、王子から恩河の成りゆきを聞かれたので、「人をだまし、借銭をしている」と答えたことは覚えているが、呑みすぎてそのほかの子細は記憶していない、という。「附」では紀明役人の一人与世山親方の話として、玉川王子宅で王子が小禄に向って、しきりに恩河のことを尋ねるので、小禄は酒を呑みながら王子に向って「そろそろ私も倒れるはずだから、その時はあなたもご一緒だ」と答えたという。ただし、本文の集りの風聞とは符合しない、と注している。

〔語釈〕「椰子」＝酒を入れる容器。転じて酒の意。「ぶうさあ」＝沖縄風のジャンケンで、親指は人差し指に勝ち、人差し指は小指に勝ち、小指は親指に勝つ。ここでは、おそらく「ぶうさあ」をして負けた方が酒杯を空ける、一種のゲームのようなことが、当時あったのだろう。

第九、一八五八年（安政五、咸豊八）に在番奉行所から王府に対し、表十五人衆の内、座喜味一派と目される与那原親方・摩文仁親方・喜舎場親方・阿波根親方・浦添親雲上の五人を退役申付けるようにとの沙汰があったが、このことは小禄・牧志の何らかの差し金にちがいない、と。小禄を訊問したが、全く身に覚えのないことだ、という証言である。「附」に牧志の証言がある。それによれば、牧志は「喜舎場と阿波根は掃除して見せる」と鳥小堀の神谷里之子親雲上に話したことがあったという。そのことが神谷から奥平親方に話され、奥平から喜舎場へ伝わったという。その件について牧志を訊問したところ、そんなことを言った覚はない、と否定した。そこで奥平に確かめたら、神谷から右のことを聞き、喜舎場へ話したことはない、という返答である。神谷にも問いただすべく呼び出そうとしたが、中風を煩い言語不通の状態、そうこうするうち死去してしまい、外に手掛かりなし、としている。

第十、オランダ船が来航し、国王に面会を求めてくることが予想され、その際、いかなる理由を設けて面会要求を断るか、前もって準備しておく必要がある旨、在番奉行所から通達があった。そのことで摂政・三司官・十五人衆、そのほか諸官の吟味の結果、国王はペリー一行の入城以来、恐怖のあまり「御気損」のため、面会できない、ということで衆議一決し、その旨を在番奉行所へ書面で伝えた。ところが、奉行以下薩摩役人の意向では、「気損」というのは大和では「気違者」の意味であり、そのような気違い者に政事を授けておくことは、西洋諸国に対し薩藩主の面目が立たないこととなるので、場合によっては「御改革」を命ずることになるかも知れぬ。「御改革」とは「御相続替え」、つまり国王の廃立を意味するという。このことが、いわゆる国王廃立という陰謀がらみの風聞を生み、これも牧志等が、在番奉行所と示し合わせた企てにちがいない、とされたのである。

第十一、異国関係の事務多端の折、「摂政心添」という職を新設し、そのポストには豊見城按司がふさわしい旨の市来正右衛門の意向が王府に伝えられたらしい。そのことも牧志が一枚噛んでいるはずだ、というのである。

〔語釈〕「下涯」＝くだりぎわ。（琉球に）来たばかり、の意か。

第十二、小禄親方が三司官選挙に際し、密願したとされる一件について、ある人が薩摩に誣告したにちがいない、と玉川王子に話したそうであるが、という訊問に対し、小禄は、誣告されたらしいと話したことはあるが、ある人と特定した覚えはない、と主張している。*

*この一件については、史料一のＨ・Ｉ参照。

最後に、右の「風聞または聞取」の諸事は、小禄・恩河・牧志三人の審理の際、拷問などをもって穿鑿したけれども、以上の通り手がかりになるべき証拠がない以上、その線に沿って判決を仰せつけられたい、と結んでいる。咸豊十年五月といえば、拷問をまじえながらの糺明がほぼ最終段階に近づいた時期であり、そのふた月前の閏三月十二日に、恩河親方は獄死している。*

＊喜舎場朝賢『琉球三寃録』によれば、恩河に対する刑の宣告は、その前年の十二月三十日であり、久米島への六年の流刑が執行されぬうち、獄中で死去したとされる。

〔語釈〕「儘差通」＝沙汰なしにする。

史料一のE　名嘉地里之子親雲上・桃原里之子調書　名嘉地・桃原両人が小禄親方免職後、その一門への取締り向きのことを伝達する役目（一門衆使）を帯びて小禄宅を訪れた際、小禄の仮与力潮平等三人が、小禄の処分を穏便に取計ってもらうため、在番奉行所に「例外進物」を贈った、という話を聞いた、とすることの真偽を確かめるための調書であるが、はじめ三人の内輪話を側聞したという証言から、あとになって潮平から名嘉地が直接聞いた、と証言をかえている。

〔語釈〕「くひなの事」＝大きな事。「晴目」＝証言、供述。

史料一のF　小禄親方仮與力潮平筑登之親雲上等調書　小禄親方に係る最大の嫌疑が、三司官選挙の際、在番奉行所に一方の人物の選任を密願（内意）した、ということであった。その際、小禄の使者（中使）の役を勤めたのが牧志であり、かつ、進物（贈賄）がなされた、とされた。しかも、その嫌疑の出所は、実は鹿児島にある琉球館関係者からの情報に由来していた。そのことと、小禄免職後、小禄の処分を穏便に取計らってもらうため、在番奉行所に「例外進物」を贈ったかどうか、が取調のポイントとなっている。後者の点については三人ともそういう事実はないし、また、それに似た話をしたこともない、と証言し、さきの名嘉地・桃原両人と「対決」させたが、その主張は真向うから対立（張合）する形となった。小禄の関係する庫理方取払帳・進物帳を取寄せ調べてみたが、疑わしい形跡なし、としている。

〔語釈〕「たんかあ咄」＝向かいあって話す。対話。

史料一のG　桑江里之子親雲上調書　本文中に「自身よりも小禄は檀那分にて」とあるから、桑江は小禄親方とは公務上親密な関係にあった人物とみられる。* 逮捕・投獄の理由は、小禄親方免職後、小禄の与力潮平の宅を訪れ、薩摩の異国方岩下新之丞へ、進物を添えて小禄が「責め扱い」（拷問など）を受けることのないように取計ってもらうようすすめた、という嫌疑。しかし実際にはそのことは実行されなかったが、潮平に勧めたことは事実として認めた。「附」の中で、牧志の証言として、小禄が、自分ゆえに野村（親方、三司官候補の一人）および牧志にまで迷惑をかけて残念だ、と潮平に語り、潮平は桑江に語り、桑江から牧志が聞いた、とされる点について、桑江を問いただしたところ、小禄が語ったという話を潮平から聞いて牧志に話したことはなく、また、潮平を訊問したら、そのような話を小禄から聞いて桑江に話したこともない、という返事であった。

＊『琉球三冤録』（一五九頁）によれば、桑江の役職は「御物座当」（国庫帳簿勘定の総調を掌る吏）であった。

史料一のH　牧志親雲上調書　これは次のI小禄親方調書と一連のものであるが、便宜的に二つに分けた。まず前文にあたる部分で、小禄・牧志に係る嫌疑の内容が示されている。すなわち、小禄は三司官座喜味親方の後任選挙に際し、在番奉行所の園田仁右衛門を通じて野村親方の選任を依頼したとされ、その使者役（中使）を牧志が勤めたこと、進物（贈賄）を添えて密願していること、が取調べのポイントである。以下、牧志親雲上・小禄親方の順に調書が記載され、最後に平等所役人の意見と、科律および先例の抜粋が付されている。

まず牧志の調書であるが取調べのポイントは、先記のように後任三司官の選任をめぐって小禄が次票者の野村親方を推し、そのことで牧志を「中使」に立て、かつ「進物」を添えて在番奉行所の役人に働きかけ、薩藩当局へ根回しをした嫌疑を立証することにあった。実際にはその件があかるみに出たのは、鹿児島の琉球館聞役新納太郎左衛門から王府宛ての書翰（問合）に、小禄から市来正右衛門に後任三司官の件で密書（内状）を送り、それが市来から新納に伝達され、新納からの書翰となって王府に伝えられたのである。

結論的に言えば、牧志は小禄の意を受け、折を見て話の形で市来正右衛門らに野村を後押ししてくれるよう頼まれたこと、その際「進物」を持参したことはない、と証言している。

〔語釈〕「世話」＝心配。

史料一のⅠ　**小禄親方調書**　後任三司官の推挙をめぐって小禄に係る嫌疑のもう一つの情報ルートは、やはり鹿児島在番摩文仁親方から出ていた。摩文仁の話として、先記の新納から王府への書翰の内容と同じ情報が、鹿児島で摩文仁から直接聞いたとする飛脚使与儀筑登之親雲上が帰国してもたらしたのである。しかし小禄は、三司官推挙の件で書状を差出したことも、牧志を「中使」にして市来らに働きかけたことも、全くない、と否認し続けた。「中使」の件については、あるいは牧志自身で自分（小禄）の名を借りて密願したこともありうる、としている。ただ、自分（小禄）にかけられた嫌疑を晴らすために、しかるべき手を打たなかったのは自分の注意不足であった、としている。

以上の牧志・小禄の審理経過を踏まえて、平等所役人らの意見（罪状擬定）が提出されている。すなわち、牧志については、たとえばその証言には根拠薄弱であったり、前後矛盾（不束）があったりで信頼できず、また、小禄については、昨年（一八五九）七月以来十二座の「栲問拶指」で責め立てても嫌疑を否認し続けており、これ以上責め立てると失命させるおそれがあり、そのような事態に至ると法の執行者の落度はもちろん、恐れながら国王にもその責任がかかってくる。かりに白状するようなことがあったとしても、「八議」の人をそれだけで重罪に処することはできない。結論として、「疑いの情犯」の罰則を適用し、等を減じて罪科を擬し、落着の運びにしたらどうか、という。

そして最後に「科律」および「先例」の抜粋を提示している。

〔語釈〕「明間」＝あきま。隙間、弱点。「座切咄」＝その場限りの話。「張合」＝対立。「八議」＝はちぎ。罪の減免が許される八つの条件があり、それを有する身分や功績のある人物のこと。

史料一のJ　糺明官のメモ〔断片〕　これはその文意からみて史料Iの後半にある平等所役人の罪状擬定に対し不服を唱えた、いわば下げ札（付箋）のようなものと考えられ、紙片一枚に記され、挟み込まれている。小禄親方の調書に関連するものなので、ひとまずここに置いておく。内容は、三司官選挙の投票結果は国王の前で摂政・三司官によって開票され、票数を記載して国王に示した上、薩摩に伺いを立てる慣例であるのに、恐れ憚りもなく次点者を任命するよう密願するとは、この罪状は（あまりにも重大で）適用する法律が見つからぬくらいだ、という。証拠をつかむまで栲問を続行すべし、とする徹底糺明派とも称すべき糺明官の一方の意見を代表しているものと見られる。

史料一のK　『科律』の抜粋

史料一のL　糺明官の意見　この文書はさきの徹底糺明派の意見に対する批判として出されたもの。末尾には仲里按司（朝紀、向允譲、糺明奉行、のち摂政に任じ与那城王子と改称）・与世山親方（糺明奉行）・森山親雲上（平等之側）・小波津親雲上（同吟味役）の四人の連署である。内容は先記史料Ⅰの後半に付された平等所役人の意見と同巧であり、史料Ⅰで示された見立ての延長線上にある。とりわけ小禄の取調べについて（恩河はすでに死去）、白状しないのは責め方が足りないからとし、「水問」などの「非法の刑具」を用いてでも白状させ、証拠をつかむまで栲問を加重せよ、という意見に、「なんとも納得ゆかぬ事」（何共心得難き儀）と強い不満を述べている。

この文書中で引かれている「与名城書面」および「摩文仁親方・宇地原親方書面」は、いま伊江文書の中には見当たらない。ちなみに喜舎場朝賢の『琉球三冤録』によれば、伊江王子（朝直、尚健）は牧志入獄後に加増糺奉行に任じ、摩文仁親方（賢由、夏超群）は小禄入獄後に糺奉行となる。宇地原親方（朝真、向克灼）も糺奉行。加勢主取世名城里之子親雲上を含めて、伊江王子以下はいわば徹底糺明派を構成する主要メンバーである。糺明する側でも、意見が二つに分かれていたことがわかる。

〔語釈〕「水問」＝犯人を梯子に逆吊し水を注ぐ、栲問の一種。「棒鍍」＝刑具のひとつとみられる。「索元礼・周興・来俊臣」＝いずれも唐代の刑官で残忍な性質を備え「酷吏」列伝に名をつらねている（『旧唐書』一八六上、『新唐書』二〇九）。

史料二は大きく二つの文書群から成る。一つは「口問書」(A~D)、もう一つは「紅明官意見書」(E~N)である。「口問書」として現在伊江文書に残っているのは、小禄親方(A)、伊志嶺里之子親雲上(B)、牧志親雲上(CおよびD、ただしCには一部分小禄親方の口問が含まれている)の三人についてである。これらの「口問書」はいずれも、おそらく拷問の責め苦にうめきながら供述されたものを記録したものであろう。したがって系統だったものでなく、また、重複部分も多い。記録の内容はほとんど史料一に紹介した「調書」の中に整理され、収録されているので、あらためて全体にわたっての内容紹介は必要ないと思われるが、念のために追記しておきたい。

史料二のA　小禄親方口問書*

《追記》

小禄親方に対しては、一八五九年八月四日~一一月五日までの間に七回の「口問」(以下尋問とする)がなされている。

八月四日=牧志から、池城殿内に大里御殿・譜久山殿内が集まるむねの報せがせがあった。自分(小禄)は「月番」だったが、何の連絡もなかった。自分に係ることが話し合われているのではないか、と牧志を通じて確認したところ、予想通り「自身一件之事」が話題になたようだが、この件は「口外致す間敷」と「口詰」されたとの情報を得た、と。「自身一件」とは三司官選挙に伴う正右衛門殿への「内意一件」だと知り、驚いている。

八月八日＝去年（一八五八）二、三月頃、「飛船使」与儀筑登之親雲上が帰帆の上、太郎左衛門殿へ書状を送り、「内意」を致した、との「大和」にて風聞」があるようだが「譏したる積」（偽りの訴え）と考え、登城して三司官へ状況を申し上げたが、摩文仁親方へは尋ねる機会がなかったのは、自分の越度となった、と。摩文仁親方を疑っているわけではないが、「大和」（薩摩）にての成行」を「尋問」しないのは、きわめて「不届」となった、と。自分が「内意を致さざる」事実を繰り返した。

八月一四日＝（去年＝一八五八）三、四月頃、正右衛門殿に呼び出され出かけた折、「一五人の内、座喜味組合の者は早々交代させよ」との藩主（斉彬）の意向だ、と告げられたが、「半途」（勤務半ば）に交代させるのは「人倒し」になり、それはできない。一二月頃には交代させるのでそれまで待って欲しいと伝えた。そのことを「引請」（保証）するかと問われ、「相役」（同僚）と相談して交代させる、と伝えた、と。このことは摂政・三司官に申し上げた、と証言。正右衛門殿の書面には「一五人の名前」が挙げられているが、いずれも「座喜味の組合（一味）」ということか、また、喜舎場・浦添・阿波根・與那原については、特別に疑われているが、どうかと問われ、右面々は座喜味の一味とは見えない、と答えたが「落着無之」様子だった、と伝えている。

九月六日＝「三司官入札一件」は、当初牧志から仮屋方（薩摩側）での「評判」を聞いた話で、この件は豊見城御殿等にも話しておいたところで、自分がこの件については、牧志に申し含めたことは「毛頭無之」と。牧志から桑江里之子親雲上へ内輪話として、小禄が免職された日、桑江から与力潮平へ、「旦那は事に係わっておられ、早々出勤するよう」に、また、「旦那は今回のことで大変な事態になるので、何か進呈品を準備して潮平からという形で取りはからえないか」と進言。この件は「異国方岩下新之丞」へ、牧志からその意を説明することになっている、と。このことから見ても、牧志より自身（小禄）名義をかりて「内意を致した証拠」だ、と。三司官選挙の件で正右衛門殿は翁長を、仁右衛門殿は野村を支持すると見受けられたことは、小禄も承知していたけれども、自分から右両人へ「内意」として牧志へ申し付けたことは「毛頭無之」と。この日の最後の尋問では、二七日に池城殿内から牧志へ、小禄の「中使」を勤めたかと問われ、勤めていない旨の返答をした、との情報は得ている、と。

一〇月二二日＝「太守様」（藩主斉彬）の逝去後、三司官恩河、牧志等が在番所に呼ばれ、奉行正右衛門殿より蒸気船購入の件は取り消す旨を告げられ、正右衛門殿よりの申付の御用もすべて「取返」（取り消す）も示された。同日二度目の尋問は八月一四日のそれと同趣旨。「座喜味殿内の党を早々退役」に係る内容。先の四人の外に摩文仁親方が追加れた（摩文仁は八月一四日の尋問の折には「上国」していた）。

一一月五日＝正右衛門殿に呼ばれ、藩主の意向として「座喜味殿内組合の者」の退役を迫る内容（八月一四日の口問とほぼ同内容）。（この文書は、ここ以後欠落している）。《以上追記》

〔語釈〕「たまかいたる」＝びっくりする、驚く。「相中」＝えーじゅう。相棒。

＊「小禄親方口問書」は後半が欠落している。

史料二のB　伊志嶺里之子親雲上口問書

《追記》

八月二六日（一八五九）＝小禄一件につき諸官集まりの日、宮平親方宅へ参上したら、濱元里之子親雲上・書役翁長里之子親雲上も居り、酒（焼酎、以下同じ）を呑んでいたが、宮平は「継ぎ目一件（国王の相続問題）に係る事柄であれば、小禄を「切り殺す」と怒り立って言った、と。入札の一件は数馬殿の宿で、小禄・池城・宮平その外、酒宴の時の出来事では済まないことだが、「御継目一件」となれば、宮平が「切り殺す」と言った、と繰り返す。

九月四日＝「小禄一件」発覚当日、宮平親方宅へ小禄按司・松堂親方・濱元里之子親雲上・書役翁長里之子親雲上、その外「旅供」上江洲等が揃って酒を呑んでいたので、何事かと聞くと、「小禄一件風聞悪敷」という返事。「風聞」は「御継目一件」と「三司官内意一件」だが、そのうち「御継目一件」は「邪説」（正道に背いた意見）である、と。宮平が言うには三司官一件は数馬殿（宅）にて酒の上での「酔事」故、咎目には及ぶまい、と。

一〇月六日＝この記事は「閏三月廿四日」の記事の後に記載されているが、日付に従えば順序が逆転している。数馬殿宅の酒席でのやりとりが記されている。その席には「池城殿内等も御一同之事」とある。

閏三月二四日（一八六〇）＝小禄按司・松堂親方・翁長里之子親雲上・濱元里之子親雲上等が（宮平親方宅へ）揃い、酒を呑んでいた。何事かと聞くと、小禄の一件が心配で、との返事。小禄按司・松堂親方が帰った後、宮平は酔いにまぎれて、「御内意」（国王の相続）の件であれば、（小禄を）「殺し候ても相済べき」と意気まいた、と。その翌日（三月二五日）だったかに牧志宅へ行き、小禄殿内一件で数馬殿宅で「御内意」の件の気持ちを伝えたことがあったか、と聞かれたら、「あった」と答えている。その時は池城殿内その外、多人数が居合わせた、と。（この文書は「附」いか朱書）。

四月廿七日＝八月二六日の記事と多少重複するが小禄一件で諸官が宮平親方宅へ行ったら、小禄按司・松堂親方・書役翁長里之子親雲上・桃原村濱元里之子親雲上が集まって、酒を呑みながら話をしているので、何事かと尋ねると、小禄一件で「世話」（心配）ごとが起きたからだという。あとはこれまで示したのとほぼ同じ内容の証言をしている。《以上追記》

〔語釈〕「御ましよん之事」＝いらっしゃった。一緒におられた。

史料二のC　小禄親方・牧志親雲上口問書*

〔糾官意見書〕

《追記》

当四月二日（一八五九）頃、與世山親方・仲里御殿・安村親方が玉川御殿の多和田の屋取に参集、のち小禄親方も呼ばれて、酒宴が開かれ、その席で玉川から小禄に対し、恩河の「御奉公留」の事情を尋ねられ、「この件は自分も同罪」といい、「しまいには自身も追々倒れるはずだが、その時はあなたも」と答えている。

八月四日の小禄親方の口問記事には「恩河は物欲に迷い人を騙し、借銭等をしたため、奉公留を仰せつかった」と答えている。

四月一八日の牧志親雲上の口問記事には、今度の三司官は誰になるかと仁右衛門殿に尋ねられると、牧志は「野村親方が宜しいかと」答え、この点は「正右衛門殿へも通して欲しい」旨返答している。この件については、池城親方も数馬殿に対し、野村に仰付けられるよう取りはからって欲しいと働きかけた。その時（四月一八日）に集まった人数は玉川王子・池城親方・宮平親方・小禄親方・恩河親方・自分（牧志）の六人だった、とも。《以上追記》

＊巻物表紙には朱で「糾官意見書」と題されているが、内容に即してここでは見出しのようにしておく。

史料二のD　牧志親雲上口問書

《追記》

牧志への「口問」は一八五九年一一月五日~翌一八六〇年五月八日までに日数でいえば八日間にわたって尋問を受けている。主要な点は三司官選挙に伴う疑惑の解明が主題となっていると考えられる。すなわち「札数の劣る」（二番札）の野村親方を、池城親方が繰りかえし推し、薩摩側（数馬殿）がそれを積極的に支持する態度を表明していることが明らかとなる。《以上追記》。

〔語釈〕「ゆるひ之前」＝意味不明。

牧志の「口問書」にはいくつかの注目される点があるので、そのことに若干ふれておきたい。

その第一は、この「口問書」の随所に何度も出てくる供述であるが、諏訪数馬（在番奉行）宅における酒席で、次期三司官（座喜味三司官の後任）の選任に関して話題となっていることである。その酒席には、琉球側からは玉川王子・池城親方（三司官）・小禄親方（三司官）・伊是名親方・恩河親方（物奉行）・宮平親方が顔をつらね、薩摩側からは諏訪数馬の外、岩下（元）清蔵・園田仁右衛門・柳田正太郎・大窪八太郎、といったおそらく在番奉行配下の面々が列席している。その席で池城親方が諏訪に向って、「野村は札数は劣っているが人柄がよいので、今度の三司官はぜひ野村を推挙せられたい」というと、そばから小禄が「票数次第でなくてはまずい」、とちょっかいを出すと、すかさず池城は「山芋掘て」とたしなめているくだりである。「山芋を掘る」とは、「酒席でクダを巻く」という意味の薩摩語だという。*

＊「山芋を掘る」という意味がどうしてもわからず、あるいは首里か那覇あたりの古語かと思い、古老をはじめ、い

ろいろの方々に尋ねてまわったが、まったく見当がつかないという返事がかえってきた。のち照屋善彦教授から、佐藤雅美著『薩摩藩経済官僚』（講談社文庫、一九八九年六月）に次のような記述のあることをご教示いただいた。

「山芋を掘るという。酒席などで管を巻くという意味の薩摩言葉だ。調所は朝から晩まで口やかましく部下を叱りつけた。まるで山芋を掘っているようだと、部下は陰口をきいた。陰口を耳にしながら、調所は毎日『山芋を掘り』つづけた。」（同書、二二五頁）

牧志がその「口問書」の随所で、つまり何回もの尋問を受けるたびに、同じことを供述しているのであるが、これが事実であるとすれば、たとえ酒席とはいえ、次期三司官に次点者の野村親方を在番奉行に向って推挙したのは小禄でなく、池城であったということになる。しかし小禄がそのこととの関連で、獄門に繋がれたのに、池城はまるで無傷である。

もう一つ、この酒席に列席している伊是名親方のことである。たとえば牧志の「口問書」の同じ日付（未十二月二十四日、同日）に、すでに紹介したことだが、「小禄より潮平へ、私ゆえに伊是名・牧志等へも相かかわらせ、気の毒」、とあって、野村と伊是名が入れかわっている。というより野村と伊是名は同一人物である可能性がある。領地の変更で改姓したのかもしれない。後考を待つ。

また、申五月八日（同日）の供述で牧志は、自分が小禄の名を借りて密願（内意）した事実はまったくない、と否定している。

史料二のE～Nは断片も含めてかりに「糺明官意見書」としておく。

史料二のE　糺明官意見書（一）　これは後任三司官選任をめぐって在番奉行諏訪数馬宅での野村を推挙

した話を中心に、糺明役人の審理経過を記録したものであるが、とくに末尾のところで、牧志の供述（晴目）には辻褄の合わない所があり、それを補強しうる別の確かな証拠固めができないうちは、「池城へ手をつけ候儀まかり成るまじく」とあって、池城親方へも捜査の手が伸びようとしていることをうかがわせる。

〔語釈〕「まじゆうん」＝一緒に。「かつミらる」＝つかまえられる。逮捕される。「現当」＝ジントウと読んで本当に、まことに、という意味であろう。「いやゐまづ」＝何はさておき、それはそうと、くらいの　意。「あんたへ」＝彼らに。あの連中に。「肝と肝のちやあひ」＝心と心が通い合う、以心伝心。

史料二のF　糺明官意見書　（二）　これは「六月」とあるだけだが、おそらく一八六〇年（万延元、咸豊一〇）の六月であろう。署名人は徹底糺明派の伊江王子・摩文仁親方・宇地原親方、それに本文中に出る与那城里之子親雲上である。刑罰は所犯相当に課すのが本筋であるから、「役人共」が主張しているように「疑の情犯」をもってあいまいに処理するのでなく、犯罪を立証する白状または証拠を得るまで、とことんしめあげる必要がある、というのである。この文書は、前後することになるが、前出史料一の「L　糺明官の意見」の中で批判の槍玉にあがった文書と連動するものであろう。

史料二のG　糺明官意見書　（三）　これもFと同様「疑の情犯」で処理することに反対し、伊志嶺里之子親雲上の「口問書」に沿って治罪すべきだ、とする。

〔語釈〕「一方」＝小禄のこと。「張通し」＝くいちがい。

史料二のH　糺明官意見書　（四）　この文書はここに紹介した一連の記録の中で、年月が明記された最下限のもので、一八六〇年（万延元、咸豊一〇）九月、とある。内容は、糺明する側の見解が二つに分かれ、収拾困難な事態に至っているのを憂慮し、「双方」が協力して、早々に決着をつけよ、という国王の意向を伝える文書である。

〔語釈〕「打組」＝一緒になる、合同。

史料二のI〜Nは糺明官意見書の断片　を一応独立させて掲げた。

二　「事件」の真相について

(一)「事件」の構図

この「事件」には謎が多すぎる。

第一、三司官選挙をめぐる問題。選挙結果は、最多得票者が与那原親方良恭（馬朝棟）、次点が野村親方（『琉球三冤録』では伊是名親方朝宣とある）、一票の得票しかなく最下位だったのが翁長親方朝長（のちの譜久山親方朝典、向汝礪）、の順であった。ところが、最多得票者の与那原は退けられ、小禄や牧志が選任運動をしたとして嫌疑を受けることとなった当の人物は野村親方であり、最終的に薩摩が次期三司官として白羽の矢を立てたのが、最下位者の翁長親方である。一体どういうからくりになっているのか、理解に苦しむ。『琉球三冤録』の著者が、薩摩による座喜味三司官の追放、その後任選挙における多数票者たる与那原の排除、について「古来未曾有にして、朝野恂々怪訝《けげん》驚愕せざるはなし」、と評したのもうなずける。

第二、同じく三司官選任に関連して、牧志の証言によれば、三司官選挙がすんで二、三日後、諏訪数馬宅で酒宴が開かれ、その席で諏訪に向って野村を推挙したのは池城親方（三司官）であり、それを側から小禄がたしなめたことになっている。野村を次期三司官に推挙したことに関連して、小禄が嫌疑をかけられ、逮捕・投獄されて、拷問を受けていたのに、なぜか池城に及んでいない（もっとも池城にまで捜査の手が伸びようとしていたことは前述）。

第三、この「事件」では、とりわけ小禄親方の取調べにあたっては、牧志の証言がしばしば引合いに出された。この「事件」では牧志がそのつど「自白」しているが、時に首尾に一貫性を欠くところがある。取調べをする側も、ある部分で前後矛盾する牧志の供述に不信の念を表明している。牧志じしんが自分の証言について、月日が経過しているうちに、思い違いや過不足があったことを認めている。それはともかく、牧志はなぜ次々「自白」したのか。『琉球三冤録』の著者は獄中での牧志について、「此時牧志は糺問を受くる毎に歴々白状を為し、幾多の拷問を免れたり」と述べている。拷問の苦痛を恐れて白状した、と。その証言にどれほどの真実が含まれていたのか、いなかったのか、それこそ不明であるが、かれの証言によって小禄が窮地に追い込まれ、さんざんしぼり上げられたことはたしかだ。牧志は脱獄を決行して帰家したことがあったらしい。最後は薩摩の手によって結果的には出獄を許され、鹿児島へ連行されるのだが、伊平屋島の沖合を航行中、海中に身を投じて死んだ、とされる。牧志はなぜ「自殺」したのか。「自殺」しなければならない理由があったとすれば、それは何か。それは歴史の暗い海の中に閉ざされたままである。

第四、すでに東恩納寛惇が『尚泰侯実録』の中で指摘していることであるが、この「事件」では本来証人に立つべき摩文仁親方(賢由、夏超群)および宜野湾親方(朝保、向有恒)が、審理の途中から糺明奉行に加わり、裁く側にまわっていることである。在番として鹿児島にいた摩文仁は、小禄が琉球館聞役新納太郎左衛門に「三司官内意の書状」を送った、という情報を王府へもたらし、また、宜野湾も鹿児島にいて、恩河が三司官座喜味を誹謗・讒訴したという情報をもたらした人物であり、いずれもいうならば「事件」の火つけ役でもある。この二人が「糺奉行」に加えられた理由を東恩納は、「恩河等百方苦楚を加へ糺明するも、罪に服せざるを以、此の二人を加へて弾正の任に当らしめたるなり」としている(同書、一三九頁)。要するに、あくまで恩河らに罪状を認めさせるために、二人を糺明奉行に加えたというのであるが、証人に立つべき人物を裁く側にまわしてまで、「糺明」を続行しようとしているのは、明らかに常識的なルールを逸脱した政治裁判である。そうしてまで「糺明」しなければならなかった理由は奈辺にあったか。

第五、この「事件」では、嫌疑を立証する証拠が何一つあがっていない。恩河親方に係る座喜味誹謗の「落書」にしろ、鹿児島における讒訴にしろ、また、小禄親方に係る「三司官内意の書状」にしろ、その他、うらづける証拠証跡は何もない。あるのはただ牧志の供述と、聞役新納太郎左衛門からの照会（問合）、および摩文仁や宜野湾がもたらした情報だけであり、これとても所詮「風聞」にしか過ぎない。証拠がなければ罪の確定はできない。これは裁判の鉄則であろう。「自白」に追い込んで「証拠」を引き出すために拷問がくり返されたのだが、恩河も小禄も、その責め苦に耐えて罪状を否認し続けている。糺明する側でも「事件」をいかに終結させるかで意見が二つに割れた。徹底糺明を主張するグループと、「疑の情犯」（「罪の疑わしきは軽きに従う」）の原則を適用して、穏便に落着させようとするグループと。この両者の間には大きな隔たりがあり、妥協の余地は見出せない状況にあったと推測される。裁く側のこの分裂の背後には何があるのか。

第六、この「事件」は屡述のごとく、恩河・小禄・牧志の三人が、いずれも現職を解かれ、ついで逮捕・投獄され、拷問のもとで取調べが続けられている。かれらは、なぜ裁かれなければならなかったのか。三人に係る嫌疑の背後には、共通に薩摩の権力（その出張機関が在番奉行所）が控えている。そのいわばエイジェントの役回りを演じたのが牧志であり、恩河であり、小禄もまたそう目された。つまり、蒸気船購入などの対外問題から、座喜味三司官の追い落とし、はては国王廃立の陰謀などの国内問題まで、かれら三人があらかじめ薩摩と示し合わせて計画したものであると見られたのである。ただし、この「事件」の糺明の過程では、表向き薩摩の諸施策の是非を正面に据えた議論は展開されず、もっぱらその代行者たる牧志らを叩くかたちで事態は進行している。

牧志・恩河事件後の王府内には、おそらく薩摩との関係維持に、ある種の気まずさ、不信感、警戒心がつきまとったものと想像される。島津斉彬の進取的政策を継承したと想定しうる明治政府のもとで、初めての慶賀使としてその正・副使に選ばれ、国王尚泰に代り「藩王」宣下の詔勅を拝領することになったのが、牧志・恩河事件での糺明奉行で、しかも徹底糺明を主張した伊江王子朝直（尚健）と宜野湾親方朝保（向有恒）であったこと、そして頑固派から「売国奴」と罵られることになったのも、歴史の皮肉というべきか。

最後に第七、薩摩の動向も大いに気になるところである。もともとこの「事件」の震源地は鹿児島である。斉彬は市来を渡琉させるにあたって直筆の書翰（安政五年正月廿日付）を与え、その中で「三司官どもの善悪を船ごとに申遣わすべく候こと」といい、また、座喜味三司官の追放を命じたのだった（「石室秘稿抄書」『史料稿本』いま『那覇市史』資料篇第二巻中の4所収　七九頁）。

それにしても、鹿児島において座喜味を誹謗した廉で恩河を陥れる口実をつくったのが、琉球館聞役・新納太郎左衛門の王府あての書翰（問合）であった。その新納は、かつて摩文仁親方・恩河親方を「磯御茶屋」に案内し、藩主斉彬と面談させたことがあった。おそらく斉彬路線を支持する立場にいたものと見られる。その新納が、なぜ恩河や、また小禄・牧志を陥れる策謀に荷担する行動をとったのか。しかもその新納は、「事件」後も（つまり斉彬死後も）依然としてもとの琉球館聞役の地位にいる。

牧志・恩河にしても、また小禄にしても、もとはといえば職務上、薩摩の政策に協力し、推進する立場にあり、そのことが裏目に出て今回の「事件」の最大の犠牲者に祭り上げられたのであるが、三人が投獄され、拷問のもとで悶絶しようとしているとき、薩摩はかれらのために何一つ手を打とうとしていない。

なによりも奇怪なことは、禁獄中の牧志を、獄吏や他の王府役人をだます形で、公然と連れ出し、駕篭で在番奉行所へ運んでいることである。表向き、牧志を通事として薩摩で使いたい、というのがその理由である。王府はあわてて、異国通事としてならば、牧志ではなく長堂里之子親雲上に代えたい、と長堂を伴って宜野湾親方が鹿児島まで出かけて歎願に及んだのであるが、先述のように牧志は鹿児島へ向けて航行中の船から海中に身を投じたため、その問題はこれで沙汰止みとなる。

牧志「救出」作戦ともいうべきこの薩摩の謀略の真のねらいは何だったのか。牧志はいわば斉彬路線からはみ出して、必要以上に外国人と私交しているフシがある、とみられた（同上書、九三頁）。つまり、薩摩はそのことを直接確かめるためにも牧志を鹿児島へ呼びつけるとしているのだが、あるいは牧志が存命していることで、薩摩の側に、たとえば市来や新納などに累が及ぶのを恐れて、殺害されたという推測も成り立つ。

それにしても、この「事件」は琉球王国が薩摩に対してどのような存在であったか、その地位のはかなさを否応なく見せつけた数々の出来事で満たされている。

（二）喜舎場朝賢著『琉球三寃録』にふれて

喜舎場朝賢の『琉球三寃録』（以下、『三寃録』と略称）は、書名が示すように、恩河・小禄・牧志三人の冤罪（無実の罪）を晴らすべく書かれたものであろう。ただ、明確な執筆意図および執筆年代は不明であるが、一九〇〇年（明治三三）十月に牧志親雲上朝忠の次男朝昭の依頼で、「亡父牧志朝忠復禄の儀に付請願」書を起草し、関係書類等を添えて沖縄県庁に提出の段取りをしていることに鑑みると、*同じ頃か、あるいはその前後のある時期に書かれたものであるのかもしれない。

＊「請願」書と関係書類は、いま喜舎場朝賢の『東汀随筆　続編』第一回に収録されている。

牧志・恩河事件を真正面から取り上げた著述としては、本書に勝るものを私は知らない。分量にすれば四〇〇字詰原稿用紙の三五枚位だが、「事件」の発端から審理の経緯、判決に至るディテールが看取できる。本書を書くに当って喜舎場はここに紹介した「牧志恩河一件調書」および同じく「口問書」を十分利用したものと思われる。また、この「調書」や「口問書」の記述には出ていない事実関係も織り込まれており、何よりも三人の冤罪を確信し、その無念を哀惜する脈動さえ伝わってくる著述である。いまその中から、ここで紹介した史料からはおぼろげにしか見えてこないいくつかの点を取り出し、「事件」の経緯を理解する手がかりにしたい。

何よりも「事件」の発端についてである。これまで述べてきたことと多少重複する所もあるが、この点に関する『三冤録』の記述を引いてみよう。

当時、摩文仁親方賢由なるもの、在番官と為りて鹿児島に駐在す（在番は今の外国領事官の如し）。新納氏即ち座喜味の非行を恩河に探問せし顛末、及び座喜味の後任上申の際、小禄三司官が陰に薩官へ賄賂を贈り、次票者なる伊是名に命ぜられんことを密願したことあり、と語る。摩文仁之を聞き大に憤懣したり。適々幕府将軍継統を奉賀するの正使伊江王子尚健、副使与那原親方良恭、鹿児島に渡来するに遇ふ。伊江・与那原の旅館に来るや否や、摩文仁迎えて伊江の手を執り、啼泣して以て新納氏が語りし小禄・恩河の事を逐一吹聴したり。伊江等は事の意外に出でたるを驚き、此事重大に関するなれば、我等帰国の後、新納氏一己の署名の封書を以て球庁に報知せしむるを約したり。凡そ球庁へ報知の文書は、聞役と在番と両人連署する規定なるも、此事隠秘に属するを以て、聞役一己の署名を要するなり。（『琉球見聞録』と合本、一五七—五八頁）

要するに、恩河の座喜味誹謗、および小禄の三司官選挙にからむ贈賄・密願、この二つの情報が聞役の新納から摩文仁に伝えられ、摩文仁はそのことを当時鹿児島に来ていた伊江王子と与那原親方に話し、さらにそのことを新納の署名入りの書状で琉球王府へ知らせる、という手はずが整ったのである。新納の書状（問合）は、一八五九年（安政六、咸豊九）三月下旬、「唐の首尾使者」として鹿児島に派遣されていた宜野湾親方朝保によってもたらされ、王府へ提出された。同じ頃、飛脚使としての任務を終えて鹿児島から帰国したばかりの与儀筑登之親雲上からも、摩文仁が鹿児島で小禄を誹謗したという情報が直接小禄に伝えられたが、小禄は意にに介しなかったようだ。こうして「事件」の導火線に点火された。

恩河と摩文仁は仲が悪かったらしい。そのことは、恩河じしんが「調書」の中で「座喜味とは兼々中も悪敷」と認めている（史料一のA）。その辺の事情について、『三寃録』は次のようなエピソードを伝えている。

摩文仁・恩河曾て薩公の席上に在り、公、床上の支那地図幅に対し、摩文仁に問ふ。「シンコウ」の路は何よりすと。摩文仁答ふること能はず。「シンコウ」は進貢なり。球人支那音を通用し「チンクン」と言ふ。故に摩文仁之を暁らず。恩河傍より、福州より入りて浙江・蘇州・山東を過ぐ、と図を指して答ふ。摩文仁靦然慙を抱く。他日、公、子を生む。両人を招宴す。恩河祝詩を呈す、吐囑最も雅潔、公の

欣賞を受く。摩文仁学なし、亦深く慙づ。故に深隙を為す。（同書、一六九頁）

二人が新納に伴われて「磯御茶屋」を訪れ、太守（薩藩主島津斉彬）と面談していることは『異国日記』にも見える（『史料稿本』安政四年八月廿九日　いま『那覇市史』資料篇第二巻中の4、七三頁）。斉彬の前で「学がない」ゆえに摩文仁は二度も恥をかかされた形となって、内心恩河を妬んだにちがいない。上の記事にすぐ続けて『三冤録』の著者は、「新納氏が告発も、焉《いずく》んぞ知らん、之を嚙《か》ますに重貨を以てするの教唆に非らざることを（世人之を疑ふもの実に尠らず）」、とコメントを付している。つまり、摩文仁が新納に対し賄賂を使ってそのかし、恩河・小禄を陥れる書状を書かせたにちがいない、世間ではそう取り沙汰しているものは実に多い、というのである。

摩文仁にはさらに疑わしい事跡があった、と『三冤録』の著者は別のエピソードを伝えている。すなわち、摩文仁は恩河が獄で取調べを受けているさなかに、首里士族花城某なる「無頼漢」を使って、恩河による座喜味譏訴を言いふらせた形跡がある、というものである。恩河を呼出し糺問したところ、自分が捏造した誣言であることを自白するに至った。平等所大屋子（取調役人）が花城を呼出し糺問した『三冤録』の著者は、花城（小虎）は「常に摩文仁に親近」していたとして、その行為を大屋子らの感想を引きながら次のように述べている。「大屋子等謂ふ、是れ真の狂漢なり。是れ幾乎んど摩文仁が教唆したるに非ずやと疑ふのみならず、頗る認むべき事迹もありと雖も、上席の人を繋連せしむるを憚り、之を置きて問はず其まゝ之を放免したり」と（同書、一六四頁）。

もう一つ、本書は三人の冤罪をそそぐために書かれた。先記のように著者にはこれとは別に、遺族の依頼で牧志朝忠の名誉回復のための請願書を起草している。本書でも、牧志が一時脱獄して家に逃げ帰った際、家人に与えた遺書に、「我れ未だ曽て小禄の囑を受けて三司官選挙干渉せしことなし。今之を承認したるは一時の権を用ひたり」とあるのを紹介し、「栲問の残酷に耐えず」、「一時の苦楚を免るゝ」ために、「自白」したのであろう、としている。さらに牧志の獄中での心境を詠んだ詩に、「奸計流言世を惑わすこと頻り、端無くして乱を唱え良人を陥らす。是非黒白誰かよく弁ぜん、只だ蒼天を呼びて涙巾を湿す」とあるのを紹介し、「牧志の心事，察するに余りあり」としている。そして「牧志は固より罪なし。其遺書遺吟、及び小禄の自首せざるに徴して明亮なり」と判定している。

その小禄について最後に触れなければならない。小禄の人柄について『三寃録』の著者は、「豪爽濶達、酒を嗜み放誕にして、胸中城府を設けず」と評している。胸中城府を設けず、とは、誰とでも胸襟を開いてつきあう、という意味であろう。その小禄が免職、ついで投獄された年月日のところに、こう記されている。

同年（一八五九）五月九日、小禄三司官を免職す。此日天曇り地震三回す。
同年七月十八日、小禄三司官を獄に下す。此日地震数回、大雨盆を傾くるが如し。

また、「伊江島照太寺へ五百日の寺預」の判決の記事にすぐ続けて、

小禄は満腔の悲憤に堪ゆべからずと雖も、訟訴上告を為すべき所なく、寃を含み屈を呑んで伊江島へ渡航して処分を受たり。

それらの記述には、『三寃録』の著者の小禄に対する痛惜の念というか、哀感がにじみ出ているように思う。天も怒り、地も哭す、小禄の無実は天地がお見通しだ、と言わんばかりである。

ついでに付言すれば、この「事件」の中心人物は牧志親雲上朝忠・恩河親方朝恒・小禄親方良忠の三人である。したがって「事件」名も「牧志・恩河・小禄事件」とでも呼びそうであるが、後世には「牧志・恩河事件」と通称されている。「牧志・恩河・小禄事件」でなく、「牧志・恩河事件」と呼びならわしてきたのには、それなりの理由がありそうである。結論的に私見を言わせていただくと、小禄はまったくの無実であり、その寃罪を痛惜する当時の人士の同情が、「事件」にかれの名を冠することを意識的に避けさせたのではないか、ということである。

むろん、他の二人についても、寃罪の色が濃厚であり、喜舎場朝賢があえて『三寃録』を著わしたのも、三人に着せられた寃罪を嗅ぎつけ、それを雪ぎたかったからにほかならない。『三寃録』の著者の小禄に寄せる感懐は、なかでも格別であり、それはまた当時の大方のそれでもあったのではないか。せめて「事件」の呼び名から小禄を外すことによって、裁いた側に痛棒を加えた、と見られないだろうか。*

＊拙稿「牧志・恩河事件」（『那覇市史』通史篇　前近代　所収）参照。本書一二三〜一三三ページに収録。

以上、伊江文書として残る牧志・恩河事件関係の記録を紹介し、あわせてこの「事件」について若干私見を交えて「解説」を試みた。ここに紹介した諸文書は、この「事件」に関する根本史料であるが、残念ながらおそらくその一部分にしか過ぎない。

たとえば、「小禄親方口問書」（史料二のA）は中途で切れていて、明らかに後半が欠落していることがわかる。「小禄親方調書」（史料一のI）によれば、小禄に対して「拷問拶指都合十二座責扱」とあって、かりに「座」が「回」という意味であれば、小禄は十二回の拷問を受けたことになる。拷問のもとで「口問」（供述）が筆記されたと想定すれば、先の小禄の口問書には八月四日から十一月五日までの間の六回の記録が残っているから、あと六回分の記録が欠落していることになろう。

同じように言えば、恩河に対しては「拷問拶指かわるがわるこれまですべての尋問に十六座責扱」とあり（史料一のA）、そのつど「口問」（供述）が筆記されたと考えられるが、恩河に関しては「口問書」が見つかっていない。

また、すでに指摘しておいたことであるが、「糺明官の意見」（史料一のL）で批判の対象に据えられている徹底糺明派の意見である「与名城書面」および「摩文仁親方・宇地原親方書面」を今見ることはできない。さらにいえば、この「事件」に対する判決文が残っていない。*

＊判決の内容を伝える文書として、たとえば次のようなものがある。

「小禄親方、恩河親方、牧志親雲上等一件糺明相懸、去年（万延元＝一八六〇）十二月罪分御議定相成、牧志は三司官致内意候不届付、八重山嶋え十年流刑、小禄親方にも三司官為致内意段牧志申出候得共、小禄には右様の儀曾て無之、兎角牧志より小禄名を仮り為致内意積を申出、夫ニ（々カ）張合相成、外ニ引当可相成証拠証跡無之付、疑の情犯を以照泰寺え五百日寺入被仰付、恩河は座喜味親方一件、何方の尋にても、不有之事は屹と可弁取の処、其儀無之ニ付、久米島え六年流刑の筈候得共、死後故御沙汰無にて、位取揚被仰付、且又下儀保村次男花城里之子親雲上には、自分の名目宣敷相成と、大臣等え相懸大事の虚説申触候不届付、渡名喜嶋え三年流刑被仰付置候、為心得申越候間、若御役人衆より御尋共候はは、右の跡を以可被申上候、此段致問合候、以上」（文久元年正月十日　与那原親方・池城親方・譜久山親方より鹿児島在番安村親方宛て照会。『史料稿本』『那覇市史』資料篇第二巻中の4　九一頁）。

ちなみに『琉球三寃録』によって、「判決」の内容を若干補足すると次のようになる。

①恩河親方＝久米島へ六年間の流刑（ただし、恩河は一八六〇年閏三月十二日獄中で死去。『三寃録』では恩河に対する刑の宣告はその前年の十二月三十日とする。久米島への船便がないため獄中に留置されているうちに、疲労困憊がもとで重病となり、死去したとする）。

②小禄親方＝伊江島照泰寺へ五〇〇日の寺預け（寺入ともいう。小禄に対する刑の宣告は一八六〇年十二月）。

③牧志親雲上＝久米島へ十年間の流刑。ただし薩摩へ逃走のおそれありとして、終身禁獄とする。（のち一八六二年薩藩の命で保釈の上、鹿児島へ連れ去られる途中、七月十九日、伊平屋島沖で海中に投身自殺と伝う）。

このように、ここに紹介した史料は「事件」の全容を解明するには、不備なものであるが、「事件」の輪郭はこれによってほぼ明らかにしうるのではないかと思う。今後さらに琉球側の関連史料の発掘はもちろんのこと、薩摩側の記録の中からも関係記事を見つける努力が必要であろう。たとえば、『鹿児島県史』第三巻（一八二頁）に、安政五年（一八五八）二月廿九日付の島津斉彬から島津久宝宛の書翰が写真版で収録されており、文字が小さく判読が容易でないが、それでも「座喜味事も病気ニ而退役願出シ申候、代り野村と翁長両人之内ニ而申付、しかし此節は人柄第一ニ候間、当時取調中ニ御座候」と読める。*三司官座喜味の退役、その後任者の選定のことが、薩摩の内部で、しかもそのトップのところでの関心事として浮上していた事実をこの記録は伝えている。

*もっともこの記録は、鹿児島県維新史料編纂所編『鹿児島県史料』斉彬公史料　第三巻（昭和五八年一月刊、五二頁）にも収録されている

この史料を紹介させていただくにあたっては、沖縄県立図書館の宮城保氏には種々便宜をはかっていただいた。また、金城功副館長および安仁屋以都子氏には、史料解読の上で貴重なご教示をいただいた。この場をかりて御礼を申し上げたい。また、かなりのページ数を割いて本史料を紹介する場を与えていただいた『歴代宝案研究』編集子に感謝したい。

【史料紹介】伊江文書　牧志・恩河事件の記録

史料一　牧志恩河一件調書

A　恩河親方調書

恩河親方

恩河親方事、去巳年上国之節、聞役新納太郎左衛門殿え申候は、三司官座喜味親方事、当時国王様御幼年、王子衆ニも御若輩、余之三司官も新役勝故、座喜味一分権威を振ひ、一統歯をかミ居候就而は、御国許よ里、御沙汰共御座候ハヽ、別而仕合之御事候間、太郎左衛門殿ニ而、御役人衆え通し上候様、取計度段申ニ付、座喜味夫程之人躰とは見及無之候処、其通候哉。得と相考、何分可仕段致返答、至極不審ニ存、摩文仁親方え、恩河人躰之様子、相尋候処、都而之嗜は宜相見得候得共、何歟実意立兼候儀共、有之哉ニ見受居候段承、其後恩河相逢、先達而承候座喜味親方一件は、太郎左衛門殿職分ニ而無之、御役人衆え通し上候儀、断之段申入候処、夫よ里山田壮右衛門殿御宅、度々致出入模様相見得、兎角右一件、讒言為致積。其外恩河仕向不宜儀共、太郎左衛門殿問合、并宜野湾親方委曲申含越、且右一件、嘉味田親方よ里も問合有之、諸官御吟味之上、及言上、紀方被仰付、問届候次第、左之通。

右問届候処、申披候は、去巳年六月、帰唐船逢災殃、返上物打捨候御断、并竿銅申請等之御使者被仰付、八月七日那覇川出帆。同廿九日、前之濱上着。早速よ里御用筋取付、聞役同伴、豊後殿御宅参上。御玄喚え扣居候時、聞役よ里、座喜味親方事、大和よ里売（穀）物積下候得は、態々焼酎垂方禁止申付、積帰させ、且砂糖萩《ママ》敷取細メ、百姓為及迷惑、且諸士せり詰、為及難儀候段、御聞通相成候間、実成申聞候様尋有之。

飢饉ニ付而は、無是非焼酎垂方、禁止申付候節も有之。萩《ママ》敷手広相成候而は、杣山之不為相成、蔵方難渋ニ付而は、余計之費取細候向ニ而、態々諸士為及迷惑候儀ニ而は無之段致返答。追而豊後殿逢上罷帰。

其後聞役、自身詰宿え参、座之印与相認候書付、手前ニ持ち、一方ニ而見候而申候は、先日相尋候座喜味一件、兼而上国之異国方役々よ里も、委曲御聞通相成、館内えも、御聞合相成居候間、無遠慮申聞候様、尋有之候処、大臣之事、御尋は御免可被下抔与申、先日同様之返答形ニ而申迦。

其後聞役宿え参居候時、先達而相尋候座喜味一件は、一朝一夕之故ニ而も無之、兼而よ里、細々御聞通相成居候付、恩河致上国、讒言為致筋ニ而は、曽而無之候間、何れ有筋申述候様ニ与申、返す〳〵右之三事尋ニ付、座喜味与は兼々中も悪敷有之、終ニ尋ニ応し、大和よ里売（穀）物積下候得は、焼酎垂方禁止申付、積帰させ、且萩《ママ》敷取細メ、百姓為及迷惑。且諸士せり詰、及難儀居候次第。弥尋之通不相替段致返答。其以来何分沙汰無之。

且聞役同伴ニ而、摩文仁親方一同、山田壮右衛門殿御宅え参、竿銅申請之御訴訟、相済候御礼申上、恩河ニは、園田仁右衛門殿よ里之伝言申上度、申上候付、摩文仁聞役は、先達而罷帰、右伝言之趣は、仁右衛門殿事、琉人多人数、致取合候付而は、逢讒候儀も難計、是は段々被頼懸、屹与断も不罷成、致付合事候得共、御故障筋可相成儀は、曽而仕出不申候間、御懸念被成間敷、尤長々之滞在、暮兼居候間、早々帰帆之方、御取計被下度趣、申上候付、弥譏も為有之事候。

仁右衛門殿ニは、産物係抔え、勤通之思召候処、帰帆を願居候哉与、被申候付、兎角願望之筈ニは候得共、長々之滞在故、中渡之上、重而罷下候儀を、奉願筈与申上候付、被聞召置候段被仰聞。済而座喜味一件、最初聞役え為致返答事々は、先達而聞役よ里、為通半何分御尋無之。

異国一件固滞いたし候段、御聞及之由御尋付、成程かたまり候段、為相答由申出候付、座喜味親方讒害之儀、上国之上、恩河よ里起して、聞役え為申聞積、且恩河家内よ里、取揚置候書付之内、壮右衛門殿返札ニ、人々不取寄様ニ与之趣、致承知候段、相見得候上は、異国一件も、自分よ里取起し、右外ニも段々為申立積。且座喜味を讒し候儀、恩河一身之所行ニ而は無之、前廉御当地ニ而、人数組合、仮屋方え貫キ、御側向え讒状差遣させ、上国之上、聞役よ里之尋は、右讒状を以、糺合形ニ而可有之、実成申出候様、段々問詰、拷問・摎指引替、是迄都而之尋ニ、十六座責扱致穿鑿候得共、聞役よ里尋之砌も、最初は申迦り、終尋ニ応し致返答。

且壮右衛門殿えも、仁右衛門殿伝言、又は逢尋為申上事も、前文通不相替、兼而よ里、人数組合、仮屋方え貫キ、座喜味讒害為致儀、曽而無之旨、申出居候処、恩河事、当三月末比よ里、根気不足相成、段々致養生候得共、其詮無之、漸々気分相癈、当閏三月十二日、相果申候。

一牧志申出候は、欝金一件之御訴訟、書面迄ニ而は相済申間敷、恩河御訴訟御使者ニ而、上国之方ニ、摂政・三司官衆え、申上呉候様、恩河よ里正右衛門殿え、頼有之。且座喜味親方一件、正右衛門殿・太郎左衛門殿え、色々讒し及

御聞被蒙

御不恭候処、右一件正右衛門殿え、恩河ニは大臣之事、御尋は御免被下度、聞役等え申迦り、此段御聞通ニ而、

御感心為有之段、於琉球相咄呉り候様頼有之。

最初は牧志等えも、其通咄承居候処、実ニ讒害為仕筋、後以正右衛門殿よ里承り、尤右御訴訟御使者、摂政・三司官衆え、申上呉候様ニ与之段は、牧志居合之上ニも、正右衛門殿え頼入候を承、右式大臣之事御尋は、御免被下度、為申迦段も咄承、此段は序次第、御座えも申上呉候様、恩河よ里為申由、牧志申出候付、恩河問届候処、去々年御物奉行被仰付、欝金一件御訴訟之書付、譜久山殿内、那覇宿ニ而、正右衛門殿入内見候折、正右衛門殿よ里、右御訴訟御使者、恩河差登候様、譜久山殿内え申上候は、恩河ニも居合之上、為承事候得共、恩河よ里右御使者、正右衛門殿ニ而、摂政・三司官衆え申上呉候様、為頼入儀は無之。

且座喜味殿内一件、実は致讒害、於琉球ニは、大臣之事御尋は、御免被下度、為申迦形ニ相咄呉候様、正右衛門殿え為頼入儀も無之。正右衛門殿事、磯御呼之時、初而相逢、聞役えも釣合之上、一度砂糖・焼酎持参ニ而、見廻ニ参り候処不相逢、一度は聞役一同詰仮屋え相催、夫よ里同船ニ而罷下、船中ニ而は、何之沙汰も無之候処、去巳十一月ニ而も為有之候哉、恩河結願之為、山原え差越罷登候後、正

右衛門殿相逢候折、咄之趣は、壮右衛門殿、太郎左衛門殿よ里、座喜味殿内一件尋之趣、すりぬけ〳〵
ニ而不申上段は、
御聞通相成、
御感心為被為在次第、兼城親雲上居合之上承、帰りすから松堂親方宿え参、後之証拠ニも可相成与咄聞、猶又御座御三人えも申上置次第ニ而、正右衛門殿、鬱金一件之御使者、摂政・三司官衆え申上呉候様、且座喜味殿内、讒害不致方ニ、為頼入次第も無之。

正右衛門殿事、仲里筑登之親雲上、上国一件よ里、不中相成、兎角其鬱憤を以、右通為申積与申出候付、牧志対決させ候得共、右通正右衛門殿え、一生之大事、頼入置候ハヽ、正右衛門殿申立は、いつれニも応し可申之処、無其儀、御用筋ニ付而は、度々致言張、正右衛門殿、気受相損たる事も段々有之。是以右事々、正右衛門殿頼入不申証拠之段申出、最初は座喜味為致讒害次第、白状無之候処、終ニ壮右衛門殿・太郎左衛門殿尋ニ応し、本文通為相答次第、申出居候。

一恩河親方上国之節、故座喜味親方讒害一件、太郎左衛門殿問合ニは、本文口書之通、太郎左衛門殿え、差向讒したる趣意相見え、恩河相糺候得は、太郎左衛門殿よ里、及三度逢尋問、終ニ彼《かの》尋之事々、弥其通与為致返答由ニ而、太郎左衛門殿問合与は相わくミ候処、恩河上国前、座喜味親方一件、館内えも、御尋為有之事候得共、弁取何之御沙汰も無之候を、恩河上国仕候付、又々為取起次第ニ而、前廉恩河等よ里、人数組合、仮屋方え貫キ、御側方え讒状差遣させ、恩河上国之上は、糺合形ニ而可有之与摩文仁親方被申候付、此所段々責扱致穿鑿候得共、右様之儀毛頭無之段、達而申出候。

恩河上国仕起して致讒害候与、太郎左衛門殿依尋、致返答候与は、張本・従者之差分相出来、且嘉味田親方も、太郎左衛門殿よ里、聞取之事々問合仕置候処、彼問合ニ、先嶋え拝借分（銭）之内、為分取段相見得候処、御物奉行方相尋尋候得は、先嶋江拝借（銭）分、恩河為分取儀無之段承、太郎左衛門殿問合、并同人よ里嘉味田え通達之内ニも、都合不致儀、差見得申候。

B 恩河親方奉公人等調書

故恩河親方奉公大中村次男当歳二十八　仲村渠登之
同人供金城村嫡子当歳二十一　賀数子
同人供渡地村次男当歳二十二　我如古仁屋
恩河里之子乳母当歳四十六　徒ら
下儀保村嫡子豊平子母歳三十五百姓素立　なへ
故恩河親方娘乳母当歳四十一　満か

右者去辰年末比、恩河親方宅え人々相揃、何歟密事を為談哉、宮仕も女共為仕由。且恩河御役御免之後、彼宅え大名方為致出入由。且去年三月、宜野湾親方、大和よ里帰帆陸通之砌、大名方之様成者三人、晩方酔狂躰ニ而、恩河経塚之屋取よ里、出為申由。右旁々風聞、為穿鑿、右面々牢込を以、人別問届。仲村渠ニは、恩河大和ニ而之挙動をも問届候処、仲村渠事、去辰年八月よ里、恩河親方奉公仕、一ケ月ニ六升飯米被相與、昼夜詰込、嫡子恩河里之子読書相教。去巳年恩河御使者勤之時、日帳方ニ而一同上国仕、親方ニは山田壮右衛門殿なと御取合、三四度彼御宅参上。其内一度は、園田仁右衛門殿、伝言申上候間、他人抔御取寄不被成様ニ与之趣意等書付手紙、仲村渠相認、差遣候処、弥其心得之段返札為有之儀は存候得共、座喜味親方一件、恩河よ里為承儀一切無之。

且恩河御奉公留被仰付候以後、恩河宅え大名方被罷出候儀も無之段申出、且つら申披候は、恩河親方御客来之節は、供之者共よ里、宮仕相勤、いつにても女共、為致宮仕儀は無之、且恩河御奉公留以後、由緒方并奉公人共は、彼宅被罷出、右外は伊志嶺里之子親雲上・糸嶺親雲上・親方従妹之夫仲村渠親雲上、各一度は見廻ニ被罷出候処、大名方恩河宅為致出入儀無之。

御奉公留以後、屋取え恩河為参儀も無之段申出、余之面々ニも問届、口柄不相替申出候処、偽を構候儀も可有之与、仲村渠并なへニは、拷問等申付候得共、右申出通不相替旨、達而申出、右面々越度之稜無之候間、御沙汰なしニ可被仰付候。

C　恩河親方與力伊志嶺里之子親雲上調書

赤平村嫡子当歳四十七　　伊志嶺里之子親雲上

右者恩河親方與力ニ而、上国之時大和ニ而、恩河よ里、座喜味親方讒害一件、為存知積。且恩河御奉公留以後ニも、彼宅為参由、子細為有之積与、牢込を以問届候処、去巳年、恩河御訴訟御使者之時、與力勤ニ而、上国為仕事候得共、座喜味親方一件、為承儀は無之。

且恩河御奉公留、被仰付候段承、一同上国等為仕事ニ而、一度は見廻ニ参、成行相尋候処、猥ニ借分(銭)ケ間敷有之由ニ而、御奉公留被仰付段、為承由申出候付、大和ニ而座喜味親方讒害一件能存居、且恩河御奉公留以後、恩河宅立寄候儀、いつれ子細可有之、実成申出候様堅問詰、終ニ拷問を以も、致穿

鑿候得共、右申出通不相替旨、達而申出、是又越度之稜無之候間、御沙汰なしニ可被仰付候。

以上

咸豊十年庚申五月

D　小禄親方・恩河親方・牧志親雲上調書

小禄親方・恩河親方・牧志親雲上糺方之儀、定法不拘、風聞たりといへとも、手掛り可相成儀共は、屹与相糺候様被仰渡、致穿鑿候次第、左之通。

一御国許よ里、蒸気船御誂之儀、御注文被仰付候ハヽ、可相調段、兼而小禄・恩河・牧志三人よ里、進ミ上置候積与、人別問届、牧志申出候は、蒸気船御誂之儀、去々年七月、御在番所よ里、摂政・三司官・恩河・牧志御用有之。折節牧志は熱病相煩居候付、摂政・三司官・恩河御参上被成候処、御奉行并市来正右衛門殿御出張、蒸気船御誂一件被仰渡。

左候而右御用は、摂政・三司官・玉川王子・恩河・牧志七人ニ而取扱、事広不相成様可取計旨、御達有之候処、小禄存寄を以、右人数迄ニ而御請申上、諸官落着不致儀も候ハヽ、不都合可相成、可成程諸官えも、御達相成候様、自然諸官え召広候儀、不罷成候ハヽ、異国係之按司・親方、并十五人迄は、承候方ニ不取計候而不叶儀与、御相談相成、先以牧志よ里、正右衛門殿内談させ、都合次第書面を以、御相談被申上筋ニ而、書面等取仕立、牧志よ里正右衛門殿内談いたし候得共、落着無之ニ付、御取止相成候処、其後豊見城王子・伊是名親方・松堂親方・川平親方・宜野湾親方・豊城《ママ》親雲上・崎濱親雲上・嵩原親雲上は、右御用取扱被仰付度、御国元え伺之考。其内豊城・崎濱・嵩原えは、御奉行迄御聞届、右御用取扱させ、余之面々は、伺済之上、何分被仰付候段承。冨里親雲上は、御取次一件ニ付、御座よ里取扱被仰付候。去卯年、玉川王子御上国之時ニも、蒸気船御誂被仰渡候付、玉川王子ニも、右一件取扱被仰付候段、承知仕候。其後正右衛門殿、池城殿内え罷出、摂政・三司官・玉川王子・恩河・牧志相揃、蒸気船御誂之手筋等、御吟味為被成由、申出候付、兎角右三人よ里、蒸気船御誂一件、兼々相進、屹与御誂為相成積、実成申出候様、段々問詰候得共、去卯年ニも、御誂被仰渡置候を、御断相成候処、此節は御意与申、為被押付次第ニ而、我々よ里為相進儀、曽而無之旨申出、恩河等ニも問届、口柄致符合候。

一恩河親方事、仮三司官被仰付筈之段、風聞有之。恩河上国之時、御内意相働置候積与、恩河問届候処、小禄親方宅え、松堂親方・自身寄合、咄之時松堂よ里、異国一件ニ付、仮三司官相立筈之取沙汰、有之候与申ニ付、小禄は我等不行足事共有之候所よ里、世上件之取沙汰も可有之、好キ次第与被申、猶又仮三司官は、恩河与取沙汰有之由、松堂申ニ付、左様之儀ニ而は有之間敷与致返答。

尤右次第は、正右衛門殿口よ里、為出由候得共、直ニは不承由、松堂咄為承段申出。小禄問届候得は、自宅え恩河等寄合之時、仮三司官一件、咄為承覚無之。恩河・松堂、仮三司官被仰付筈之風聞有之候段は、真栄里親雲上よ里、為承由申出、牧志ニは兼而、正右衛門殿よ里、為承儀も可有之哉。是又問届候得共、右之咄為承儀無之旨申出。

且右一件、恩河本宗之従嫡子、豊平里之子親雲上、問届候処、親方仮三司官、被仰付筈之段は、恩河肝煎人佐久本筑登之親雲上咄承、弥其通ニ而候ハヽ、自身等ニは、與力相勤申筈与、為心得居段申出、佐久本問届候得は、仮三司官之咄は、右豊平よ里承。

此段は西原間切平良村境内居住嫡子、神谷筑登之親雲上、証拠之段申出、神谷ニも問届、佐久本申出通、無相違与申出、風聞之口先、穿鑿難成。兎角恩河よ里内意相働、右之風聞有之積与、段々問詰候得共、右様之儀、曽而無之旨、申出候。

一恩河事、上国之砌、山田壮右衛門殿、聞役新納太郎左衛門殿え、座喜味親方讒し置候上は、座喜味親方を誹り、落書仕置候も、恩河等所為ニ而可有之与、問届候得共、右様之儀、曽而無之旨申出、何之証拠も無之上、落書之儀・落書人・落書共ニ、不捕出候ハヽ、不取揚律法之段は、恩河ニも能存知之事ニ而、屹与穿鑿も難成事御座候。

一

太守様御逝去之段、御到来之後、座喜味之党、ひじを張候而は不相済旨、御仮屋よ里被仰渡候儀、小禄・恩河・牧志よ里貫き候而、右通被仰渡積与、右三人問届候処、蒸気船御買入、御取返し為被仰付日ニ而も為有之哉、摂政・三司官・浦添親雲上・豊城(ママ)親雲上・嵩原親雲上・恩河・牧志等、御用ニ付参上之砌、太守様御逝去ニ付、座喜味之余党、勢を附候而は、不相済候間、無左様可取計旨被仰渡、里主所え被帰、事書為致覚之段、申出候付、前廉右者共よ里、仮屋え致何角置候所よ里、右通被仰渡積与、段々問詰候得共、左様之儀毛頭無之段、申出候。

一牧志親雲上よ里、逗留仏人え、御座御案内なしニ、自物を以進物品相重ミ、差遣置候儀ニ付、御吟味央《なかば》、異国方よ里、右通進物品重遣、令都合候儀、好キ取計与被思召候処、却而刑罰ニ当候由、不成合段御沙汰有之。兎角牧志よ里、段々相働、右通御沙汰有之積与、牧志問届候処、去巳三月比、仏人よ里鉄砲壱丁、代分（銭）三千貫文位之等《しな》被相與、右之返物、那覇詰役々よ里は、千貫文程之品相賦、表御方え御問合相成候処、弐百貫文程之品々ニ被相減、余り少ク向羽難成、多葉粉三斤、煙草入一組、真岡布一反、自物を以相重候筋、其時御鎖之側兼城親雲上え相談之上罷下。

其時之那覇詰小禄親方・奥平親雲上えも申談、仏人え差遣、左候而表御方并御仮屋方え之御届は、表御方よ里之御賦付通、那覇詰役々よ里申上置候処、奥平・兼城え代合罷登、右次第為相咄由ニ而、表御方よ里、那覇詰役々え、形行御尋相成、兼城ニは不存之段為申上由ニ而、其時之日帳主取阿波根親雲上・喜舎場親雲上よ里、書面差出候様被申付、不及是非書面差出。

右次第存外之儀ニ而、恩河逢取致談合、不事立様取計度存、彼宅参候処、屋取え差越居候段承、直ニ屋取え差越、右之形行申聞、小禄・兼城致相談呉候様頼入、同伴ニ而那覇え罷下。右両人逢取、先以牧志よ里差出置候書面は取返、兼城首里え罷登、御断ケ申上候筋ニ致吟味、兼城よ里御断ケ被申上候得共不相済、尤仮屋え相洩候儀は、最初之御届書、御取替相成候付、夫よ里為相洩哉。

宮平親方、園田仁右衛門殿宿え参居候時、仁右衛門殿申候は、牧志よ里仏人え進物一件之儀、小禄ニは三司官名代兼城ニも、鎖之側右両人、差図之上品重置候付而は、牧志ニは不足無之。且仮屋え之届は、小禄・兼城那覇詰ニ付而は、両人当前与申ニ付、牧志事右進物重、又は御当籠倒り候一件ニ付、相当之御咎目有之筈之段、為相咄由候処、其後諏訪数馬殿よ里、與那原親方・喜舎場御用ニ付、致参上候処、牧志仏人え進物品重遣、令都合置候儀は、好キ取計与、被思召候処、却而刑罰ニ当候由、何様之吟味ニ而候哉与、御尋有之。

最初吟味は、為有之事候得共、央《なかば》よ里不及咎目筋、片付置候段、御返答申上候処、牧志罪科召行筋ニ而候

ハ、、

太守様御伺ニ不相成候而不叶候間、御相談之上、何分ニも取計候様、摂政・三司官え可相達旨、被仰下候付、
御沙汰なし為被仰付段申出、恩河ニも問届候得は、那覇え罷下、小禄・兼城為致相談形行、牧志申出通不
相替段、申出候得共、兼而恩河・牧志よ里、何角申込置候所よ里、仮屋よ里右通沙汰為有之積与、堅問詰
候得共、右様之儀一切無之旨、両人共達而申出候。
一御新政之内、委祥恩河為致承知与、相見得候付、成行恩河問届候処、右書付は、正右衛門殿よ里、兼城親
雲上・牧志・自身三人え、渡方相成候処、右之内委祥与申は、異国一件、致固滞候而は不相済、時勢之弁
別、能々不入念候而不叶趣、磯御茶屋え御呼之砌、
御意被成下候付、是を委祥恩河承知与書記置候半。右通書付は、為被相渡事候得共、御新政之事々、委細
致承知居候儀ニ而は無之旨申出候。
附本文御新政之書付、見届候得は、恩河申出通、時勢之弁別、一件一点ニ、委祥与相見得候。
一去々年二月之比、豊見城王子宅え、正右衛門殿・牧志・恩河等相揃、座之一方え寄合、筆紙墨抔取寄、其
時宮仕も牧志よ里相勤、何歟密談之躰、為相見得段、風聞有之。牧志問届候処、去々年二月比、正右衛門
殿、豊見城王子宅え罷出、豊見城王子・平良按司・兼城親雲上・恩河・自身相揃、酒肴等出相咄、豊見城
王子・正右衛門殿は、和哥を読、恩河・自身は詩作抔いたし、尤正右衛門殿よろひ仕立持下居候処、人え
着シ候而、見得不申由ニ而、持登平良按司こまた髭も立不申、能可移与平良按司え着させ、いつれもえ見
せ、是は合戦之時着用ニ而は無之、諏訪ひたたり与申官服晒布ニ、しふ形付置、何歟急事之時は、袖をし
ふり、戦候抔与咄共為有之段、牧志申出。
恩河ニは遅参ニ而、右よろひ致着候儀は見得不申、格護之央《なかば》見候処、皮ニ而作置たる覚之段、申出候付、

右揃之儀、何歟子細可有之、実成申出候様、堅問詰候得共、牧志ニは那覇詰之時、正右衛門殿依沙汰ニ、一同罷登、右人数寄合、詩哥等ニ而相咄為申迄ニ而、外ニ子細無之段申出、恩河ニも問届、口柄不相替申出候。

附本文揃之時、火とり湯抔次候も、牧志相勤、密談之躰、勝連按司宅ニ楷ニ而、奥平親方見得為申由候処、奥平致口合候得は、座之一方ニ寄合、筆紙墨抔出候形は、見得為申事候得共、牧志よ里致宮仕候儀は、見得不申段申出候。

一恩河親方役儀御免之後、玉川御殿え、一門御揃之筈候処、是は御取止相成、玉川王子・安村親方・與世山親方・小禄親方四人、玉川御殿別荘え、為相揃段風聞有之。小禄問届候処、恩河役儀御免之後、奉公人召列、末吉よ里安謝多和田馬場之様、致歩行候処、玉川王子・安村・與世山御同伴、先達而別荘え、御出合被召呼候付、差寄相咄、追々椰子御取寄、いつれも相給。王子よ里、恩河成行御尋ニ付、人を騙借分（銭）等仕置候段は、御返答為申上覚、有之候得共、焼酎給過、右外子細有之御咄仕儀、抑覚ひ不申段申出候。

附去年四月御用談ニ付、仲里按司宅え紀明奉行を始、主取役人共揃之時、與世山咄之趣は、先日安村一同、致歩行候約束ニ而候処、玉川王子も御一同、御歩行之御咄、為有之由ニ而、追而玉川王子・安村并王子奉公人山城里之子親雲上等御召列、與世山宅え御立寄、御同伴ニ而、玉川御殿多和田之別荘え、参り居候処、其辺よ里、小禄被罷通候付被召呼、椰子等出御咄之折、玉川王子よ里、恩河一件小禄え御尋被成、ふうさあ等被成かてらに、度々被申候付、終ニ小禄よ里、追々私も倒り可申、其時はみうんぢゆも抔与申、焼酎給過、不覚之躰、為相見得由。尤夜入、安村・與世山ニは、先達而為罷帰段、與世山咄有之。本文御揃与申風聞は、都合不致候。

一去々年、十五人之内、退役させ候様、御仮屋よ里、御沙汰有之候儀、小禄・牧志よ里、何角仕置候積与、小禄問届候処、去々年三月比ニ而も為有之哉、正右衛門殿よ里、極御内用申談度候間、彼宿え罷出候様、手紙到来参候処、
太守様御意与申、座喜味組合者共、早々退役させ候様、被仰聞候付、只今退役させ候而は、一世奉公留之形ち、追々
上様御婚礼、且十二月ニも御位頂戴可致。右両度之内ニは、順々退役可罷成候間、其通取計呉候様頼入。且座喜味組合者与申は、何かし〳〵ニ而候哉与、相尋候処、與那原親方・摩文仁親方・喜舎場親方・阿波根親方・浦添親雲上与申ニ付、與那原御用致取扱候を見候得は、組合者与は不相見得、余之面々ニも、自身目前ニ而は、左様之躰、見及無之段、申候得共、合点不仕。十五人之名前書付、其次ニ與那原・摩文仁も相立、喜舎場・阿波根・浦添三人之名前ニ、是々与申星を廻し候付、罷登其段は、大里王子・池城親方・譜久山親方えも申上候段、申出候付、兎角小禄等よ里、前廉右五人、致何角置候積与、堅問詰候得共、右様之仕形、曽而無之旨申出候。

附

一牧志よ里、喜舎場・阿波根は、致掃除見せ可申与、鳥小堀村嫡子神谷里之子親雲上承、神谷よ里、奥平親方え相咄、右次第奥平よ里、喜舎場え為相咄由ニ而、牧志問届候処、十五人之内、退役させ候様、正右衛門殿よ里、小禄え御達有之。喜舎場・浦添・阿波根名前ニ、星等為廻段、小禄よ里為承事候得共、喜舎場・阿波根致掃除見せ可申与、神谷え申聞たる儀、曽而無之。至極存外之儀与申出候付、奥平相尋候処、神谷よ里右之咄承、喜舎場え為相咄儀無之候を、喜舎場ニは、右通被申候哉、喜舎場え

申聞事候ハヽ、阿波根ニは、別而同門之同志ニ而、弥相咄可申之処、阿波根え可相咄儀も無之、喜舎場対面いたし候而も、不相替段申出、神谷ニも可問届与、御用差遣候処、中症相煩、言語不通躰之由ニ而、差扣居候処、追而為相果段承、外ニ手懸り無之候。

一小禄等よ里、御仮屋方え、義党・賊党之分有之候段、為申上由ニ而、小禄問届候得共、右様之儀、御仮屋方え為申上儀、一切無之旨申出候。

一荷蘭船致来着候ハヽ、

国王様御対顔之願、申立候儀も可有之、兼而吟味を以可申上旨、御仮屋方よ里、被仰渡候儀、牧志等よ里、色々貫き居候積与、牧志問届候処、去々年三四月比、御仮屋方よ里、追々荷蘭船来着可有之、於江戸表も、最早御目見等、被仰付置事候得は、

国王様御対顔之願、申出候儀も可有之、差当致吟味候而は、事煩敷相成候間、前廉吟味仕置候様、御仮屋方よ里、御座并牧志え、御沙汰之趣有之。

摂政・三司官・十五人・其外諸官えも、吟味之趣は、御対顔願申出候ハヽ、国法之筋を以も難相断、御当病形ニ而は、異国人共、御快気之間可相待、又は後月参り、拝可申抔与、申立候儀も難計候付、先以断之趣意は、亜米利幹人入 城以来、驚怖被致、御気損ニ而、御対面難成訳を以、御断被仰達候方、書面取仕立、乍残念右之外、断之趣意難相立段、御断ケを以、及言上。左候而小禄親方、右書付持下、御奉行并諏訪数馬殿・島津帯刀殿、御相談被成候処、御気損与申は、於大和ニは、気違者之事、琉球は大和之御幕下、此段は西洋諸国えも、存知之事ニ而、気違者え政事を授候筋ニ而は、

太守様御面目も不相立。依躰ニは御改革も被仰付、
国王様御迷惑可被及。
御改革与は、御相続替之事、健成《すこやかなる》国王臣下として、右式御気損之訳を以、御断被仰入候而は、不本意候間、御当病之形を以、被仰入候方、可宜段有之候付、御当病之形ニ而は、段々可差障訳、被申上候得共、御落着無之、屹与吟味いたし候様致承知、重而諸官えも、及吟味候得共、右之外訳筋難考付、御気損与書置候場は、時々御病気与言葉を替し、最初之書面ニ、提札を以重而及御相談候筋、相片付置候中、御仮屋方よ里御用ニ付、右書面小禄持下、其時御座立ニ付差出候処、御落着無之、岩下清蔵よ里、右書付立消ニ而、暑邪之形ニ相直し、被相渡候付、重而御相談不罷成、其通御請申上。
去々夏伊江王子・摩文仁親方、於御国元、被御慟候筋相成候処、同七月蒸気船御誂一件、御達相成、右御用は、最初摂政・三司官・玉川王子・恩河・牧志等え、隠密被仰渡置候処、
太守様御逝去之左右御到来之後、御相続替之企為有之段、風聞有之、御対面一件ニ付、右通御仮屋方よ里威《おどし》有之。引次蒸気船一件、隠密被仰渡候付、このひづけよ里、御相続替之邪説、為相時行《はやり》積、此段は去々年十一月比、浦添親雲上よ里、崎濱親雲上え咄為有之段も、崎濱よ里為承段申出候。
一正右衛門殿書状之内、摂政一件之形行、牧志ニは存知も可有之哉与、問届候処、去々年八九月比、正右衛門殿咄之趣は、総理官・布政官、漸々与は、現勤之方、
太守様思召之段、御御到来候得共、当時異国一件、事多現勤難成、豊見城按司は、総理官相応可致与、被見受候。代合為致候方ニ、御座えも申上、都合次第可取計旨有之候付、何楚之訳合も無之、直ニ代合為致候方ニは不罷成、本部按司、何歟御使者勤ニ而、上国等之節、何分取計可宜哉与致返答。

此段は御座えも申上、且琉球は摂政心添与申役目は、不相立候哉与尋有之。右之役目不相立、心添与申者、何之事候哉与尋候処、於御国元ニは、何歟御用多相成候砌、御家老衆之内、御城代之下ニ、心添与申助役被召立、致補益候。豊見城按司は、右心添抔被相勤相応之人柄与、被見受居候段咄承。此段は豊見城王子えも、為申上由申出候付、兎角牧志等よ里、致何角置積与、問詰候処、豊見城王子ニは、八田喜左衛門殿よ里、和哥被致稽古、御人躰之次第、喜左衛門殿よ里、為承由ニ而、正右衛門殿ニは、下涯よ里、時々王子譽上為申事ニ而、正右衛門殿ニは、王子え心を寄居為申筈候得共、為致何角儀は、毛頭無之段、達而申出候。

一小禄親方一件、或方よ里大和え、讒状為差遣由、玉川王子え小禄よ里御咄為申上由ニ而、小禄問届候処、與儀よ里承候三司官内意一件は、逢讒たる筈与、御咄為仕事候得共、或方よ里、逢讒候与為申上儀、毛頭無之旨申出候。

右条々風聞又は聞取之事々、別冊小禄・恩河・牧志糺明之砌、一同相糺、責扱等を以、致穿鑿候得共、ケ条之通申出、手懸り可相成証拠無之侭、差通候様可被仰付候。

以上

咸豊十年庚申五月

E　名嘉地里之子親雲上・桃原里之子調書〔小禄親方関係〕

下儀保村嫡子当歳三十五　名嘉地里之子親雲上

上儀保村八男当歳二十六　桃　原　里　之　子

右者小禄親方御役御断以後、一門使ニ小禄宅参居候砌、仮與力潮平筑登之親雲上・與力玉那覇筑登之親雲上・與力足佐久川筑登之親雲上三人居合、例外進物出為申段、自分嘶いたし候を、為致側聞由ニ而、召寄問届、両人申披候は、去年四月七八日比ニ而も為有之哉、小禄親方宅え、仮屋方為致出入風聞有之。表御方よ里、一門え御取締被仰渡候付、締向申達候為、一門衆使ニ両人小禄宅え罷出、親雲上等相逢度案内させ、與力詰座え扣居候砌、潮平・玉那覇・佐久川三人居合、折節書物読候声相聞へ候付、当時柄左様之儀も、相慎させ候様申達。

且潮平よ里名嘉地え向ひ、くひなの事、存外之次第。壱ツは不審之儀有之、例外ニ進物差出置候与申ニ付、左様ニ而候哉与申候折、宇江城親雲上よ里、三番座え可参旨有之、早速立寄、宇江城相逢、一門衆使之趣意申達。猶又與力詰座え帰り、一礼ニ而立出。道すから名嘉地よ里桃原え、かわつたもの為承与相嘶、為罷帰由申出候付、去年九月、摩文仁親方宅ニ而、摩文仁并平等方役人よ里、桃原尋之砌は、右之咄側聞為致形ニ申出。

翌十月名嘉地大和よ里帰帆之日、通堂ニ而平等方役人よ里、相尋候節も同断、側聞いたしたる段申出、両人口柄致符合居候処、何様之儀ニ而、御糺明之上は、潮平よ里名嘉地え向、右之咄為仕形ニ、晴目筋相替り候哉、与相尋候処、以前は側聞之形ニ申出候処、得与相考候得は、潮平右之申分、名嘉地え向ひ、為申段は無相違ニ付、前文晴目筋、間違相成候段は、去年十一月十三四日比、名嘉地摩文仁親方宅え参、為申上段申出候。

F 小禄親方仮與力潮平筑登之親雲上等調書

小禄親方仮與力汀志良次村嫡子当歳三十三　潮平筑登之親雲上
同人與力同村嫡子当歳三十七　玉那覇筑登之親雲上
同人與力足同村嫡子当歳三十七　佐久川筑登之親雲上

右面々牢込を以、人別問届、潮平申披候は、去年四月七八日比ニ而も為有之哉、自身等小禄親方與力詰座え罷在候砌、前条名嘉地里之子親雲上・桃原里之子両人、一門衆使之由ニ而罷出、親雲上等相逢度案内させ、其砌供之者、書物を読候付、名嘉地よ里、当時柄童子共〔「童子共」三字抹消指示――金城註〕書之声相響候而は、相応不仕、留置候方可然与、相談有之。尤之儀ニ而、早速玉那覇よ里差留、追而名嘉地・桃原ニは、於三番座、宇江城親雲上逢取為罷帰由。

且去年三月廿七日朝、汀志良次村嫡子桑江里之子親雲上、自家え参、檀那は三司官内意為被致段、大和よ里申来、昨日摂政・三司官御揃ニ而候処、檀那は出勤不被致、事ニ被係、此儀隠密取計候様ニ与之段も申来由候間、早々小禄え罷出、御隠居之方取計候様承り、自身ニは其前日迄、忌引入りニ而、小禄方出勤不致、存外至極、実事ニ候哉。何方よ里為承哉与相尋候処、牧志よ里為承段有之驚入。

其日隔日ニ付、先以相役玉那覇召寄、御出勤之様子承度、桑江ニも申達、追而玉那覇呼来候付、今日檀那御出勤為被成哉与、相尋候処、玉那覇ニは進物方詰所、小禄別荘え直ニ罷出、御出勤之様子、不相分段申ニ付、桑江よ里為承形行、荒増申聞、早々殿内え参、御出勤之様子、何分申遣候様申達、玉那覇・桑江罷帰。追而御出勤不被成段、玉那覇よ里知達有之。自身も出勤いたし、檀那逢上、三司官御内意、為被成段、大和よ里申来候由。

実ニ其通候哉与尋上候処、何かしよ里為承哉与、被申候付、桑江よ里承、桑江ニは牧志よ里為承段も申上候処、三司官内意為致儀、曽而無之。牧志事、昨晩は此方え参候様、申達置候処、桑江え参候而、此方えは為不立寄哉与致承知。嫡子小禄里之子親雲上えも、桑江咄之趣申聞置候処、追々濱比嘉親方・牧志親雲上被参、且池城親方も御出、檀那御逢御帰り被成候付、子細承度、晩方裏御座え参り、追々次男小禄里之子親雲上・玉那覇筑登之親雲上も参り、御座奉行衆、御出之形行尋上候処、実ニ為致内意哉之御尋。

池城殿内ニは、大和よ里之御問合も御持参、右御問合ニは、進物取添、為致内意筋相見得、尤内意之中使は、牧志為相勤段、池城殿内よ里承り候得共、右様之儀曽而無之、進物差遣置候ハヽ、いつれ其方等ニも存ニ而可有之、牧志相糺候得は、おのつから可相分段致承知。左候而一同焼酎給致帰家。

翌廿八日出勤、其夜は殿内え寝泊、翌廿九日未明、濱比嘉親方・浦添親雲上御出、檀那御逢御帰り、追而壇那よ里、御役御断被仰付候間、早々隠居願之書付相認、差出候様被申付、致下書檀那調部ニ入、清書させ、則日差出申候。

且四月四五日比ニ而も為有之哉、桑江自身宅え罷出、檀那は隠居迄ニ而無之、後以御責扱をも被仰付御吟味之由。且此間岩下新之丞殿、牧志宅え罷出、檀那惜ミ咄為有之由、牧志よ里承候。此涯牧志ニ付而、進物差遣、新之丞殿え致内意、御責扱不及様ニ与之取計は、相成間敷哉。座喜味殿内御隠居之時も御内意等為被成由。

牧志ニも桑江よ里談合いたし候ハヽ、請合可申、こおり方え格護之品無之候ハヽ、内原えは手嶋布抔可有之、懐中ニ而成共、可致持参旨、相談有之。こおり方ニは格護之品無之、内原えも手嶋布抔は、在合申間敷、其上檀那ニは、座喜味殿内与は相替、諸官御吟味之上、及言上、御役御断被仰付置候付而は、今更仮屋方え、内意等申込候而は不相済。致露顕候ハヽ、自身・桑江・牧志ニも、可及大事候間、取止候方可宜旨申入候付、桑江ニも尤之儀与申、互ニ内談迄之事候間、致他言間敷与、口詰ニ而罷帰。

且同月七八日比ニ而も為有之哉、石原十郎兵衛殿・坂元権之丞殿両人使与申、十郎兵衛殿用頼、與座筑登之、小禄こおり方え参り、庫理役人宮平里之子親雲上相逢、檀那一件、承来候様ニ与之使候間、小禄里之子親雲上・許田里主親雲上之間、相逢度申ニ付、両人共不快之形ニ而、相断候処、十郎兵衛殿・権之丞殿、末吉辺え被参候ハヽ、檀那面会可相叶哉与申ニ付、右様之儀、曽而不相成段致返答、為差帰由、宮平よ里承居候処、同十日比、南風之御殿え、一門并與力御用有之、桃原里之子・自身、致登　城候処、殿内え仮屋方、為致出入風聞有之由ニ而、奉行衆よ里御尋有之、仮屋方為致出入儀無之、前文與座筑登之参為申次第、申上候処、取締向入念、夜詰之儀も、自身等相勤候様、被仰渡候付、右通御用為有之段、檀那え首尾申上候処、用頼為参居段は、早速御首尾相成、宜敷為有之与被仰聞。

尤節句等ニ付、仮屋方よ里、名札・品物等到来之節々は、則々表御方え首尾申上、且牧志御用係相成候後、桑江自身宅え参、新之丞殿よ里檀那一件、牧志え惜ミ噺為有之段。且進物差遣致内意、事能隠居之方取計候而は、何様可有之哉与、為申勧事候得共、為相断段、檀那え相咄候処、牧志ニも談合之上与、桑江為申哉与、御尋有之。此儀は不承。桑江よ里、牧志致相談候ハヽ、請合候賦り与為申段申上候処、桑江相談通進物差遣、致内意候ハヽ、実ニ為致内意形ニ相成候処、断置候儀、相応之取計与被申候付、右之次第は、公所え可申出哉与、尋上候処、是は考次第、御尋之節申上候而も、可相済哉与返答承。

尤大和よ里は、進物抔取添、三司官御内意為被成由ニ而、至極存外之次第。こおり方よ里は、進物品為出儀無之、進物方よ里は、如何可有之哉与、玉那覇両人致穿鑿候得共、双方よ里例外進物為出儀無之候処、去年九月廿日比には、佐久川筑登之親雲上・與那原殿内、御本門前之道、六男・桃原里之子親雲上行逢、互ニ挨拶いたし行過候処、被呼帰、摩文仁親方よ里、何歟御尋は無之候哉与申ニ付、其儀無之、何迚右通申候哉与、相尋候得は、名嘉地里之子親雲上、弟桃原里之子両人、一門衆使小禄親方宅え参居候折、玉那覇・佐久川・自身三人居合、自身よ里例外進物、為出咄仕候を、名嘉地等為聞付由、平等方えも御聞通相成、此間弟桃原、摩文仁親方宅え被召寄、親方并役人居合、御尋有之、実成為申上由申ニ付、右様之咄一切無之段、為致返答由。

佐久川自身宅え参咄有之。抑存外之申分、名嘉地・桃原両人、小禄え参居候砌は、供之者書を読候を、名嘉地依相談、留為申外、何之咄も不致候を、右次第屹与差分不致は不叶。玉那覇をも呼寄、右之趣申聞、如何様佐久川聞違ニ而可有之、今一往桃原致口合候方ニ申談、重而佐久川差遣、桃原相尋させ、不相替由候付、弟桃原逢取、屹与可致相談与、自身・佐久川度々参候得共、留主之由ニ而逢取不申。

此上は御一門衆え、披露申上候共、何分取計可致与、相考居候内、御用係為相成由、申出候付、名嘉地・桃原事、其方等よ里、例外進物為出段、不相咄候を、作立候筋無之、屹与実成申出候様、段々問詰候得共、右申出通不相替、進物一件似合之咄迚も無之旨、達而申出。玉那覇・佐久川ニも問届、口柄不相替。名嘉地・桃原対決為致候得共、互ニ張合を以申出候。

附本文潮平・玉那覇・佐久川ニは、一門使名嘉地・桃原参合之時、例外進物為出咄、曽而不仕。似合之咄迚も、無之旨達而申出、名嘉地・桃原よ里は、潮平よ里名嘉地え向、例外進物、為出咄為有之段申出、

張合相成、小禄庫理方取払帳・進物帳をも取寄、見届候得共、疑敷払出無之。其上名嘉地・桃原晴目筋、最初は潮平・玉那覇等、たんかあ咄、側聞為致形申出、後ニは潮平よ里名嘉地え向ひ、為申与反復ニ而申出。旁以潮平・玉那覇可問詰手懸無之侭、差通置申候。

G 桑江里之子親雲上調書〔小禄親方関係〕

汀志良次村嫡子当歳五十一

桑江里之子親雲上

右者小禄親方、御役御断之後、仮與力潮平筑登之親雲上宅え参、内意申勧置候次第為有之段、潮平よ里為承由、小禄申出候付、召寄牢込を以、問届申披候は、去年三月廿六日之晩、牧志親雲上自家え参、噺之趣は、小禄事三司官内意為被致段、大和よ里申来、今日摂・政三司官御揃ニ而候処、小禄は御出勤不被致事ニ被係、此儀隠密ニ取計候様ニ与之段も、申来候由承。

翌廿七日朝、右潮平宅え参り、牧志咄之趣、潮平え相逢、早々小禄え参り、御隠居之方、取計候様申達候処、潮平ニは其前日迄、忌引入ニ而、小禄方出勤も不致、抑存外此儀実事ニ候哉。今日は隔日ニ而候間、先以相役玉那覇召寄、御出勤之様子、承度由ニ而、追而玉那覇呼来、御出勤之様子相尋候得は、玉那覇ニは、進物方詰所、小禄別荘え罷出、御出勤之様子、不相分候付、自身為申聞成行、潮平よ里玉那覇え荒々相達、早々小禄え参、御出勤之様子、何分申遣候様相達、両人共潮平宅立出、玉那覇は小禄之様参、自身は致帰宅候。

然処廿八日、諸官御吟味之上、廿九日ニは、小禄御役御断被仰付御吟味之趣、牧志え相尋候得は、御役御

免迄ニ而無之、御断御願済之上は、平等方え御引渡、御責扱等を以、御糺ニも可相及之由。且小禄御役御断ニ三日後、異国方岩下進之丞《ママ》殿、牧志宅え参、小禄は御役場よ里之御懸合ニ而候ハヽ、不及是非事候得共、脇方内状を以、今成御役御断等被仰付、不便之至与、惜ミ嘶為有之次第承、自身よ里も、小禄は檀那分ニ而難黙止、四月四五日比ニ而も為有之哉、潮平宅え参、小禄は隠居迄ニ而無之、後以御責扱をも被仰付御吟味之由。

此間岩下進《ママ》之丞殿、牧志宅え罷出、小禄惜ミ嘶為有之由。此涯牧志ニ付而、進物差遣、進之丞殿え致内意、御責扱ニ不及様に与之取計は、相成間敷哉。座喜味殿内御隠居之時も、御内意等為被成由、牧志ニも自身よ里、致談合候ハヽ、請合可申、庫理方え格護之品無之候ハヽ、内原えは、手嶋布抔可有之、懐中ニ而成共、可致持参旨申達候処、庫理方ニは格護之品無之、内原えも手嶋布抔は、有合申間敷、其上檀那ニは、座喜味殿内与は相替、諸官御吟味之上、及言上、御役御断被仰付置候付而は、今更仮屋方え、内意等申込候而は不相済、致露顕候ハヽ、自身・潮平・牧志ニも及大事候間、取止候方可宜与申ニ付、自身ニも尤ニ存、互ニ内談迄之事候間、致他言間敷与、口詰ニ而罷帰候。

尤牧志事、最初小禄事係被致候段承候日ニも、其方は係合無之候哉与、相尋候得は、不相拘段返答為有之事候得共、世評悪敷有之候付、念遣ニ存、其後ニも、弥不相拘候哉与、相尋候処、不相拘所よ里、出勤も被仰付候間、致世話間敷旨、承居候処、存外四月十一日、御役御断被仰付、自身等え取締向等、被仰渡候付、牧志相逢候得は、中使為相勤段は、太郎左衛門殿問合ニも、不相見得、宜野湾親方口柄迄ニ而、不相拘筈与、存居候を、右次第存外之由、承居候処、翌十二日、御用係相成、自身等ニも、込入居為申段、申出候付、潮

平え内意為申勧儀、牧志相談之上ニ而、為有之哉与、相尋候得は、右一件牧志え為致相談筋ニ而は無之、自分存寄迄を以、為申勧段申出候付、右式進物等差遣、内意申勧置候上は、牧志えも相談之上ニ而可有之。且牧志よ里外ニ、承居候事も有之積与、段々問詰、終ニ拷問を以も致穿鑿候得共、牧志相談之上、潮平え内意為申勧儀ニ而は無之、外ニ牧志よ里承居候事も無之旨、達而申出候。然は小禄は諸官御吟味之上、及言上、御役御断被仰付置候を、其弁無之。小禄之為、大和人衆相懸、致内意候様。潮平申進、甚不届之旨、叱付候処、件之次第、無調法之至、恐入候段申出候。

附去年三月廿六日之晩、牧志桑江宅え罷出、小禄事係一件申聞候節、小禄えも、実成可告知哉与、申談候処、弥告知可宜与、返答為有之由。且小禄御役御免之後、四月七八日比ニ而も為有之哉、桑江牧志宅え参り、小禄よ里、彼故を以、野村・牧志迄、令迷惑、残念之儀与、潮平え咄為有之次第、潮平相噺候を、承り候与桑江為相咄段、牧志申出候付、桑江問届候処、去年三月廿六日之晩、牧志私宅え罷出、小禄事係被致候次第、相咄候時、牧志よ里、実成小禄えも可告知哉之相談は、曽而承不申。且小禄よ里私故を以、野村・牧志迄令迷惑、残念之儀与為申段、潮平咄承り、牧志え為相咄儀も無之旨、達而申出、潮平ニも問届、左様之咄、小禄よ里承、桑江え為相咄儀、無之段申出候。

以上

咸豊十年庚申五月

H　牧志親雲上調書

三司官故座喜味親方跡御役之儀、御国法通、人柄入札之処、小禄親方よ里、園田仁右衛門殿え、上国之上は、高札は被差置、是非共野村親方え被仰付候様、被相働度、極内意申込置候趣、市来正右衛門殿よ里、聞役新納太郎左衛門殿え、内状有之。右内意之中使は、牧志親雲上為相勤由、宜宜野湾親方え伝言取添、太郎左衛門殿よ里、問合有之。且右一件、嘉味田親方よ里之問合ニは、進物等為差遣段も相見得、諸官御吟味之上、及

言上、糺方被仰付、牧志・小禄、此程致穿鑿候得共、左之通張合を以申出候付、吟味之趣申上候。

牧　志　親　雲　上

右問届候処、申披候は、去ル巳年十一月、三司官故座喜味親方跡御役、入札後御用案内ニ、小禄親方宅参り候時、小禄より野村は人柄ニて候得共、度々人ニ被越、不便ニ存候。数馬殿・仁右衛門殿ニは、野村被伺筈、正右衛門殿ニは、下涯何分様子不相分候間、折見合野村人躰之次第相咄、江夏十郎殿え、通し上させ候様、且仁右衛門殿えも、折次第致沙汰、山田壮右衛門殿え、通し上させ候様被申付、其後正右衛門殿宿、夜咄参居候折、正右衛門殿よ里、今度之三司官は、誰々致評判候哉。三司官方も、被致入札候哉。且三司官方は、誰を被見付候哉与尋ニ付、多分野村之方、致評判候。三司官は入札不致。

小禄抔は、野村人柄与被見付候。江夏殿え通し上、野村被伺度申達候処、正右衛門ニは、翁長親方人柄与見付居候。其訳は翁長在番勤之時、御訴訟事等之節、物籠抔ニ而奉公肝厚、且両先嶋之俗式、毒蛇を殺候者は、同船相嫌、多年滞在之者罷在候処、是又一同故郷させ候段、

太守様被　聞召上、旁被遊

御感心、小禄親方三司官伺之時も、翁長与御沙汰、為被為在御事候得共、御家老衆よ里、段々被申上、

伺通相済。

此後三司官明合之節は、翁長え被仰付候筋、御内定被為在候付、正右衛門殿ニは、翁長与見付候由承、且仁右衛門殿相逢噺之折、今度之三司官は、何某等与致評判候哉与申候付、小禄ニは野村可宜与被存居候。右之趣山田壮右衛門殿え、被通上度申達候処、野村人柄之次第は、兼而聞合之上、方々よ里も承候付、弥其心得之段申候処、右方々与申名前は不承、尤右両人返答之趣は、小禄於別荘申聞候処、正右衛門殿申分、不落着之躰相見得、兎角仁右衛門等えは、前以小禄よ里も、為通置半与察入候。

且三司官伺之飛舟、帰帆不致内寄船下着。正右衛門殿申候は、三司官伺之儀、仁右衛門殿上国之上、野村え被仰付度、御内意相働、暫御猶予之躰、相見得為申由候処、最早相片付居候段、江夏殿よ里申来候由承。此段も小禄え為申聞由。

且去年三月、宜野湾親方帰帆、同月廿六日御用案内ニ、小禄え参、夫よ里大里御殿・譜久山殿内、致参上候処、池城殿内え御揃之段承り、池城殿内え参上之途中、大里王子・譜久山親方拝候而、御用之荒増申上、池城殿内参上、御用御案内仕、右御用委細申上候為、直ニ譜久山殿内・大里御殿致参上候処、御書院え御参上之段承、猶又別御用案内ニ、小禄え参り、大里王子・譜久山親方は、池城殿内え御揃、夫よ里御書院御参上ニ而候処、小禄ニは御様子無之候哉与、相尋候処、小禄被申候は、私は月番ニ而、何之御用も先可承之処、右御揃之次第、何分様子無之上は、自身一件抔ニ而は有之間敷哉。

太郎左衛門殿え、自身よ里書状差遣、三司官為致内意段、摩文仁親方よ里、飛脚使與儀筑登之親雲上え咄之趣、與儀帰帆之上、兼城親雲上ニ付而、知達為有之一件、為致到来哉与、驚躰ニ而被申候付、此間正右衛門殿・仁右衛門殿え、自身被差遣咄形之一件ニ而は、有之間敷哉与申候処、夫ニ而も有之哉、形行承合、申聞呉候様頼有之。

御用御案内がてらに、譜久山殿内参上。先刻御揃之次第、尋上候処、小禄よ里正右衛門殿え、三司官為致内意段、聞役よ里問合申来候由、致承知。晩方桑江里之子親雲上宅え参り、桑江相逢、右次第相咄、小禄え実成告知可申哉与、相尋候処、知し候方可宜与申ニ付、翌日登城、国学所月之調部ニ参り、帰すから小禄立寄、昨日之御揃は、御方よ里正右衛門殿え、三司官内意為被致段、問合申来候次第、為承段申聞、直登城、則日右一件尋之為、濱比嘉親方・自身両人、御使ニ参り、御方よ里正右衛門殿え、三司官内意為致段、聞役よ里問合有之候。其通ニ而候哉与、小禄相尋候処、右様之儀無之旨、返答有之。

猶又聞役よ里之問合等、池城親方御持参、御尋被成候得共、同篇之御返答為有之由。尤桑江え右内意之次第相咄候時、并其後ニも、世評悪敷有之候処、自身等は不相拘候哉与、度々尋ニ逢、何も懸合無之所よ里、出勤も被仰付事候間、致世話間敷旨、申達置候処、追々御用係相成、病気ニ付御願ケ之時、右御内意之中使為相勤段、桑江等え為申聞由。

且小禄御役御免之後、四月七八日比ニ而も為有之哉、桑江自家え参、小禄より與力潮平筑登之親雲上え、咄之趣は、私故を以、野村・牧志迄も令迷惑、残念之儀与為申由、潮平よ里為承段、咄も為有之由申出。右ニ付進物抔差遣、且右内意一件、兼而相談人、并中使為相勤儀、存知之者可罷在、実儀申出候様堅問詰、度々拷問・拶指等を以、致穿鑿候得共、小禄申付も折見合、右次第通し候様ニ与之儀ニ而、進物抔は持参不致。

右一件兼而相談人も不承、中使為相勤次第、存知之者も罷在不申旨申出候。尤牧志晴目之内、小禄一件相発日（「小禄一件相発日」の七字抹消さる——金城註）大里王子・譜久山親方、池城殿内え御揃、御書院御参上之段、小禄え申達候付、與儀よ里兼城承候。太郎左衛門殿え書状差遣、為致内意与之一件、到来為致哉与、小禄申ニ付、夫ニ而可有之哉与、為申段申出居候処、後以正右衛門殿・仁右衛門殿え、牧志差遣咄形之事ニ而は有之間敷哉与、為申達由申出、最初之晴目与相替。

且小禄よ里潮平え、私故を以野村・牧志迄も令迷惑、残念之儀与為申段、潮平よ里桑江え咄之趣、桑江よ里為承由、潮平・桑江ニは右様之咄一切無之旨、両人共申出。且牧志病気ニ付、御願之節は、厳重御取締被仰付、役人筑佐事共詰居、一門親類共、対面差留置候処、御願之時中使為相勤段、桑江え為申聞与之申出、彼是晴目筋不都合相見得、且小禄よ里内意之中使申付置候ハ、、右一件到来之上は、倶ニ致世話取計向、小禄致内談之処、其儀無之。

是等之旁を以は、牧志より小禄名を仮り、為致内意積与、此所堅問詰、拷問申付候処、御晴目向多有之候上、多月過行、覚違等ニ而、前後過不足も可有之、且内意一件到来、小禄為参時迄は、自身中使之段も相知不申、小禄ニは御役御免被仰付、自身は出勤も被仰付候付而は、小禄宅出入憚ニ存、何之釣合も不致次第、中使為相勤段は、前文通少も不相替段、達而申出候。

一　小禄親方調書

小　禄　親　方

右問届申披候は、去巳年自身より、聞役太郎左衛門殿え、三司官内意之書状為差遣段、飛脚使與儀筑登之

親雲上上国之時、摩文仁親方咄為有之由。與儀帰帆、兼城親雲上え咄之趣、兼城よ里承。自身ニは右様之仕形無之候を、右通咄有之候は、定而逢讒候積与存、此段は池城親方・玉川王子抔え御咄申上、自分よ里不致候ハヽ、可相済与打過居候処、去年三月、宜野湾親方帰帆、同月廿六日、牧志御用案内ニ、私宅え参、罷帰後刻、猶又御用案内ニ参申候は、今日大里王子・譜久山親方、池城殿内え御揃、夫よ里御書院御参上ニ而候処、自身ニは何分様子無之候哉与尋有之、自身ニは月番ニ而、何之御用も先キ可承之処、何分様子無之、自身一件ニ而は有之間敷哉。

右與儀為申□、三司官為致内意与之一件、為致到来哉与申候処、何分不相分段申ニ付、御用之□、牧志ニ而承合、晩方参相知候様、申達置候処、為何様子も無之、家内え差遣候得は、桑江え為参由ニ而、罷出不申。翌廿七日罷出、昨日之御揃は、自身一件之由候得共、子細は不相分由。尤此儀牧志よ里、為相知シ段は、致口外間敷与申罷帰、致世話居候処、追而濱比嘉親方・牧志両人御使ニ参、自身よ里正右衛門殿え、三司官為致内意段、聞役よ里問合有之候。其通ニ而候哉与尋ニ付、右様之儀無之段、致返答候処、重而池城親方問合等、御持参形行御尋ニ付、問合致拝見候処、進物等為差遣段相見得、右中使は牧志為相勤由、宜野湾親方ニ付而、伝言も有之候段、御達ニ付、右様之儀毛頭無之候間、御紀方之上、何分被仰付度、池城親方え申上置候処、翌々廿九日未明、濱比嘉親方・浦添親雲上被罷出、御役御断可申上旨、御意被成下候段承知仕、早速御断之書付、差出為申次第ニ而、自身よ里為致内意儀、曾而無之。

進物抔差遣置候証拠、有之候ハヽ、拝申度、尤牧志ニは自身宅え参候時よ里、事之子細能存知之事ニ而、自身よ里中使内意させ置候ハヽ、共ニ致世話、取計向幾重ニも、内談可致之処、右式存知之事も取隠、致逃廻候上は、是以自身よ里、中使不致証拠。兎角牧志よ里、自身名を仮、致内意候付、正右衛門殿よ里、太郎左

衛門殿え、書状差遣、太郎左衛門殿よ里、右通問合仕置候積。

且與力潮平申候は、御役御免之後、桑江里之子親雲上、潮平宅え罷出、岩下新之丞殿、牧志宅え参、自身一件、惜ミ咄為有之由。進物抔差遣、牧志ニ付而致内意、事能隠居之方取計候而は、何様可有之哉与、相談為有之事候得共、為相断段申ニ付、牧志ニも釣合之上、為申哉与相尋候処、此段は不承由。右相談通進物差遣、致内意候ハヽ、自身よ里実ニ致内意筋相成候処、為相断段は、宜取計置候段、為申聞由申出。

中使一件牧志対決させ候而も、張合相成候付、太郎左衛門殿え、書状差遣、三司官内意仕置候段、摩文仁咄之趣、與儀よ里兼城え、通達承候付而は、内意之執行無之候ハヽ、早速與儀よ里、細密承届候上、太郎左衛門殿え問合差遣、摩文仁親方ニも、帰帆之上は、屹与取懸、いつれ讒之疑相晴候様可致之処、無其儀。且内意之中使は、牧志為相勤段、承候上は、屹与糺願をも可申出之処、彼是之取計無之、実々内意為致積与、段々問詰候処、與儀口上承、讒之疑相晴候様、取計無之儀は、気附不足相成候得共、右一件与牧志中使を以、内意為致与は事替、成程書状差遣内意為致一件、御糺ニ而候ハヽ、此所は明間相成候得共、今度之御糺は、書状差遣、内意為致筋ニ而は無之、牧志中使を以、内意為致与之御糺、牧志ニは右通共ニ世話可致場を、致逃廻候上は、牧志よ里私を名を仮、致内意候証拠。且牧志中使之段承候を、糺願不申出段は、不足之様ニも相見得候得共、池城親方よ里御尋之砌、御糺之上、何分被仰付度申上置候付、其篇ニ而可相済与、相心得候上、
御意重奉存、何分願立不申段申出、拷問・拶指都合十二座、責扱為致候得共、右申出之通、不相替旨申出候。

附本文小禄よ里、聞役太郎左衛門え、書状差遣、三司官内意為致段、飛脚使與儀筑登之親雲上・摩文仁親方よ里承、與儀よ里兼城親雲上え相咄、小禄は兼城よ里、為承段申出候処、三司官伺急ニ不相済、日込

相成候儀は、小禄よ里仮屋方え、致内意内状差遣させ、小禄相応不致段、太郎左衛門殿よ里極内承、此趣書役嵩原里之子親雲上・與儀筑登之親雲上居合之上、摩文仁よ里與儀え、座切咄いたし候処、小禄よ里太郎左衛門殿え、書状差遣為致内意筋、趣意違相成、是は小禄よ里仮屋方え、致内意内状差遣させたる由、為申与之ひつケ《ママ》ニ而可有之、本文糺明之手懸りニは相成不申候付、與儀ニも問届不申侭差通置申候。

右之通相糺申候処、小禄ニは牧志中使内意為致儀、毛頭無之、兎角牧志よ里、私名前を仮、内意為致儀ニ而可有之与申出。牧志ニは小禄申付ニ依り、咄形ニ而為致内意儀、無相違候得共、進物等為相進儀は、一切無之旨申出、張合相成申候。小禄よ里、進物等遣置候跡も、可有之哉与、彼進物方與力玉那覇筑登之親雲上、こおり方與力潮平筑登之親雲上、牢舍ニ而相糺候処、例外進物等、為差遣儀毛頭無之段申出。帳冊又は書状手紙類をも、取揚相調部候得共、何楚疑敷書留相見得不申候。

然は小禄よ里、三司官為致内意与之次第は、太郎左衛門殿よ里之問合にて候処、右一件太郎左衛門殿は、正右衛門殿よ里承、正右衛門殿は牧志よ里承、いと口は基牧志よ里相起、中使一件、小禄よ里申付候節も、側ニ承居候者不罷居、後以右一件、外之者え為相咄儀も無之段申出、専牧志一人之口柄相成。尤牧志晴目ニ、小禄故を以、牧志・野村迄も、令迷惑残念之段、小禄よ里潮平承、潮平よ里桑江え為相咄与之儀、実事ニ而候ハヽ、小禄問詰候証拠相成事候処、右之咄無之段は、潮平・桑江問届、口柄不相替、牧志晴目筋、不束ニ相成、重而小禄致責扱候手懸、何分ニも難考付事御座候。

物而糺向之儀、証拠証跡を以致取扱、証拠弱疑敷者は不取揚、且別事之穿鑿よ里、懸出糺方之上、張合相成、外ニ引当可相成証拠無之、決着難成ものは、侭差通候律法、凡人取扱さへ右通候を、別而八議之人品、

証拠証跡迚も無之、其上実ニ為致内意段、致白状候共、夫丈重罪ニは、及申間敷与奉存候処、去年七月以来、段々糺方之上、栲問・拶指都合十二座ニ及居候を、此上猶又責扱、失命等ニ為及候而は、甚仕過相成、御法取扱候者共、不足は勿論、乍恐御不足奉掛候儀も、可致出来哉与、至極胸痛仕居申候。

右付而は小禄片付方、何様可被仰付哉。此所相考申候処、小禄事太郎左衛門殿え、書状差遣為致内意段承、逢譏候与存付候上は、いつれ太郎左衛門殿え、書状差遣候歟、又は摩文仁親方帰帆之上は、屹与成行承届、夫々弁取其疑相晴候様、不取計候而不叶事候処、無其儀、玉川王子・池城親方抔え、御咄申上、自分よ里不致候ハヽ、可相済与、罠打過たる由。此儀気附不足与申出居候処、明間相成、張合なから、牧志中使為相勤与之晴目も、有之候間、旁以為致内意形ニ糺明相決、律例引比、疑之情犯を以、等を減罪科相擬、首尾方被仰付可然哉与、吟味仕候。併何分ニも御賢慮之上、被仰付度奉存候。以上。

附

一科律并先例、抜書差上申候。

一八議之人、十悪を犯者は、其段達上聞、凡人同前捕出、各律条之通可論決与、八議之人犯罪律ニ相見得候付、小禄之犯所、十悪之内ニ可被入哉与、科律・清律等見合候処、右え可比入律条、不相見得候付、十悪之律は用不申、八議之法を以、吟味仕置申候。

一水問之儀、科人公事帳ニ、用得様は相見得候付、水問相用候方ニも吟味仕候処、水問は苦痛絶兼、犯人共難受、吟味ニ而、科律組立被仰付置候以来、重キ糺明之節々も、用得不申段、跡々よ里申伝有之、問附書ニも、用置候跡不相見得。且嘉慶五申年冠船之時、唐人よ里拶指并夾棍用得様、稽古被仰付置候処、夾棍は琉人之根気ニ而は難受吟味之由ニ而、是又用得不申、拶指迄を当分相用得申候。小禄糺方之儀、本文通重而は拷問さへ、難相用吟味ニ而、水問相用候方ニは、吟味相付不申候。

一本文内意之儀、正右衛門殿内状ニは、仁右衛門殿え、極内意申込候段、相見得候処、牧志問届候得は、右内意は正右衛門殿本ニして、仁右衛門殿えは、折次第可申達与之趣相晴目、且嘉味田親方問合之内、故恩河親方一件之条ニ、先嶋之者え、拝借分（銭）之内、恩河よ里為分取段、相見得候処、御物奉行方相尋候得は、先嶋え拝借分（銭）よ里、恩河為分取候儀無之段、承申候。

一本文通糺明相決候様、被仰付候ハヽ、牧志罪分は、律例見合吟味可仕候。

申

五月十一日

平等所大屋子見習	亀川里之子親雲上
同	兼本里之子親雲上
同加増大屋子	佐久本筑登之親雲上
同	小橋川里之子親雲上
同	善平里之子親雲上
同大屋子	比屋根親雲上
同	仲吉里之子親雲上
同加勢主取	神村親雲上

同　　　　　　武嶋里之子親雲上
同　　　　　　志喜屋里之子親雲上

J　糺明官のメモ〔断片　小禄親方関係〕

○本文実為致内意段、致白状候共、夫丈重罪ニは及間敷与、相見得候処、三司官入札は、王子衆以下、
久米村諸太夫迄被仰付、直ニ於
御前、摂政・三司官被相披、札数書付、備
上覧御意を被請候而、薩州御伺相成筈候処、右之恐憚も無之、二番札え被仰付度、為致内意情罪、何
れ之律を以、、右通擬り候哉。何共難存当御座候。

K　『科律』等の抜粋

科律之序

一夫国家を治るの道ハ、徳教を本とすといへとも、律令の制、是亦定めすんハ有へからす。つら〳〵其書の本旨を考るに、万民をして習染の悪をさらし、固有の善に復らし、専刑なからしめん為に、著ハし給ものなり。然るに本邦元より定りたる刑書なふして、凡犯罪擬議の時、先例に準し行ハる、といへとも、彼にはは軽く是には重く見へて、決かたき事もあれハ、甚た誤る事もあらんかと、
主上深く憂ひ煩ハせ給により、摂政尚姓読谷山王子朝憲・三司官馬姓宮平親方良廷・向姓湧川親方朝喬・

馬姓與那原親方良矩申合、科律を編集せしめん事を請ふ。于茲
主上歓ハせられ、此事を允し給て、乾隆四十歳己（乙）未臘月六日、向姓伊江親方朝慶・馬姓幸地親方良篤を、科律編集奉行に命し給ふ。依之面々心を尽し精を出し、唐大和代々の刑書、及ひ当邦の例をも考ひ合せ、専経書律意を本とし、時宜人情に背かさるやうにして、今般既ニ編集しけれは、逐一評閲を加へて、
照覧に備ひ奉るに、自今以後、宜此書を以、慎て施し行ひ、専教化の助けにせよ、との御諚を蒙りぬ。嗚呼、執法の面々、克々おもん見るへし。夫死するもの、又生へからす。断ものふたたびつくへからす。故に我か
主上如此刑憲を慎ミ給ひ、偏に風化を助けん為に、編集致させ為（給）ふものなれハ謹て此
御心を体認し奉り、平日間断なく此書を致熟読、無限含たる道理を尋求め、且刑罰不当ときハ、民手足を措くに所なし。且其情を得る時ハ、哀矜して喜ふ事なかれ。且生道を以民を殺すときハ、死るといへとも、殺すものを恨ミすと、
聖賢段々仰置る趣を心肝に銘し、聊も吹毛求疵、惨刻厳刑のそしりなきやうに取行ひ、全教化の補助にならん事を希ふものなり。

八議之人犯罪律

一八議之面々ハ〔八議条内ニ相見得候通、凡人とハ不同〕、其御取持可有之人品ニ而、縦令何楚之犯罪有之候共、軽々敷〔平等所え〕召寄、不問付〔可糾問哉否哉之訳〕奉伺　上意ニ依て可糺問節ハ〔有筋白状之通〕所犯之軽重、又ハ八議人品之訳をも相糺〔縦令ハ御親族ならハ、御間柄之遠近、且功臣ならハ、功を立たる本来等〕、委ク書

付、備
上覧、罪分僉議可致由、達
上聞、役々僉議之上罪分取究、備
上覧、御裁断次第、首尾方可有之。
右同律
一十悪を犯者ハ、其段達　上聞〔凡人同前とらへ出し〕、各律条之通可論決〔是ハ本文之通可糺問哉否之訳奉伺、又ハ罪科裁断等之律を不用〕
右同律
一前条本律八議之面々ハ、縦令　上意ニ依て糺問するとも〔軽々敷〕、牢込拷問等不申付、〔老幼糺明律見合〕夫々之証拠証跡を以可議定。
○若〔口問迄ニ而不相遂〕、牢込拷問等、不召行候而不叶訳有之節ハ、其訳奉伺、首尾方可有之〔若令違反、私ニ牢込拷問等召行候役々ハ、老幼糺明律見合可議罪〕。
老幼糺明律
一八議ニ相見得候御間柄、并官職重キ人、其外格別之人品ハ〔礼法可優〕、若此等之人々犯罪有之節ハ、軽々敷拷問等不申付、夫々之証拠証跡を以、議定可致。〔八議之人犯罪律、并八議之人父祖犯罪律、老幼廃疾犯罪律等見合〕首尾方可有之。
右同律
一証拠明白ならハ、有筋白状無之候共、糺明相遂候も同断。首尾方可相済故、必白状可為致与、強而責問中付間敷候。
右同律
一前条之人品与乍存、法義ニ違致拷問〔若苦痛堪兼、空言申候を取揚〕、罪ニ入候役々ハ、〔罪科出入律を以〕可議罪。
訴訟不取揚律
一人殺并盗賊喧吼（嘩）打擲犯姦等之類ハ、直ニひら方取揚、〔夫々之律条見合〕可論
人命律
一謀殺之奸情は、仇怨財色等之宿意有て、謀殺類也。尤其偽計陰謀を設定候者を、張本とすへし。若無其儀〔同謀者之内〕、一言之証拠抔を以、張本ニ召成、且其場ニ在て見伺〔或声を懸、恐り驚せ、窮迫させ、味方を守護ニ而〕、助勢シたる者を助、殴重傷之者ニ成し、一同重罪ニ擬、多命を傷ふへからす。
盗賊律
一盗人捕付、委細之書付取添、差出候ハヽ、〔罪人牢込、律条見合〕牢舎可申付、若書付持参無之候ハヽ、盗物色立員数月日、又は逢盗候人名居分等、委ク致帳留、捕出候人ハ、無滞可差帰。
療治日限律
一喧吼（嘩）打擲ニ依て傷を負、其段申出有之候ハヽ、〔則役々差寄、傷之重軽、并手足木刀刃物等之分ケ、慥ニ見届、傷を負たる時刻等ニ至る、明白書記〕殴たる犯人え、限を立療治申付〔年月差引律見合〕、限内平復せさる時ハ、左条見合〔喧吼（嘩）打擲律ニ依て論〕、傷之軽重を以、其咎申付、若限内〔破傷風等之類ニ成〕、其傷ニ依て死し候ハヽ、〔喧吼（嘩）殺害律内〕、喧吼（嘩）打擲ニ依て殴殺たる律を以可論。

本文傷験見之儀、田舎ハ、検者小横目、其外役々立合見届〔一紙書を以〕披露書一同差出候ハヽ、前後律条之通、其首尾可有之。

犯姦律

一姦情は〔曖昧にして偽り易く〕、実否難取究故、必於姦所捕付、披露申出る者ハ可取揚。〇若姦所にあらすして〔別所にて〕、とらへ出し候歟、或〔姦を犯したる由〕、名指を以訟出候共〔何楚之証拠無之、追論かたきゆへ〕取揚間敷候。

落書律

一落書人之儀、露顕難致、陰謀者を捕出候故可賞之。且又必落書人、落書共ニ捕出候を可褒賞儀、其締無之候而不叶儀ニ候。縦令ハ落書為致者は、不捕出〔其人何某与人指を以申出候共〕落書計取出し候を取揚候ハヽ、何楚遺恨有之候人之所為と可申、偽儀も有之、専其弊を為可防、必落書人落書共ニ、捕出候得は可賞之。

放火律

一放火人其場ニ而捕付、慥成証拠有之候ハヽ、夫々之本律を以、可治罪。

何楚之証拠も無之者を仕向、疑敷邪推を以とらへ出、其罪ニ曲入候も無覚束、尤放火之罪科、至て重故、其慎可有之。

糺明法条

一糺明相遂科付之砌、斬罪とも、又は身命難保所え流刑とも、分明難取究者ハ、流刑ニ召成、流刑之内、六年とも拾年とも難取分候者は、六年可召成候。其余皆共、件之了簡肝要候。若疑敷者は、重方え片付、支配いたし候ハヽ、不仁之道、甚以不宜儀候。

詐偽律

一文書を偽作候者、既ニ施行いまた不施行之差別有之候。言語を偽伝ふは、其分ケ無之候者、文書は跡方之証拠有之候故、既ニ行いまた不行之差別あるへし。言語ハ跡方之証拠無之、如何んして其差別可致、夫故必公事を申付、規避之稜有之候を、其罪ニ処すへし。若公事を申付規避無之候ハヽ、いまた偽伝ニあらす。

一嘉慶元年、西原間切末吉村、比嘉筑登之親雲上・同村前伊田親雲上両人、致喧哤（嘩）、比嘉よ里は、壱丈余之壇下え、被蹴落疵負、十死一生為及段申出、伊田よ里は、蹈違自分ニ而為転落由申出。拷問等申付候得　共、双方張合相成。

且道光三拾年、八重山嶋滞在、西村無系城間筑登之親雲上よ里、宿元江届用之海人草、東村嫡子渡嘉敷筑登之、相預り脇売之考候間、帰帆之上、密ニ取卸呉り候様、城間頼承、崎原之崎乗参り候砌、釣舟え取卸候時相転し、海人草為致流失由。城間よ里は、密ニ取卸候頼不仕段、両人張合相成。

且咸豊三年、玉城間切検者、真玉橋里之子親雲上事、於間切段々不宜仕向有之、糺方被仰付候内、上御役場又は御物奉行衆、御心安御取合、諸事御指図通取扱候付、下知不汲受者は、屹与其仕付可致旨、為有之由。間切役々申出、真玉橋ニは、右様之儀共無之由申出。

右三ケ条共、外ニ致見聞候者無之、互ニ口柄之張合ニ而、無証拠故、侭差通置申候。外ニも右様之例、段々有之候。

申

五月

小禄親方・牧志親雲上糺方一件付、加勢主取世名城里之子親雲上、并宇地原親方・摩文仁親方・伊江王子、御見付落着難成所よ里、見立相替筈候間、右吟味書相下ケ、存寄之程書付を以可申上旨被仰渡、役人共えも申談、左ニ申上候。

L 糺明官の意見〔仲里按司・与世山親方等〕

一世名城書面ニ、今般三人之牢人、所犯之振合、薩州御側役衆え、相貫キ候与相見得、成程恩河・牧志ニは、御側役衆え相貫キ候晴目有之。小禄ニは、此程段々致穿鑿候得共、三司官為致内意儀、曽而無之旨申出。何之証拠も無之候を、三人共御側役衆え、相貫キ候与究而、書付置候儀、不束相見得申候。

一右通御側役衆え相貫キ、此御地御世話を為懸上形行、甚不臣之仕形。此情犯科律、新集科律、又は清律等ニも、相見得申間敷与有之候処、不臣之仕形与申は、所犯何程之見立ニ而候哉。清律は天下十八省、何分非常之情犯・謀反・叛逆、罪三族ニ及候者迄も、議罪被仰付候御規摸、科律・新集科律も、清律よ里御当地可被召行条々、被組立置、於小国ニは、縦令非常之情犯出来候共、弥以右両律又は清律ニは、可準律例可有之、尤法義は究り有て、事情変易は無際限故、清律迚も、所犯少も不相替、全ク的当之律例は有少。古来唐御当地も、情犯ニ応し　準シ例等を以、罪科被仰付御規向之事候処、小禄・恩河・牧志三人之情犯、甚不臣之仕形、科律・新集科律、又は清律等ニも、相見得申間敷与之見付、何様共難存当事御座候。

一右様非常之重犯人、御糺明ニ付而ハ、責扱も御法ニ相見得候道具之数々は、不相行候而不相済筈候処、此程拶指扱之道具不相揃、且水問等ハ一切相用不申候を、当分迄之晴目書を以、夫々罪分御議定相成候方ニは、存当不申段相見へ候処、拶指扱之砌、道具不相揃与申は、嘉慶五年冠船之時、大屋子當真筑登之親雲上、拶指扱之仕様、巡捕官よ里習受、鍍はめ上ニ犯人跪趺シ、股脛之間ニ棒横ニ入致尋問、白状不致候得は、拶指相用候段、日記ニ相見得候処、是迄拶指之扱、棒鍍り不相用故、兎角右通申立半右棒鍍不相用子細は、清律条例ニ、拶指は寸尺付等一々被記置候処、棒鍍之儀は不相見へ。尤右様棒鍍其外非法之刑具を用、犯人責扱失命ニ及させ、搆之官人所払等被仰付置。右様非法之刑具、相用候儀堅御禁止之段、清律嘉慶十二十六年之
上諭ニ相見得候付、跡々吟味之上、当分通相用、且水問は苦痛堪兼、犯人共難受、吟味ニ而科律組立被仰付置候以来、相用不申段、先々より申伝有之候を、無証拠之上、別而八議之人品、右様重刑具を以、屹与可致責扱与之儀、何共難存当事御座候。

一摩文仁親方・宇地原親方書面ニ、小禄疑之情犯を以、罪科被召行候而は、従者は張本相成、不穏段相見得候処、成程証拠有之候得は、糺シ明白ニ可相成候得共、何も証拠無之、口柄迄之事故、自然牧志も中使為致儀無之旨、張通候ハヽ、何分首尾難引結躰ニも成立候処、牧志ニは中使為致段申出、小禄ニは牧志より小禄名を仮り、為致内意積与、張合なから、小禄晴目之内、気附不足之明間有之候付、小禄より為致内意形ニ、糺明相決、疑之情犯を以等を減、牧志より罪科軽目之方ニ被仰付候而も、律法通ニ而、従者は張本相成候筋ニ而は無之、尤先例も有之候処、御咎目向は、明白糺付、所犯相当ニ不被仰付候而

不叶迚、無限致糺明候向ニ而は、終に失命又は苦痛絶兼、いやなから請合させ、実情を不得罪科差過候方ニ可相成、左候得は、無証拠ニ付而、疑之情犯を以等を減、御咎目被仰付儀は不穏、無限致糺明、失命等及させ候儀は、穏与申筋合ニ而、抑律意取失、差当御不足は勿論、往々此流弊、如何可成行哉。往昔唐之中宗之時代、索元礼周興来俊臣与申刑官共、常々残忍之性質ニ而、犯人一人出候得は、数百人引拘らし、或は倒ニ懸ケ、首に石を提け、或は醋を鼻に灌し、其外非刑段々相用、専責扱而已ニ而相糺候故、苦痛絶兼、不有之事々も請込させ、残害ニ逢候者数千人ニ為相及由。当時ニ而も、証拠証跡無搆、定法ニ替り、重刑具を以、致責扱候ハヽ、不有之事も受合、又は死亡ニ不及者は罷在間敷積ニ而、此所能々不相慎候而不叶儀与奉存候。

一小禄糺明筋、いまた不行届所よ里、白状不致候間、猶口問帳等、委敷取調部、致糺明候ハヽ、埒明可申与相見得候処、凡糺向は、兼而之心得題目ニ而、是迄糺明之砌は、前以口問帳取調部、節々取束尋之趣向、主取役人中吟味を以、出席之人数、差図を得候得は、存寄之程も取添、段々相糺、糺明央ニも、存寄有之節は、犯人引せ候而吟味之上、猶又問附させ、去年七月以来、拶指拷問都合十二座ニ及、責扱為致候得共、三司官為致内意儀、毛頭無之段申出候付、奉行役人共、工面を尽、手懸可相成与存付候儀共は、無罪者迄牢込を以、段々相糺、乍其上風説之事々も、致穿鑿候得共、何楚手懸可相成儀出来不申。尤御見付替之御銘々ニも、兼々口問帳平等方、又は御取寄ニ而、御調部被成候付、兎角御工面を為被尽筈候得共、此程為何御存寄も無之、此上は重而穿鑿□（之カ）手筋相絶候所よ里、不及是非、当分之晴目書ニ而、糺明居候方、吟味を以申上置候処、今更小禄糺明之手筋不行届、猶口問帳等委敷取調部、精々手を尽候ハヽ、白状又は証拠可致出来与之儀、何共難心得儀与奉存候。

右は依御尋、吟味仕申上候。以上。
附別紙両通返シ上申候
申
七月
小波津親雲上
森山親雲上
與世山親方
仲里按司

史料二　牧志恩河一件口問書

A　小禄親方口問書

未八月四日

一牧志よ里、池城殿内え、大里御殿并譜久山殿内、御揃之段有之。於其儀ニは、自身は御月番ニ而候を、自身ニは何分様子も無之。右御面々池城殿内え、被相揃候儀は、兎角自身一件ニ而ハ、有之間敷哉与相心得、牧志ニ而承合、晩方重而相知候様、申達置候処、為何様子も無之ニ付、牧志家内差遣候処、他行之由ニ而、翌《ママ》七日罷出候付、相尋候処、弥自身一件之事ニ而、為有之段申ニ付、何事ニ而候哉与、事之訳合相尋候処、是は何分不相知。尤此次第牧志より為承儀は、致口外間敷旨、口詰等有之よし。

　附自身一件ニ而は有之間敷哉与、たまかいたる儀は、飛舟使与儀筑登之親雲上、帰帆之上、入札内意一件、自身より正右衛門殿え、致内意たる次第、與儀よ里承居候付、本文通たまかいたる由。

八月八日

一入札一件付、自身より仮屋方え、致内意たる儀、毛頭無之よし。

同日

一右一件付、牧志中使ニ而、致内意たる儀毛頭無之、牧志中使為致段、池城殿内より為致承知迄之事ニ而候よし。

同日
一去年二三月比ニ而為有之半、飛舟使帰帆之上、自身より太郎左衛門殿、書状差遣、内意為致筋、大和ニ而風聞為有之次第承。兎角譏したる積、右式譏し候躰ニ相成候ハヽ、大事之事与驚入、登　城之上、摂政・三司官えも、形行為申上事候得共、摩文仁親方えは、何分問尋も無之。此段は気不相附、今更届不足為相成由。
同日
一摩文仁親方より、譏し候半与、摩文仁を疑候儀は、毛頭無之、大和ニ而之成行、摩文仁尋問不仕儀は、至極不届相成、恐入候よし。
同日
一自身事、仁右衛門殿・正右衛門殿よりは、数馬殿は猶丁寧之事候得は、自身より入札一件、致内意事候ハヽ、おのつから数馬殿えも、内意仕筈候処、無其儀上は、正右衛門殿等え、不致内意証拠相成候よし。
未八月十四日
一牧志中使いたし置候ハヽ、自身御役御免前、摂政・三司官御揃相成候付、牧志ニは、早速自身え右一件発顕之次第、急ニ告知可申之処、無其儀。牧志ニは右一件承来候様、申達置候得共、延引いたし、翌日罷出候上は、自身より牧志中使仕置候儀、無之証拠ニも可相成よし。
同日
一去年三四月比、正右衛門殿より、御用有之罷下候処、正右衛門殿より、十五人之内、座喜味組合者は、早々代合為致候様、

太守様御意ニ而候間、早々代合為致候様有之。半途ニ代合為致候而は、人倒し候付、急ニは不罷成。今般

御婚礼御祝儀、并来十二月ニ代合可為致候間、其間御待可被成旨、申上候付、自身引請ニ而候哉与被申候付、御相役御相談之上、代合為致候段申上。右次第摂政・三司官えも、申上たるよし。

附何かし〳〵代合為致可申哉与、尋上候処、人躰は何分不申聞、先役よ里退役為致候様、為被申よし。

同日

一代合之人躰尋上候処、其方ニも能存居候与申、何分不申聞、且正右衛門殿より、十五人名前書付、銘々座喜味組合者ニ而候哉与問届、猶又喜舎場・浦添・阿波根・與那原は、別而相疑、右面々は、如何可有之哉与尋有之。右面々座喜味参候様ニは、見得不申段、折角迦し候而、相晴目候得共、落着無之様ニ、為有之よし。

未九月六日

一牧志親雲上より御晴目申上置候、正右衛門殿・仁右衛門殿え、三司官入札内意一件之儀、牧志より仮屋方ニ而之評判、承来候而之咄ニ而、右一件は、自身・豊見城御殿等えも、御咄申上置、自身も右次第為承事候得共、自身より右内意一件、牧志え為申含儀、毛頭無之よし。

同日

一牧志事、桑江里之子親雲上え、為致内談儀可有之。其趣は、自身御役御免為被仰付日、桑江より與力潮平え、旦那は事ニ被係居候間、早々致出勤候様、且其後桑江より猶又潮平え、旦那は当分之躰ニ而は難

被迦、可及大事、何歟進物用之品、表向進物方より差出させ候而ハ不相済、潮平格護之品、又は庫理方え格護之等等《ママ》有之、潮平迄を以、取償可相成哉。於其儀ニ、異国方岩下新之丞殿え、牧志より内意申込、事能取計可相成筋、内談有之候付、潮平ニは格護之品無之、尤右様之取計いたし候而ハ、相応不致段、致返答候付、左候ハ、旦那えは、隠置候様、桑江為申段、潮平申出有之候付、宜致返答置候。以後何方よりも、右様之相談有之候ハ、、屹与可相断与、申付置候次第有之。是以も牧志よ里自身名前を仮り、為致内意証拠ニ而候よし。

同日

一牧志より、今度之三司官は、正右衛門殿は、翁長与被申、仁右衛門殿等は、野村与被見受候段之咄は、自身ニも為承事候得共、自身より右両人え、内意いたし候様、牧志え為申付儀毛頭無之よし。

同日

一廿七日之朝、池城殿内より牧志え、其方は小禄中使為相勤哉与、御尋被成候処、中使不相勤段、返答為有之次第も、承居候よし。

十月廿二日

一太守様御逝去後、摂政・三司官・恩河・牧志等、御在番所え御用付参上。御奉行正右衛門殿御出席、蒸気船御買入一件之御用、御取戻之段、致承知。済而御玄官（玄関）ニ而、正右衛門殿より、彼之申付被置候御内用も、都而御取返之段、為致承知由。

同日

一正右衛門殿より

太守様御意与申、座喜味殿内之党、早々退役為致候様、被仰渡候付、急ニ退役申付候而ハ、一世奉公留之形ニ成り、来十二月又は御婚礼付而も、紫冠申付候付、其節退役させ候ハ丶、不目立様可相成候間、右之方え被仰付候而は、如何可有之哉与申上候処、右両度ニは、退役可相成哉与、尋有之候付、両度ニは吟味可相成与致返答。猶又何かし〳〵ニ而候哉与、尋上候処、阿波根・喜舎場・浦添・與那原親方・摩文仁親方等之段、被申候付、與那原ハ、自身三司官被仰付、與那原御用取扱之躰見候へは、座喜味組合之方ニは不相見得。喜舎場・阿波根・浦添等ニも、自身目前ニ而ハ、何楚右組合者与は、不相見得段致返答。尤摩文仁は、其時上国ニ而、正右衛門殿尋も無之付、弁も不致、猶又面立を以星廻したるよし。

未十一月五日

一正右衛門殿より、御用付致参上候処、

太守様御意与申、座喜味殿内組合之者共、早々退役させ候様、被仰付候付、只今退役させ候ハ丶、一世御奉公留之形ニ而候間、追々

御婚礼又は十二月之間ハ、順々退役罷成可申候間、御相中衆えも御相談之上、可取計段申上。且人躰ハ、與那原親方・喜舎場親方・阿波根親方・浦添親雲上・摩文仁親方等与申ニ付、与那原親方は御用致

〔以下欠――金城註〕

B　伊志嶺里之子親雲上口問書

未八月廿六日

一小禄一件付、諸官御揃之日、宮平親方宅致参上候処、濱元里之子親雲上・書役翁長里之子親雲上も、参合ニ而、焼酎出候付、何様之儀ニ而、焼酎被召上候哉与申上候処、小禄一件付、焼酎呑候与被申、小禄事一門之腰引、

御継目一件ニ而候ハヽ、可切殺与、怒立候而為被申よし。

未八月廿六日

一入札一件付、御揃之段、自身申候処、右一件之儀は、数馬殿宿え、小禄殿内・池城殿内・宮平其外、酒宴候時之事ニ而、右一件迄之事候ハヽ、可相済候得共、

御継目一件ニ而候ハヽ、可切殺与、被申たるよし。

同日

一数馬殿宿ニ而之一件は、小禄より今度之三司官ハ、野村ニ而可有之与、被申たる段、為承よし。

同日

一得与相考候得は、小禄・池城御一同、右通為被申段為承覚。然共、池城親方よ里、御内意為被申上段、慥ニ為承儀は、不覚之よし。

未九月四日

一小禄殿内一件、発顕之当日、宮平親方宅え参り、七ツ時分ニも為相成哉、小禄按司・松堂親方・濱元里之子親雲上・書役翁長里之子親雲上、其外旅供上江洲等御揃合、焼酎被召上候付、何様之儀ニ而、酒被召上候哉与、問上候処、小禄一件風聞悪敷、焼酎被呑候段、御返答有之。且風聞ハ何々之事ニ而候哉与、申上候処、御継目一件、三司官内意一件等、取沙汰有之候得共、御継目一件は、邪説ニ而可有之、三司

官御内意一件ニ而も、不相済段為被申よし。

同日

一其時宮平被申候は、小禄より三司官一件、御内意いたし置候ハヽ、大事ニ而可有之候へ共、数馬殿ニ而之一件は、酔事ニ而、其辺迄之事候ハヽ、御咎目ニは不及筈与、被申たるよし。

申閏三月廿四日

一去年三月廿七八日之比、諸官御揃之日七ツ時分、宮平親方宅え為参よし。

一小禄按司・松堂親方・翁長里之子親雲上・濱元里之子親雲上等御出、焼酎出為申よし。

同日

一何様之儀ニ而、昼焼酎被召上候哉与尋上候処、小禄殿内一件、御世話到来之由、被申候付、如何様之儀ニ而、可有之哉与、尋上候付、御役目御内意与申もあり、又は御継目一件与、申者も有之候得共、夫は諸官御吟味之上、仮屋え御相談相成候もの有之、右之ひづけニ而可有之賦、就而ハ御継目一件ニ而ハ有之間敷、数馬殿宿ニ而之事は、酔事之儀ニ而、右一件ニ而は有之間敷、実ニ三司官御内意いたし置候ハヽ、不都合之儀与、為被申よし。

同日

一宮平被酔候而よりは、御内意仕置候ハヽ、殺し候而も可相済与、被申たるよし。

附小禄按司・松堂親方等、御帰り後、本文通宮平被申たるよし

一其翌日ニ而も為有之哉、牧志宅え参り、小禄殿内一件相咄、数馬殿宅ニ而、御内意心地之事、為有之哉与相尋候処、右心地之事有之、其時は池城殿内、其外過分之御人数ニ而為有之段、牧志為申よし

附池城殿内より御内意為被成筋ニは不承よし

（「附」以下朱書――金城註）

未十月六日

一数馬殿宿ニ而、酒呑為申事有之。右之移違ニ而、三司官御内意与、びつけたるニ而は有之間敷哉。右之事ニ而候ハヽ、左程ニハ及間敷与、被申候付、数馬殿ニ而之事は、其方共之申通之様成もの、夫は池城殿内等も、御一同之事ニ而、右一件は有之間敷与、親方為被申よし。

附池城殿内より御内意、御一同ニ被成たる筋ニ而は無之よし。

申四月廿七日

一小禄一件付、諸官御揃之日、八ツ時ニも為相成哉、宮平親方宅え参り候処、小禄按司・松堂親方・書役翁長里之子親雲上・桃原村濱元里之子親雲上、御揃合焼酎出、御咄被成候付、何様之事候哉与、尋上候処、小禄一件付、世話出来候与、被申候付、何様之事ニ而候哉与、尋上候得は、御継目一件与申邪説もあり、又は三司官内意一件与申者もあり、御継目一件ニ而は有之間敷、夫は諸官御吟味之上、仮屋え被御遣たる儀有之。其びづけニ而可有之、実ニ内意仕置候ハヽ、不届候へ共、数馬殿宿ニ而之一件ニ而ハ有之間敷哉。其時似た事は有之候。酔事之儀ニ候。其時池城殿内等も、御ましよん之事ニ而、為有之段、宮平為被申よし。

C　小禄親方・牧志親雲上口問書［糺官意見書］

当四月二日之比、與世山親方よ里、於仲里御殿申出之趣は、恩河親方御奉公留被仰付候以後、玉川御殿・安村親方、御一同御歩行被成候間、與世山も致同伴候様、安村よ里承、玉川御殿も與世山え御立寄、御一同多和田之御屋取え、被参居候砌、小禄親方も彼辺よ里歩行、御屋取え奉公人被差遣伺候付、御殿よ里小禄も被召呼、椰子抔出、ぶうさあ共被成、御殿より恩河御奉公留之次第、御尋ニ付、此儀は自身共罪与被答上、再三同断被仰候付、終ニ小禄より自身も、追々倒り可申、其時はみよんぢゆも与、被申候を承、安村・與世山ニも、夜入御両人より先達而、為罷帰由。

未八月四日、小禄親方口問。

一恩河御奉公留以後、玉川御殿・與与世山親方・安村親方四人、玉川御殿多和田之屋取え、為参儀は有之よし。

一玉川御殿よ里、恩河御奉公留之成行、御尋有之。恩河は物欲ニ迷ひ、人を騙し、借銭等仕置候付、御奉公留為被仰付段、御返答為申上よし。

未四月十八日、牧志親雲上口問。

一仁右衛門殿ニも、今度之三司官は、何かしニ而候哉与、被申候付、野村親方、可宜哉与申上。此段は壮右衛門殿え、通上度申上候処、随分奉通候段、返答為有之よし。

一数馬殿ニは、酒宴御数奇ニ而、不断酒宴為有之よし。

一池城殿内も、右一件御働、為有之よし。

一右一件相働候人数は、宮平親方・恩河親方も、能存居候間、御問尋有之度よし。

一数馬殿え後御宿奥之座小《グヮア》ニ而、池城殿内よ里、野村被仰付方ニ御取計被下度、為被申上よし。

附小禄殿内も、往古は入札壱枚入候而も、被仰付置候段、為被申よし。且上之思召次第与も、為被申よし。

一其時之御人数、玉川王子・池城親方・宮平親方・小禄親方・恩河親方・自身都合六人之覚ひニ而候由。

一宮平親方は、三味線弾候処、取込茶呑なから、右次第承、不目立之躰、相見得為申よし。

一玉川御殿も、小座え為被参時も有之候得共、御口上は不承よし。

一仁右衛門殿えも、池城殿内よ里、入札枚数等、封付御持参ニ而、差上被申上置候段、為承よし。

附仁右衛門殿よ里、右次第為承よし。

一仁右衛門殿えも小禄殿内よりも被申上置候よし。

一仁右衛門殿・正右衛門殿え、進物等為差上儀、無之よし。

附差向ニは難申上候付、進物差上不申よし。

一池城殿内・小禄殿内よ里、野村親方え、被仰付置被相働候儀は、野村えも御約束之上ニ而、被相働候形ニは、相見得不申。池城・小禄御両人は、野村与御別懇之事ニ而、右通御働、為被成様与、存候よし。

一入札後二三度計、右御三人も、酒宴為有之事ニは候得共、其時入札一件之御咄も不承よし。

一其時々之人数、右御三人、並玉川御殿・宮平・恩河・自身七八人程之よし。

一野村え被仰付置、相働候儀は、仁右衛門は、御脇々よ里、直ニ被相働、正右衛門ニは、下涯ニ而、いまた御近付無之、自身は先達而、近付罷成居候付、被差使たる筈之よし。

一右次第池城殿内・小禄殿内、兼而御口合之上ニ而為有之哉。此儀は不相分よし。
一数馬殿御宿ニ而ハ、池城殿内御手元にて、小禄殿内は、最初は上之思召次第与申候を、池城殿内より、山芋婦てと為被申候よし。
未
十月

D　牧志親雲上口問書

未十一月五日口問
一数馬殿宿え弓之会之時、玉川御殿は、座之縁頬え被為在、池城殿内は自身は、小座え罷在候時、小禄殿内も盃被持参、左候而池城殿内よ里、数馬殿え、今度之三司官、野村は札数相劣候得共、野村被伺候而は如何可有之哉与、被申上候を、小禄よ里、左社《さこそ》申候而は、不相済与被申候を、池城よりかめやつきい、山芋ふて与被申候付、小禄も御賢慮次第、札一枚ニ而も、被仰付置候例も有之候与被申、数馬殿は、私も左様心得被居候段、御返答為有之よし。
同日
一宮平親方は、三味線弾候所ニ而、耳を傾キ承候処、不合点之様ニ相見へ為申よし。
同日
一其後数馬殿宿参上之時、現札見セ上候様、池城殿内え可申上旨、被仰渡。尤札数は相劣候得共、札柄は

相勝候段は、承候段も致承知、登　城之砌、池城殿内え、右之形行申上候砌、小禄殿内も、御出勤ニ付御聞取、具志川里之子親雲上、御用ニ而現札見セ上候而も、可相済哉与、被仰下候付、往古より現札見セ上置候例、無之段申上候付、御返答は池城殿内よ里、被申上候筋為相成よし。

未十一月七日

一小座え池城殿内・小禄殿内、被罷居候時、数馬殿盃酒被持参、池城え盃被遣候時、池城よ里数馬殿え、野村は札数は相劣候得共、人柄ニ而候へは、野村被伺候而は如何可有御座哉与、被申候付、其通相心得罷居候段、数馬殿為被申よし。

未十一月十四日

一池城殿内は、小座え被罷在候砌、数馬殿盃酒被持寄、池城え被差上、追而小禄も被差寄、此場池城よ里、野村は札数は相劣候得共、札柄は相勝チ候得は、今度は野村被伺候而は、如何可有之哉与、被申候付、数馬殿は、左様心得候与被申、小禄よりは札通之事与被申候を、池城より山芋ふてと、被申たるよし。

未十二月廿四日

一去々年十一月、三司官入札。二三日後、数馬殿宿ニ而、酒宴之時、玉川御殿・池城殿内・小禄殿内・伊是名親方・恩河親方・自身、并宮平親方ニ而、為有之よし。

　附御仮屋方よりは、岩元《ママ》清蔵殿・八太郎殿・仁右衛門殿・柳田正太郎殿ニ而、為有之よし。

同日

一其砌、池城より数馬殿え、野村は札数は相劣候へ共、人柄之事候間、野村被伺候而は、如何可有之哉与、被申候を、小禄より左様申候而は不相済与被申候付、池城よ里、山芋ふて与被申候付、小禄も御意次第之事、むかしは札一枚ニ而も、被仰付置候段、為被申よし。

同日

一其後、右御礼ニ為参儀ニ而も為有之哉、数馬殿宿参上之時、数馬殿被申候は、三司官入札之御届は、池城より被申上置候。野村は札数は相劣候得共、札柄は相勝チ候段も、池城より被承候。現札見せ上候ハ、、御用御見合ニも、可相成候間、此段池城え申上候様被仰下、登　城之砌、池城殿内え、右之次第申上候折、小禄も御出勤ニ付、御一同右次第被承、小禄よ里、主取えも御尋之上、何分可被成旨、被申候付、自身え主取呼候様被申付、主取参上仕候付被相尋、主取より現札は、此迄不差上、札数迄を御届被仰上置候段、申上候付御取止相成。御返答は池城より被申上候段、為被仰下よし。

同日

一其四五日後ニ而も為有之哉、御用御案内ニ、小禄殿内参上候時、小禄より野村は人柄ニ而候得共、是迄人ニ被越、不便ニ候。然共数馬殿・仁右衛門殿えは、野村被伺筈候得共〔「候得共」三字朱書で抹消――金城註〕、正右衛門殿は、下涯様子不相分候間、都合次第、仁右衛門殿・正右衛門殿え通し置候様、被申付たるよし。

同日

一十一日十二日、又は七八日比ニ而も為有之哉、日柄は慥ニ覚ひ不申候得共、桑江自身宅え参り、小禄より潮平え、私ゆへに伊是名・牧志等えも相拘させ、気之毒之段為被申由。自家裏座ニ而、両人居合之上、為承よし。

申二月廿二日

一其後正右衛門殿よ里、招付参候折、正右衛門殿より追々三司官更代、三司官方も、致入札候哉。三司官方は、何かし与被見付候哉与尋有之。三司官は入札不致。且小禄親方等は、野村之方人柄与、被見受候。野村被伺度趣、申上候処、返答之趣は、正右衛門殿ニは、翁長与被見受候。翁長は在番勤之時、物込等いたし、御奉公肝厚し。先嶋は毒蛇を殺候者は、同船ニ而不烈《ママ》渡俗式ニ而候得共、是又列渡陰徳も有之。小禄殿内三司官之時も、太守様ニは翁長与被思召上、以後は翁長与御内定有之。旁以翁長与、被相心得候段も、為申よし。

同日

一其後、仁右衛門殿宿参居候時、仁右衛門殿より、正右衛門同様、尋懸有之、野村被伺度申上候処、弥心得ニ而候段、返答有之たるよし。

同日

一右之首尾、小禄は上ノ屋敷え御出付、右別荘え参り、両人之有様申上候処、正右衛門殿申分は、落着不罷成与、小禄も為被申よし。

□(申カ)三月廿二日

一小禄殿内・池城殿内、小座え被罷在候時、数馬殿本座より酒瓶盃被持寄、池城殿内え差上、返盃済而、猶又小禄え被差上、左候而池城より数馬殿え、野村は入札は相劣候得共、人柄ニ而候へは、野村被伺度被申上候付、委細致承知候。其心得之段、御返答為有之よし。

同日

一其時宮平は、一間半計間ニ罷居、茶を呑候砌、耳を傾ケ承、不安躰ニ有之たるよし。

同日

一登　城之上、右次第池城殿内え申上候処、相待候様被申、追而小禄も御出勤付、右次第被申上候付、主取御尋被成候様、被申候付、自身主取呼候様被申付、詰所より呼来候処、右次第御尋相成候処、先々より札数迄差上、現札は差上不申。入札は済次第、焼収候筋ニ而、差上候而ハ差障候段、御返答有之候付、数馬殿え之御返答は、何様可仕哉与申上候処、池城殿内より被申上候段、為被仰下たる（ママ）よし。

同日

一諸官御揃之翌日、伊志嶺里之子親雲上、自身宅え参り、咄之趣は、昨日宮平親方宅え参り候処、宮平は焼酎被給、世間之邪説通ニ而候ハヽ、宮平よりも切殺可申候得共、三司官内意一件ニ而候ハヽ、池城始被相働たる事ニ而不苦与、被申たる段有之候付、数馬殿宿ニ而之一件は、宮平ニも、能聞合之上ニ而候故、右通被申候旨、為致返答よし。

申四月廿七日

一池城殿内・小禄殿内は、小座江被罷在候時、数馬殿本座表より、湯酎瓶盃被持寄、池城え御取替之砌、池城より、野村は札数は相劣候得共、人柄ニ而候間、野村被伺度被申上候付、委細致承知候。其心得之段、数馬殿被申、其折小禄より、札次第之事、左様申上候而ハ、不相済与申付、池城より山芋ふて与被申候付、猶又小禄も、御意次第之事、昔は札一枚ニ而も、被仰付置候与、為被申よし。

同日

一諸官御揃之後、伊志嶺里之子親雲上、私宅え罷出、小禄ハ存外之事、右御揃之日は、宮平え参り居候処、宮平は邪説通ニ而候ハヽ、切殺可申候得共、数馬殿宿ニ而之事ニ而候ハヽ、池城殿内・小禄殿内等も、御一同之事ニ而、不苦与為申段申ニ付、其時は御一同ニ而為有之段、為致返答よし。

同日

一現札一件、池城殿内え申上候付、追而小禄も御出勤、主取え御尋之砌も、自身居合ニ而、是迄之御晴目、不相替候得共、主取之御晴め、相替候ハヽ、不及是非よし。

附主取・小禄も、御口上不相替由候へは、自身覚違之筋ニ而候よし。

同日

一小禄一件発顕之日、小禄より與儀大和ニ而為承一件、為致発顕哉与被申候付、私付而咄形之事ニ而ハ、有之間敷哉与、為申上段は、後以御晴め申上置候得共、是は以前ニは荒々御晴め申上、後ニは委細申上置候よし。且又其時迄は、自身中使之段も不相知。且右一件発顕ニ付而は、呉々世話可致場を世話不致与、被仰下候儀は、呉々世話ニは候得共、小禄え参り、鈞合不致儀は、小禄ニは御役御免被仰付、自身には其時迄は、出勤も被仰付置、適御役御免之方え出入鈞合いたし候儀は、憚ニ存、鈞合不致よし。

附僅之嫌を以、太事之鈞合不致儀は、不埒之様相見へ候得共、自身ニは本文通之よし。

同日

一小禄より、彼故を以、野村・私迄懸而令迷惑、残念之儀与咄たる段は、潮平・桑江両人よりは、右様之儀無之段、申上候由候得は、兎角私覚違ニ而可有之、右之咄側ニ居合、為承証拠人も無之ニ付而ハ、自身覚違之筋、又右両人ニは、外ニ係合御晴目申上候儀、憚与存候哉。右之咄為承儀は無相違候へ共、張合ニは相成不申候よし。

同日

一桑江え中使一件、咄形之事は為有之段、申達たる儀は、自身病気御預之当日、其時は自身は、前之座より本座え入、桑江も後より追来候付、座え入早速之事、尤其時桑江より、自身病気之様子等、相尋為申由。且桑江より右次第不承筋申上候は、兎角御取締ニ付而は、実成申上候は、事煩敷相成、却而其身之障可相成与、右通申上候半、此上は桑江対面被仰付度よし。

同日

一去年入札之儀、硯屏之後ニ而、為承与申上、還置候儀は、主取より仮屋え入札御届之儀は、昔ハ御口上迄ニ而、枚数迚不申上候処、連々与相替候段、為申よし。

同日

一主取詰所より呼来候段、申上置候儀は、詰所又はゆるひ之前なとゝハ、然与覚ひ不申候得共、主取より池城殿内拝ミ、御応答為被成時は、自身ニも居合ニ而候よし、

申五月八日

一池城殿内・小禄は、小座え被罷在、其時数馬殿、湯酎瓶盃持参、池城殿内え被差上。其時池城殿内より、野村は札数は相劣候得共、人柄候間、野村被伺候而ハ、如何可有之哉与、被申上候付、其心得之段返答有之。其時小禄より、左様申上候而は、不相済与被申ニ付、池城より山芋ふて与被申候付、猶又小禄も、むかしは札一枚ニ而も、被仰付置候。御意次第与為被申よし。

同日

一主取参り候付、池城よ里右次第、御達相成候付、主取御返答は、往古より札数迄差上置候例ニ而、現札差上候而ハ、不相済段申ニ付、私より数馬殿え御返事ハ、何様可仕哉与尋上候処、池城より御返事被申

上候段、致承知たるよし。

同日

一小禄兼々遺恨迚も無之、其上小禄名を借り致内意、万一仁右衛門・正右衛門より、小禄え中使為有之段、引当いたし候ハヽ、私ニは偽作之所相顕可申候へは、小禄名を借り候儀、毛頭無之よし。

E　糺明官意見書（一）〔糺官吟味之次第〕

一去々年十一月、三司官座喜味親方跡御役、入札相済候後、玉川王子・池城親方・小禄親方・宮平親方・恩河親方・牧志親雲上、数馬殿宿ニ而酒宴之時、小座ニ而池城親方よ里、数馬殿え、今度之三司官は、野村親方え被仰付方、御取計被下度、被申候央、小禄よ里、札通之事、致何角候而は不相済与、被申候を、池城よ里、山芋ふるなと、被申候得は、小禄よ里、むかしハ壱札入札之方え、被仰付置例も有之、何分御意次第与被申候を、宮平は此時、三味線差置、湯呑候砌承候模様、不安躰ニ有之。玉川王子は、大窪八太郎殿一同縁頬、恩河は岩元《ママ》清蔵殿一同、玄喚表え被罷在、園田仁右衛門殿・御用達等ハ本座、三味線弾候者共ニは、右小座次之間え為罷在由、牧志申出候。

小禄親方一件ニ付、諸官御揃之翌日、伊志嶺里之子親雲上、牧志宅え参、噺之趣は、昨日伊志嶺、宮平親方宅え罷出候処、宮平申候は、小禄事世上邪説之通ニ而候ハヽ、宮平よ里も不免置候得共、数馬殿宿ニ而、野村え三司官御内意一件ニ而候ハヽ、池城親方始、為被相働事ニ而、随分可相済与申、焼酎為被給段、伊志嶺申ニ付、数馬殿宿ニ而、池城よ里御内意為被致段は、宮平ニも同席ニ而、能存居候付、右通被申候与、為致返答由、牧志申出候。

附伊志嶺申出候は、小禄親方一件ニ付、諸官御揃之翌日、牧志宅え参り、牧志逢取、昨日は宮平親方宅え参候処、宮平焼酎被給候付、訳合相尋候処、小禄一件、致無興候。数馬殿宿ニ而、酒宴之折、入札一件、為被申事も有之候得共、其節は池城親方等、まじゆうんニ而、是ニ而はかつミらる間敷、現当致御内意置候ハヽ、宮平よ里も、不免置与為被申段、申聞候処、弥池城もまじゆうんニ而為有之由、牧志返答為承段、伊志嶺申出候付、まじゆうん与は、小禄・池城一同、御内意為被致筋ニ而候哉与、問詰候処、宮平口上は、池城親方もまじゆうんニ而、為有之与為承迄ニ而、池城よ里御内意被致候形ニは不承、牧志ニも池城よ里、御内意被致たるとハ不申聞由申出。本文牧志口柄符合不致候。

牧志親雲上、数馬殿宿参上之時、入札枚数は、先達而池城親方より相届候。野村えは、札数相劣候得共、札柄は相勝チ候由、池城よ里承候。現札貰受候ハヽ、御用見合可相成、此段池城え申達候様伝言承、御座元御出勤之時、右之趣申上、池城ニは、現札届上候而も、可相済含ニ相見得候処、小禄追々御出、右次第被承、主取えも被相尋候様、被申候付、主取御用ニ而御尋相成候処、現札差上候而は不相済段、御返答有之。現札差上候儀は、御取止相成。右ニ付数馬殿え御返答は、何様可仕哉与、申上候処、池城よ里御返答被成候段承。此段は主取証拠之由。右外今度之三司官は、野村え被仰付筈与、御咄之序ニ、小禄・池城よ里為承由、牧志申出候。

附去々年十一月、三司官座喜味親方跡御役、入札相済候後、池城親方御出勤。具志川里之子親雲上、申

口御座下ニ而、多葉粉呑候折、縁頬よ里御座え御通之砌、被召呼候付拝候処、いやゐまづ、仮屋よ里、入札見候様可相成哉与、被仰聞候付、是は至極憚之御所望与申上候処、あんたへ何様御返答被成可然哉与、御尋有之候付、入札は
国王目前ニ而披キ、書取之上、早速焼収之模ニ而、格護無之段御返答相成可然与、申上候処、弥其通御返答可被成与被仰聞。尤其時は、池城親方御壱人、為被成御座由。且右之御尋済而後、暫間ニ而、牧志親雲上、上之御座よ里相下候時、硯屏之後ニ而、入札は焼収候模ニ而候哉与尋有之、其通之段返答為致由。牧志晴目筋、具志川申出与ハ、符合不致候。
一三司官入札相済候後、別御用ニ付、小禄親方宅参上之時、小禄よ里、野村は人柄ニ而候得共、是迄人に被越、不便存候。数馬殿・仁右衛門殿ニは、野村被伺筈。正右衛門殿ニは下涯、様子不相分候間、折次第野村被伺候方、江夏殿え通し被上度、申上候様被申付、前条数馬殿宿ニ而、池城等よ里御内意之後、正右衛門殿宿え、夜噺ニ参居候折、正右衛門殿より、今度之三司官ハ、誰々致評判候哉。三司官方ハ誰を被見付候哉与尋有之。多分野村之方、取沙汰いたし、又候小禄は野村与被見付候。江夏殿え野村之方、被伺度申上候処、正右衛門殿ニは、落着無之由、牧志申出候。
右ニ付、野村御内意一件は、小禄・池城其外ニも、組合者可罷在積、実成申出候様、段々問詰候処、兎角肝と肝のちやあひニ而、為被致内意哉。寄合為致相談儀は、毛頭不承由申出候付、栲問拶指等を以、致穿鑿候得共、右通不相替由申出候。

右通牧志晴目筋之上を以、池城親方尋上候方、致吟味候処、数馬殿宿小座ニ而、野村親方え、三司官被仰付方ニ、御取計被下度御内意、為申上儀無之。且野村え入札枚数ハ相劣候得共、札柄ハ相勝チ候与、数馬殿え為申上儀も無之。牧志ニ付而、現札見せ候様ニと之御沙汰は、最初入札之御届ハ、私より申上候付、右通為被申遣半、今度之三司官は、野村え被仰付筈与、牧志え噺為申聞儀も無之抔与、被申募候節、牧志対決させ候而も、右内意之儀ニ付、池城・小禄・牧志等、為致直談も無之。張合相成候ハヽ、屹与可取懸責句無之。其上牧志晴目之内、正右衛門殿より三司官方は、誰を見付候哉与之尋は、数馬殿宿ニ而、池城よ里、御内意為致与之日よ里後之事ニ而、牧志ニも野村え心を寄居候上は、好キ折おのつから、小禄・池城は、野村を見付居候段、可申聞場ニ、小禄計之見付与為申聞儀、晴目筋聞得不申。

殊ニ現札一件、池城口上は、具志川証拠、数馬殿宿ニ而之事、宮平申分は、伊志嶺証拠之《ママ》成ニ牧志申出候処、具志川申出之上を以は、数馬殿より現札所望、池城は存外之語気ニ而、野村札数は相劣候得共、札柄ハ相勝チ候与、数馬殿え申聞候は、如何様牧志自分之言葉を、池城よ里数馬殿え、為申聞形ニ、申成し候も難計。且宮平口上も、池城よ里御内意為致筋ニは不承段、伊志嶺達而申出候を、牧志ニは、池城始御内意為被相働与之申分、伊志嶺口柄、符合不致候。

惣而糺明筋は、証拠証跡ニ基キ、取扱仕候御法様ニ而、縦令一同聞合之者共罷在候而も、口柄符合不致、外ニ引当可相成証拠無之候得は、何分ニも首尾難引結事候処、右通牧志晴目筋、聞得不申候上、証拠申出候も、符合不致。旁以牧志晴目筋難取持、何れ外ニ手懸可相成証拠、手強相成不申内は、池城え手を附候儀、罷成間敷与、いつれも吟味仕候事。

未
十一月

F　糺明官意見書　（二）〔伊江王子・摩文仁親方・宇地原親方〕

小禄親方・牧志親雲上晴目筋之儀、当分張合相成就而は、疑之情犯を以、罪科被仰付度、役人共申出。世名城里之子親雲上ニは、猶糺方被仰付度申出候。依之吟味仕候は、御咎目向之儀、明白糺付、所犯相当ニ不被仰付候而不叶事候処、役人共見付之通、疑之情犯を以、罪科被召行候而は、従者ハ張本ニ相成、不穏儀御座候。小禄糺明筋、いまた不行届所より、白状不致積奉存候間、猶口問等委敷取調部、糺明筋精々手を尽候ハ、、白状又は証拠可相成儀共致出来、所犯明白相成、相当之御取扱相成可申哉与存当申候。此段申上候以上。

六月　　宇地原親方
　　　　摩文仁親方

右吟味之通、同意存申候。以上。

六月　　伊江王子

G　糺明官意見書　（三）

一方之吟味、八議之人品、証拠証跡迚も無之、拶指拷問も十二座ニ及、此上は仕過ニ可相及候付、疑之情犯を以、罪科相擬り、首尾方被仰付度趣ニ、相見得候処、別冊伊志嶺里之子親雲上口問ニ、相見得候通、小禄一件ニ付、諸官揃之日、八ツ時分ニも為相成哉、宮平親方宅江参り候処、小禄按司・松堂親方・書役翁長里之子親雲上・桃原村濱元里之子親雲上揃合、焼酎出御咄被成候付、何様之事候哉与、尋上候処、小禄一件付、世話出来候与被申候付、何様之事候哉与、尋上候得は、御継目一件与申邪説もあり、又は三司官内意一件与申者もあり、御継目一件ニ而ハ有之間敷、夫は諸官御吟味之上、仮屋え被御遣たる儀有之、其ひづけニ而可有之、実ニ内意仕置候ハヽ、不届候得共、（数馬と書き朱で消されている――金城註）何某殿宿ニ而之一件ニ而は有之間敷哉。其時似た事は有之候。酔事之儀ニ候。其時池城殿内も御ましよん之事ニ而為有之段、宮平為被申由。

且牧志親雲上申披キ之内、諸官御揃之翌日、伊志嶺里之子親雲上、自身宅江参り、噺之趣は、昨日宮平親方宅え参り候処、宮平は焼酎被給、世間之邪説通ニ而候ハヽ、宮平よりも切殺可申候得共、三司官内意ニ而候ハヽ、池城始為被相働事ニ而、不苦与為被申段有之候付、（「数馬」と書き朱で消されている――金城註）何某殿宿ニ而之一件は、宮平ニも能聞合之上ニ而候故、右通被申候旨、致返答たる由。両人之口柄趣意致符合居候付而ハ、此所細密取調部、小禄え手懸り可相成、桁々吟味可致之処無其儀。証拠証跡も無之段申出。

就而は宮平帰帆之上相尋、猶証拠証跡を可相求筈之処、是又差押当分通小禄張通シ之形を以、疑之情犯ニ而、夫々罪科相擬、首尾方被仰付度与之趣、私共ニは何共同意難成事御座候間、小禄・牧志・伊志嶺等口問書御読之上、何分御治定有御座度、口問書五冊取添、差上申候。以上。

申

八月

H 糺明官意見書（四）〔平等方糺明向〕

今般平等方糺明向一件付、奉行役々等見立相替候付、宇地原親方召寄、宮平親方帰帆之上、問届候手筋致問尋、弥問届候方ニ被仰付候ハヽ、双方召寄、可相達与申達候処、此儀一分ニ而は、究而難申出、伊江王子えも御口合之上、何分可申出与罷帰。追而王子并摩文仁親方・宇地原被罷出、宮平帰帆之上、問届候方ニ被仰付候ハヽ、双方打組ニ而は、糺方不相調、自然打組糺方被仰付候ハヽ、御免被仰付度、被申出趣致承達、宮平帰帆之上、問届候儀は、糺明向係合之筋、相見得候付、此儀は弥被申出通被仰付、尤双方打組糺方被仰付候ハヽ、御免被仰付度被申出候得共、此節平等方御用筋之儀、至而重立候付、奉行役々被召附、此程折角取詰手を附置候付而は、猶精々熟談を遂、早々首尾全引結候様、無之候而不叶、右之趣奉伺候処、双方熟談を以、宮平帰帆之上、筋々明白ニ問届候様

御意被成下候間、被奉拝承、此涯双方熟談を以、宮平帰帆之上、問届候儀は勿論、最初よ里之御用筋、早々首尾全引結候様、御取計可被成事。

申

九月十七日

I 糺明官意見書（五）〔断片〕

本文吟味之上を以は、牧志より誣告之形ニ相見得、尤摩文仁親方え、小禄不取懸所迄を以、越度ニ召成、牧志晴目筋も取添、疑之情犯を以、罪科被仰付度与之申立ニ而候得共、成程摩文仁え不取懸所は、不届候得共、太郎左衛門え書状差遣、為致内意儀ニ而は無之、以後は何分相知可申与黙止居為申段、申晴候ハ、、僉差通不申候而不叶儀を、外ニ手懸可相成明間之所ハ差押ひ、右通之吟味筋、何共難存付御座候。

附仁右衛門え内意為致段、太郎左衛門書状ニ相見へ、小禄書状不差遣段は、是以相知申候。

J 糺明官意見書（六）〔断片〕

本文摎指之用様、当分通清律ニも相見得、尤律外之刑具相用間敷旨、嘉慶十二年・十六年ニも上諭被為在候付、吟味之上、跡々よ里召留置候趣、相認置候処、於御当地ニは、適申冠船之時、巡捕官え相附、習受被仰付、及

上聞、既ニ御法ニ相成居候を、何分御差図も不仕、平等方吟味迄ニ而召留置候段之申出、甚聞へ不申候事。

K 糺明官意見書（七）〔断片〕

糺明向ニ相携候方は、第一義理正道を以、軽重過不足之差ひ無之様、可相嗜儀、本意ニ而可有之哉。勿論恩恵ハ

上よ里出申筈之儀を本文之趣を以ハ、御恩恵被召行度趣ニ相見得、下として相応不致吟味与、存当申候事。

L　紏明官意見書（八）〔断片〕

本文之趣は、李禧耿韜紏明之時、致夾訊置候付、向後は三品以上之大臣、罪譴ニ羅り候節は、旨を奉りて職を改め、拿め問ひ、法司も又にわかに気を加ふ事不得。もし夾訊せすんハ不得るものあらハ、亦必す
旨を請ふへし与之
上諭。科律ニも八議之人品は、右通之趣相見得候付、右両段共及言上相済候上、最初は仲里按司宅ニ而問届、不致白状候付、平等方え召込、拷問拶指等相用させ候事。

M　紏明官意見書（九）〔断片〕

小禄実ニ三司官内意不致事候ハヽ、牧志中使為致訳、池城親方よ里、御達之砌、不図怒を発し、努々右様之儀無之。此儀牧志よ里、私名を借り為申積候間、屹与御紏方被仰付度旨申上、猶子共弟等、門中之内をも召寄、右成行申聞、子弟等門中ニ付而茂、紏願可為致之処、右様之取計茂不致、池城親方よ里御尋之砌、御紏之上、何分被仰付度、申上置候付、其篇ニ而可相済与、相心得候上（割注—翌々廿九日、濱比嘉親方・浦添親雲上御使を以、御役御断可申上旨御意被成下）

御意重奉存、何分願立不申段之晴目筋、聞へ不申候。

附牧志晴目之内ニ、小禄名を借り致内意、万一仁右衛門・正右衛門よ里小禄え中使為有之段、引当いたし候ハヽ、私ニは偽作之所相顕れ可申候得は、小禄名を借り候儀は、毛頭無之段、達而申出候。

N 糺明官意見書（十）〔断片〕

本文桑江は致寄せ尋、潮平えは、右之取計無之候を、潮平・桑江口柄不相替、牧志晴目筋、不束ニ相成候与之吟味、落着難成事御座候。

（歴代宝案研究　2号　一九九一年三月）

五　牧志朝忠伝　二題

牧志朝忠伝　一

牧志朝忠ハ琉球国首里ノ人。始メ板良敷氏タリ。文政元年戊寅ニ生ル。幼ニシテ郷校ニ入テ修学ス。天保九年戊戌年二十一、大清国へ冊封謝恩使法司官兼城親方ニ随テ支那ニ抵リ、仍テ支那語ヲ習通ス。此時北京ニ於テ五経博士孔憲城先生ニ謁ス。先生ハ孔子七十二世ノ孫ナリ。辞帰スルニ臨ンテ先生贈ルニ七絶詩二章ヲ以テス。其福州ニ在ルヤ秀才林英奇ト友善シ、英奇ハ閩粤ノ名士寿図ト改名シ、顕官ニ昇ル。既ニシテ吉山親方ニ就テ英語を学ヒ（吉山ハ異国通事ヨリ平等大屋子トナリ、主取ニ進ミ遂ニ親方ニ至ル）、異国通事ト為ル。弘化元年甲辰、英人初メテ我カ国ニ来リテ、各条約ヲ求ム。尋テ仏人・米人・露人モ亦来テ各条約ヲ求ム（条約ハ大略西洋船舶来球スルノ時、菜米魚肉其他需用ノ物品購求ヲ許シ、及ヒ西洋人難破船スルトキ救護スル等ノ事）、摂政・三司官自ラ処置スルヲ得ス、事由ヲ具状シテ裁ヲ鹿児島藩ニ請フ。

藩庁敢テ該要求ヲ許サス。其互市ヲ厳禁ス。而シテ其重臣野元一郎・川上式部・小松相馬・諏訪数馬・島津帯刀等、交々藩侯ノ命ヲ奉シテ来球臨監ス。之を守衛官ト云フ。外国ニ関スル一切ノ事務、大小トナク悉ク命ヲ守衛官ニ請テ、而シテ後チ之ヲ行フコトヲ得ル。故ニ外国人ノ要求スル処、強逼シテ止マサルモ、一切拒辞シテ応セス。国事実ニ岌々乎トシテ危殆ナリ。

朝忠、通詞ノ役ヲ秉テ竭力尽心精密ニ弁備ス。国王尚泰猶ホ幼冲、国祖母尚氏（先王尚灝ノ妃）、朝忠を崎山離宮ニ召シテ、面ニ之ヲ慰労シ、猶ホ且国事ニ鞠躬尽瘁センコトヲ命ス。而シテ物ヲ賜フ殊ニ渥シ。適々英《ママ》艦提督某氏、必ス国王ニ面シテ条約ノ許可ヲ得ント欲シ、兵卒数百ヲ率ヒ大砲ヲ挽キ首里城ヲ望ンテ進ミ来ル。摂政・三司官、衆官（現官・散官ノ総称ナリ）ヲ集メテ之ヲ議ス。法司座喜味親方建議シテ以為ラク、城門ヲ堅閉シテ之ヲ入レスト。諸官之ニ応スルモノ多シ。唯リ紫巾官小禄親方・久米村源河親方及ヒ朝忠、頻リニ之ヲ城内ニ延テ礼遇ヲ厚フセンコトヲ請フト雖トモ聴カス。英《ママ》兵楽ヲ吹キ鼓ヲ鳴ラシ隊伍整々トシテ前ミ、近クニ及ンテ衆官震怖シ、乃チ城門ヲ開キ迎ヘテ以テ之ヲ礼待ス。

提督某氏、国王ニ面センコトヲ乞フ。総理官（本国ノ国事政務ハ摂政・三司官之ヲ総理ス。別ニ総理官ナルモノナシ。惟リ外国ニ対スルニハ仮リニ総理官ヲ設置シ一ノ重臣ヲ以テ之ニ充テ、凡ソ外国人ト対面応接スルノ任ヲ授ケ、而シテ実ニ摂政・三司官、其裁ヲ採ルナリ）、辞スルニ国王幼冲礼ヲ行フコト能ハサルヲ以テス。仍テ総理官ト条約ヲ締結シテ、而シテ後チ去ル。

此時ニ当テ危急切逼ニシテ、禍ト為リ福トナルコト間髪ヲ容レス。朝忠中間ニ在テ倉皇奔走シ、能其事機ヲ迎ヘテ弁備シ無事平和ニ帰スルコトヲ得ルノ効多ニ居ル。

仏人曽テ公館ヲ久米村後ノ林中ニ建テンコトヲ要シ、国朝之ヲ却スト雖トモ固請シテ止マス。朝忠事ノ止ム可カラサルヲ知テ其請ヲ許サンコトヲ乞フ。国朝聴カス、乃チ総理官ヲシテ久米村通事ヲ携帯シテ之ヲ固辞セシム。仏人果シテ大ニ怒テ総理官ヲ捉去セントシテ、忽チ騒擾ヲ極ム。朝忠、為メニ救解シテ事纔ニ止ム。

一日一米兵酔ニ乗シテ人家ニ侵入シ、婦女ヲ辱メントス。国人参集シテ之ヲ追去シ礫石ヲ抛打テ遂ニ之ヲ死ニ致ス。提督其情実ヲ知ラス、特ニ擅殺セルモノトシ大ニ怒テ国朝ニ逼テ、犯人ヲ求ム。国朝其犯人ノ誰タルヲ弁別ス可カラス。倉皇措ヲ失フ。已ヲ得ス一官差ニ命シテ、犯人ト擬シ之ヲ繋累シ、総理官率テ以テ米艦ニ詣リ、詳カニ事由ヲ訴フ。提督始メテ其実情ヲ知リ置テ問ハス。朝忠之レニ関シテ甚タ務ム。其後凡ソ外国人ト関渉スル万端ノ事務、能ク弁備スルコト枚挙スルニ遑アラス。

嘉永三年癸丑十月、国朝ヨリ褒美ヲ賜フコト左ノ如シ。

御当地へ去ル辰年（弘化元年）以来、異国船繁々渡来、種々御難題筋ノ儀而已申立、夷人共逗留等付、其方事最初ヨリ通事係相勤、御用弁宜有之、旁御見合ヲ以テ去申（嘉永元年）二月、御用意方筆者へ被召進候。其上通事係ノ功ヲ以テ去戌（嘉永三年）六月、銭御蔵筆者御心付等被仰付置候処、其以後ニモ通事勤功猶々出精、取分御用弁ノ稜相見得、殊勝ノ儀被思召候。依之猶又別段ノ御吟味ヲ以テ、此節被達上聞、当分通御用意方勤通ニテ銭御蔵退役、亥六月ヨリ御物奉行方仮筆者同様ノ勤功御取持被仰付、余ノ定役人中闕先次第、旅役エモ御付届可被仰付届候条、難有奉承知、本職掛テ夷人方へ通詞向之嗜猶以入念、全御用弁行届候様精々勤務可有之候、此旨御差図ニテ候。以上。

丑十月二日　宜野湾親雲上　川平親雲上　久手堅親雲上

板良敷里之子親雲上

嘉永四年辛亥九月、麑島藩ノ褒賞ヲ受クルコト左ノ如シ

金子三拾両　琉球首里通事

板良敷里之子親雲上

右ハ去ル辰年（弘化元年）以来、異国船来着ノ節々示談向等別テ骨折相勤、奇特ノ至候。依之御内々ヨ

リ右之通リ被成下候。猶又出勤可相勤候。
右可申渡候。
九月
豊　後
仝六年癸丑、朝忠麑藩ノ命ヲ奉シテ、該藩士園田仁右衛門・大窪八太郎ニ英語ヲ教授ス。二氏ハ藩命ヲ奉シテ来球シ、衣冠簪髻悉ク我国人ニ打扮シ、凡総理官ノ外国人等ト対面応接アル毎ニ、必ス琉球官員ニ加ヘテ以テ列席ス。蓋シ国朝麑藩ニ背キ、外国ニ通情スルノ恐レアルヲ以テ、之カ監検ヲ為ス為スナラン。
安政二年乙卯三月、亦タ麑藩ノ褒賞ヲ受クルコト左ノ如シ。
金子三拾両　用意方筆者
板良敷里之子親雲上
右者去ル辰年以来異国人逗留、且ハ異国船渡来毎ニ難題之応答向等専引受、多年骨折致精勤候段、被聞召上候付、別段ノ御取訳ヲ以テ、御内々ヨリ右之通被成下候様、異国人一件ノ儀猶又差ハマリ、万端無手抜様都合能取計可致精勤候。
三月
豊　後
仝年八月、大湾村地頭職ニ任セラル。三司官其王命ヲ請フノ書左ノ如シ
言上写
請読谷山間切大湾地頭大湾事地頭所被召揚候付跡地頭所並当座敷
御用意方相付筆者
板良敷里之子親雲上

右者辰年以来異国通弁向、骨折相勤候付、此節御用意方筆者退役ニテ、右通御褒美被仰付被下度奉存候事。

以上

卯八月朔日

大湾地頭ニ任セラル以降ハ大湾ト改氏ス。

安政四年丁巳十月、特進シテ日帳主取権職ニ任セラル。其三司官ヨリ上命ヲ請フノ書左ノ如シ。

覚

大湾親雲上

右ハ異国人逗留且異国船渡来毎、通弁彼是難題之応答向専引受、昼夜 骨折致精勤、抜群御用立候付、別段之 思召ヲ以テ此涯十五人席え相詰、左候テ日帳主取代合ノ節被仰付、通弁向之儀ハ以後共是迄之通被仰付候段、従御国元（麑藩ヲ云フ）被仰渡趣御座候間、当分者申口方吟味役席へ相詰、日帳主取明合次第被召進、其内吟味役々知高之物成被成下、異国人通弁向之儀モ、弥是迄之通被 仰付被下度奉存候事。

以上

巳十月十八日

前書ノ事件ニ付、麑藩ヨリノ命令書及ヒ是レニ附スル国朝ノ転達書左ノ如シ

大湾親雲上

右者異国船渡来等ノ節々、難題応答向必至ニ差ハマリ、骨折致精勤候付、別段ノ思召ヲ以、此涯十五

人席え相詰候様、左候而以後、日帳主取代合ノ節申付、通弁向之儀ハ是迄ノ通相勤候様被仰付、其段ハ別紙ヲ以テ申渡通候。就テハ大湾儀、国家興廃モ相拘候応答向、度々都合能致通弁、平穏為相済候次第、不容易事候付、旁厚思召ヲ以、右通為被仰付御事候付、難有　御趣意之程厚奉汲受候様、摂政・三司官申渡、国王えモ致洩達候様被仰付候事。

但日帳主取勤年数、相仕舞候上、外勤申付相成候テモ、異国人一件取扱ニ不相拘向ニ候ハ、、異国人方通弁向之儀ハ、是迄之通被掛置候様取扱被仰付候。

十月十三日

右之通御国許（麑藩）ヨリ被　仰付越候段、御仮屋方（本国駐剳ノ麑島藩官）ヨリ被仰渡候付、達上聞御取立被仰付置事候条、御趣意ノ程難有奉汲得、先様御奉公方、猶以精勤可被致候。此段申達候事。

巳十一月八日　　　三司官

大湾親雲上

麑藩ヨリ別紙申渡書左ノ如シ

右者多年異国人逗留、且ハ異船渡来毎ニ通弁彼是、難題之応答向専引受、昼夜骨折致精勤、抜群御用立候付、不容意事候得共、別段之　思召ヲ以、此涯表方（本国政府之ヲ表方ト云フ）十五人席え相詰候様、左候テ以後日帳主取（三司官ノ命令出納ヲ掌ル之ヲ謁者トモ云フ）代合之節申付、通弁向之儀ハ是迄之通被仰付候様、猶又一涯致精勤、異国掛之面々、遂熟談聊無手抜様、就中取締向旁一躰心馳之儀共無之、入念可取計候。右之趣国王え洩達之上可申渡事。

十月十三日

仝年十一月、日帳主取職ニ任セラル。

仝五年戊午四月、真和志間切牧志村地頭職ニ転任セラル。是ヨリ牧志ト改氏ス。

仝年鹿児島藩ノ命ヲ奉シテ、該藩士市木正右衛門・岩下新之丞ニ英語ヲ教授ス。二氏ハ園田・大窪ノ帰国ニ及テ其職ヲ継キタルモノナリ。

仝年麑藩ヨリ摂政・三司官及ヒ王叔玉川王子・恩河親方・牧志親雲上ニ命ヲ下シ、琉球ノ名ヲ以テ英人《ママ》ヨリ汽船一隻并其附属品・銃剣及ヒ一切ノ器具ヲ合セテ之ヲ購買セシム。国朝衆官協議シテ以為ラク、本国大清国ニ対シテ弁明スルニ、固ヨリ日本ト一切交渉スルナキヲ以テス。今汽船購買ノ故ヲ以テ、万一日本ト交通シ居ルノ状敗露スルアラハ、大清ノ為メニ進貢ヲ断絶セラル、ノ患ヲ生セント。仍テ汽船購買ノ事ヲ固辞スルモ麑藩肯テ聴サス。已ムヲ得ス其命ヲ奉諾ス。

是ヲ以テ衆官怠慢遷延シテ其事ヲ尽サス。唯奉司（法司？）小禄・玉川・恩河・牧志ハ能ク其事ニ従事尽力シタルヲ以テ、衆官此四人ヲ猜忌娼疾シテ、麑藩ニ通情スルモノトス。未タ幾許ナラス、麑藩侯俄然トシテ薨去シ、購買未タ果サスシテ遂ニ止ム。衆官ノ之ヲ疾ムコト猶止マス。其幾多ノ非行亡状ヲ構造シテ以テ飛語流言ス。甚タシフシテハ廃立ヲ企図スル隠謀アルヲ以テスルニ至ル。

国人唱和シテ誹謗猜憎ノ声巷ニ満ツ。此時摩文仁親方、在番官ト為リ麑島ニ在リ（在番ハ今ノ外国駐剳領事官ノ如シ）。本年九月任満チ帰国シ、即チ密ニ国朝ニ上疎シテ云フ。某在麑ノ時市木正右衛門ニ逢フ、曰ク我カ在球ノ際、法司座喜味辞職シ、其後任ヲ投票薦挙スルニ当テ、小禄・牧志ハ予ニ慫慂スルニ伊是名親方ヲ法司ニ当撰ス可キヲ以テスト。摂政・三司官之ヲ聞キ以為ラク、小禄・牧志ハ国制ヲ紊乱スルモノト。

是ニ於テ安政六年己未、王命ヲ請テ三月ニ小禄、四月ニ牧志ヲ各獄ニ下シ、共ニ官爵ヲ褫奪ス。而シテ王叔伊江王子（大里・伊江・玉川各王子ハ共ニ先王尚灝ノ子）・與那城按司・摩文仁親方ヲ臨時糺奉行ト為シ、交々栲糺・鞠究スルコト数十回、笞杖頻リニ施、苦楚惨酷ヲ極ムレトモ、毫モ罪跡ノ証スヘキモノナシ。又人ヲ麑島ニ遣ハシ、市木氏ヲ見テ前言ヲ挙証センコトヲ求ムルモ、市木氏ハ未タ曽テ此ノ如キ前言ヲ為サストス。而シテ伊江・摩文仁以為ラク、栲糺猶ホ未タ至ラサルヲ以テ、犯人敢テ直実首肯ヲ為サヽル可シ。須ク一層厳酷ヲ加フヘシト。其属吏平等所主取大屋子等、其威ニ委（萎）靡シテ其議ニ応スル者多シ。與那城ハ以為ヘリ、業已《すで》ニ当然ノ鞠究ヲ為シ、犯人自白ヲ為サス、且ツ拠ル可キ証左ナキトキハ則チ之ヲ止ム而已。何ソ更ニ厳酷ヲ用フルコトヲ為ンヤト。大屋子仲吉等数名ハ、與那城ニ合意セリ。双方各意見ヲ具状シテ裁ヲ国朝ニ乞フ。摂政・三司官、衆官ヲ集メテ之ヲ議ス。満朝議論紛々トシテ決スル能ハス。而シテ摂政大里王子・法司與那原親方ハ伊江・摩文仁ノ議ヲ以テ是トス。浦添・宇地原・喜舎場等各親方ノ如キハ、力ヲ極メテ之ヲ賛助シ、其勢焔赫々トシテ、敢テ争フ可カラス。衆官唯々其議是レ従フ。法司池城親方ハ消（稍）其繫連者ナル嫌疑ヲ受ケタルニ依り、弁明スル能ハス、黙々トシテ敢テ言ハス。唯リ法司譜久山親方ハ與那城ノ議ヲ以テ至当トシテ、肯テ大里ニ左袒ヲ為サス。而シテ亀川・高嶺・川平・津波古ノ各親方、及ヒ山内親雲上等ハ之レニ応シテ、伊江・摩文仁ノ議ヲ排ス。遂ニ相分リテ両党ト為リ、各議柄ヲ固持シテ相下ラス。

是ニ於テ各具状上聞シ、特ニ王命ノ裁スル所ニ任ス。大里党ハ心更ニ玉川王子・豊見城王子・保栄茂親方・兼城親方其他、嫌疑ヲ受クル者ヲ悉ク厳糾シ、処スルニ罪ヲ以テセントス。蓋シ廃立隠謀ノ巷説ヲ信スルナリ。国王尚泰年若ニシテ（時年十七）性明察ナリ。大里ノ議ヲ以テ苛酷残忍ニ渉ルモノトシ、之ヲ排斥シテ與那城ノ議ニ由テ裁行ス可キノ命ヲ下ス。

大里即チ建議ノ採用セラレサルヲ以テ、摂政ヲ辞シ隠居（家統ヲ長男ニ譲ル）シテ閉蟄ス。三司官池城・譜久山・與那原、乃チ王命ヲ請テ與那城ヲ昇シテ摂政ニ任シ、爵ヲ王子ニ進ム。既ニシテ而シテ伊江・摩文仁及ヒ平等官吏等協議シテ、小禄ハ一の微罪ヲ挙ケテ金武間切観音寺ニ五百日ノ寺入トシ、牧志ハ権リニ十年流刑ニシテ、永久禁獄スヘキモノトシ、旨ヲ国朝ニ請フ。大屋子仲吉等数名ハ、以為ヘラク、鞠究スルモ罪状ナシ。胡《な》ン（ソ）処刑ヲ以テスルノ理アランヤ。須ク之ヲ無罪放免ニ処スヘキモノト、敢テ其具状ニ与セス。国朝乃チ衆官ヲ国学ニ集メテ之ヲ議セシム。亀川・高嶺・川平・津波古・山内等ノ如キ正直ナルモノ、仲吉等カ意見ヲ主張シテ之ヲ争フト雖トモ、伊江・摩文仁党ノ勢焔更ニ抗スル能ハス。

是ニ於テ摂政・三司官、王命ヲ請テ伊江・摩文仁ノ具申ニ拠テ、小禄・牧志ノ処罪ヲ決定ス。此時国人、大里・伊江ニ左祖スルモノヲ目シテ黒党トシ、亀川・高嶺等ノ同志者ヲ目シテ白党トシ、黒白党ノ軋轢スル日一日ヨリ甚タシ。交誼ヲ絶チ縁娅ヲ離ル、ニ至ル。

文久二年壬戌六月、麑藩命アリテ牧志ヲ徴ス。蓋シ外交ニ関スル国事ヲ授ケント欲スルナリ。朝忠獄中ニ幽蔽スル茲ニ四年、此日本国駐剳鎮守ノ麑藩官（土名之ヲ在藩奉行ト云フ）相良治郎（三冤録では市木次十郎とある——金城註）其属吏ヲ平等所（獄屋）ニ遣ハシテ、牧志ニ一面センコトヲ求メシム。平等官暫ク之ヲ停メ命ヲ摂政・三司官ニ乞テ、而シテ後チ其面接ヲ許ス。吏相見了テ即チ牧志ヲ肩輿ニ乗セ、擁シテ而シテ那覇ノ客舘ニ帰リ、一切他出ヲ禁ス。相良氏初メテ麑藩ヨリ牧志ヲ徴スノ命アルコトヲ国朝ニ報知ス。満朝ノ衆官大ニ驚愕シ、牧志ヲ留メンコトヲ請願スレトモ聴サス。亦異国通事長堂某ヲ以テ牧志ニ換ヘテ、徴命ニ応センコトヲ願ヘトモ更ニ聴サス。摂政・三司官王命ヲ請テ法司宜野湾親方ヲ麑藩ニ遣ハシ、長堂某ヲ携帯シ牧志ニ交換センコトヲ願ハシム。

本年七月十九日、相良氏（市来）朝忠ヲ携テ覇港開洋ス。朝忠船ニ駕スルニ臨テ、子息等ニ対シテ一々後事ヲ委嘱シ、且永訣ノ語ヲ為ス。此夕船伊平屋島洋ヲ過ク。忽然トシテ自ラ海ニ投シテ卒ス、年四十五。

嗚呼朝忠国家多事ノ時ニ当テ、崎嶇艱難ノ間ニ奔走シテ心力ヲ殫ス。賞未タ其労ニ充タス。然ルニ讒口ノ為メニ容レラレス令終ヲ得ス。豈ニ憫然ニ非スヤ。

初メ朝忠英（仏）人ニ対シ条約ヲ拒辞スルヤ、提督勃然トシテ怒リ、其将士ヲシテ剣ヲ抜テ之ニ逼ラシムルモ、毫モ恐怖ノ色ナク、之ヲ諭スニ理ヲ以テス。将士莞爾トシテ剣ヲ斂ム。其難ニ臨テ屈セサルコト此ノ如シ。一日英艦提督、銃壱挺ヲ朝忠ニ贈ル。之ヲ官庫ニ納ム。蓋シ琉人ノ外国人ニ交接スルヤ、凡ソ彼カ贈遺物ハ悉ク之官庫ニ納メ、而シテ之ヲ酬フニ官資ヲ以テスルハ固ヨリ国制ナリ。然ルニ今般国朝之ヲ酬フコト甚タ薄シ。朝忠之ヲ増サンコトヲ請フ。聴サス、自ラ私資ヲ加ヘテ以テ厚ク酬フ。摂政・三司官以為ラク、制ニ背クモノト。即チ朝忠ヲ寺入ニ処ス（寺入トハ数十日若クハ数百日間遠寺ニ禁錮ス、是レ微罪ニ該ル処分法ナリ）。本国駐剳鎮守ノ魔藩官某氏之ヲ聞テ、摂政・三司官ヲ責メテ曰ク、牧志自資ヲ捐テ厚ク酬フハ、国家ノ為メニ尽シタルモノナリ。之レヲ賞シテ猶ホ余りアリ、何ソ之ヲ罰スルノ理アランヤト。摂政・三司官畏縮シ、朝忠カ罪ヲ宥ス。（註）

（註）
以上の記録は、字句の若干の出入りはあるが、ほとんど喜舎場朝賢『東汀随筆　続篇』（第一回）からの引き写しでるが、末尾の同書「第一六」から省略された数行の部分、およびそれにすぐ続く「第一七

亡父牧志朝忠復禄の儀に付き請願」書を引いておきたい。

（「第一六」の末尾の文章）

初め朝忠亀山氏の娘なべを娶て三男を生む。長は長英、次は朝昭、三は朝珍、家計固より窮乏、官途稍進むに及んで頗る富有、家宅を首里崎山村に買て之れに居る。其罪に陥り、地頭所を引揚げらるゝに至て、妻子復た窮困に逼り家宅を売却し、西原間切石嶺村に移居し、妻は紡織、男は耘耕を以て糊口す。此時、長男長英病歿す、年二十五。後復た具志川間切天願村に流転す。亦窮逼に堪へず、朝昭は専ら売卜を業とするも芸售られず、朝珍は天願に在て死亡す。妻なべ年七十余、老衰多病、鶉衣百結、朝甕夕飧、相給せず、顚連無告の惨状是より甚だしきはなし。明治三十一年死亡。嗚呼、朝忠旧藩危急存亡の時に当て崎嶇艱難の間に奔走尽瘁す。賞未だ其労に充たず、不意無辜の身を以て刑坑の深きに陥り、後昆此の如き苦域に至る。苟も人心あるもの誰か之を悲まざらん。

第十七　亡父牧志朝忠復禄の儀に付請願

亡父牧志親雲上朝忠儀、旧藩時代に在て異国通事を勤め、藩庁の為め尽瘁したる功労に依り特進し、日帳主取と為り、知行高弐拾石並に真和志間切牧志村地頭所を領したるも、一旦讒口の陥害する所と為り、無理の処分を受け、地頭所を引揚げられたり。其後無罪放免と為りたるも、未だ復禄の御沙汰に至らず。之れに依て、朝忠が為めに復禄の恩典を蒙り、生前の名誉を恢復し度、請願の旨趣謹んで左に開陳す。

抑も、大日本帝国外交未だ開かざるの際、西洋各国は帝国の情態実情を悉知するに由なく、其の情実を窺はんと欲し、弘化元年以来、英人仏人米人露人の如き相続で来球し、而して英人仏人等は久しく那覇に寄留居し、洋船頻繁来港し、仍て外国人等旧藩庁に逼り、条約を締約せんことを要求す。

当時、旧藩庁は薩藩の支配を受け居て、外交事務自ら専裁するを得ず、事由を具状して以て裁を薩藩に請ふ。此時、帝国の制、鎖港の際に在り。故に薩藩庁に旧藩庁をして外国人等の要求を拒絶せしむ。而して野元一郎、川上式部、小松相馬、諏訪数馬、島津帯刀等の如き重役人、交々薩藩庁の命を奉じて来球臨監せらる。外国人等其要求を拒絶せらゝを憤り、動もすれば強制威逼し、暴行の挙動に渉らんとする有様なるに付、藩事多端実に岌々乎として危殆、上下騒然、寒心股慄したりき。

是時に当て亡父朝忠、通詞の役を負担し、昼も食するに遑あらず、夜も安眠するを得ず、鞅掌奔走、竭力殫心し、事務精密に弁備し、務めて無事平和に帰せしむるを得たり。其時、藩主尚泰猶ほ幼冲、先国王尚灝の妃尚氏、朝忠が藩事に身を委ね、抜群精勤するを感心せられ、朝忠を崎山別殿に召寄せ、面に之を慰労し、猶ほ且精励尽瘁し呉れと命ぜられ、物を賜ふこと殊に渥し。

且亦薩藩庁より褒状賞品を賜ふこと第壱号証、第参号証、第拾号証の如く、旧藩庁より褒状賞典を賜ふこと第弐号証、第四号証、第五号証の如く、又薩藩庁の褒賞に依り、特進して十五人詰を命ぜらる事第六号証乃至第八号証の如く、日帳主取に任ぜらるゝこと第九号証の如く、真和志間切牧志村地頭を賜ふこと第拾壱号証の如し。

然れば朝忠前述の如く、容易ならざる外交事務を負担し、一歩を誤れば忽ち如何なる巨変大禍を惹起するやも測られず、実に旧藩庁危急存亡の秋に依り、身を藩庁の犠牲に供し、難を排ひ紛を解き、精勤尽瘁したる功績毫も掩ふ可からざるは、各褒状賞典に徴して著明に候処、数次重畳の恩賞栄誉一身に余りたるに付、自ら他人の猜忌を惹起するを免れず、遂に無根の風説の為めに嫌疑を受け、不謂の讒言の為めに陥害せられ、且罪迹の証左なきにも拘はらず、猶ほ栲問糺鞠惨酷苦楚を極め、仍ち十年流刑に擬し、無理の処分を下し、地頭所を引揚げ、獄中に幽蔽すること四閲年、寃を含み枉を蒙むり、天に号び地に泣き、告げ訴る所なし。

豈図らんや辱なくも薩藩庁の徴命ありて、外交事務を授けられんとし、乃ち無罪放免の命を下され、已に晴天白日の身と為り、薩藩使臣市来次十郎と共に船に駕して薩州に赴く。船已に那覇港を抜錨し、測からざりき海に堕て溺死せんとは。抑も朝忠功ありて罪なし、況や無罪放免の命を蒙りながら未だ復禄の恩典を蒙むらず、生前の名誉を恢復すること能はず、気の毒千万、子たるの情義何共忍び難く次第に御座候。

伏して希はくば知事公閣下、前述の情状御洞察被成下、朝忠が当時藩庁の為めに尽瘁したる功労及び讒者の為めに陥害せられたる寃枉、且業既《すで》に無罪放免を蒙むりたる事実、彼是御調査被成下、何卒政府へ御進達、朝忠が日帳主取たりしとき旧藩庁より給与せられたる知行高弐拾石を逓減し、知行高拾五石並に牧志村旧地頭作得高米五拾参石弐斗九合は、本県他の有禄者同様の御取扱を以て、金禄六百円余と為し、私へ御給与、而して子孫へ逓減御給与も他の有禄者同様、御取扱被成下度、左様御取運被成下候はゞ、朝忠生前の功績報酬を頂戴することを得て、名誉を恢復し余栄を後裔に及ぼし、御高恩を感ずる実に深重銘結して長く忘る可からず。別紙付属書拾壱通、履歴書壱冊、相添、此段伏して奉懇願候也

明治三十三年十二月

沖縄県首里区字町端二十三番地内第四号

士族即ち故牧志朝忠家跡相続者

牧志朝昭

沖縄県知事男爵奈良原繁殿

右請願書は牧志朝昭が依頼に依て草稿を調製し交附したるも、未だ幾日ならず朝昭病歿いたし、惜ひかな未だ県庁に提出するに至らざりしを。

牧志朝忠伝　二

一牧志親雲上朝忠ハ当玉川家（按司）ノ支流ニシテ、朝忠五代ノ祖ハ今ノ識名朝勝（親方）ノ先祖大城親方ノ五男ナリ。文政元年朝忠首里当蔵村ニ生レ、後又赤平村ニ移ル。朝忠ニハ元筆者格ノ身分ナルモ外国通詞ノ役ヲ勤ムル十数年、国家危急ノ場合ニ於テ、度々抜群ノ功労アルニ依リ、抜用セラレテ日帳主取（要路ノ職）トナル。之ニ依テ安政四年十二月、稍結構ナル家屋敷ヲ崎山村ニ買テ（此時藩庁ヨリ引越料トシテ銭七万貫文下賜セラル）之レニ移リシカ、間モナク嫌疑ヲ受テ獄ニ下ル。

一右通リ顕職ニ登リタルニ付テハ、交際向旁以前ヨリ格別費用相増シ、一時過分ノ負債ヲ為シタルモ、在職日尚ホ浅ク、未タ其返済ヲ終ヘサル内、文久元年八月、罰セラレテ知行（二拾石）并ニ領地（作得高四拾石余）引揚ケラル、ニ依リ、家族等忽チ困窮ニ蹈（陥）入リ、不得已右家屋敷ヲ売却シテ負債ヲ償却シ、残銭一万七千貫文（三百四拾円）ヲ以テ、西原間切石嶺村ニ九俵所ノ地所ヲ、十五ケ年期ニテ質畑ヲ取リ、仝所ニ仮リノ茅屋ヲ結ヒテ之ニ住ミ、妻ナヘハ毎日紡績ヲ業トシ、長男朝英・二男朝昭・三男朝珍ノ三人ハ、専ラ耕作ヲ以テ漸ク糊口ヲ為シタル由。

　但家屋敷売却代銭ハ六万七千五百貫文（千三百五十円）ノ多額ナリシモ、兼テ負債多キ故凡テ右返済ノ方ニ支払ヒ、質畑銭ノ外ニハ残余ナカリシ由。

一長男長英ニハ石嶺村へ引越間モナク死亡。嗣子ナキニ付、父朝忠ノ亡跡ハ文久三年十一月、二男朝昭相続ス。

一明治九年六月ニハ、右質取地満期受戻サレタルニ付、一時狼狽、近辺ニ於テ代リ地ヲ求メントスルモ不相出来、且土地広キ遠方ノ田舎ニ移ラントスレバ、引越料ノ貯ヘナク、実に進退相究マリ候折、母ノ兄弟山川村亀山某等両人ヨリ、金七円ヲ補助シ呉レタルニ依リ、此金ヲ持テ母子三人具志川間切天願村ヘ移住シタル由。

但予テ地主ヘ貸付置キタル質畑銭ハ、一万七千貫文（三百四拾円）ナリシモ、貸付ノ後、通融銭引合相替リタルカ為メ、僅カ五百三拾貫文余（拾円六拾銭）ニ相成リ（最初一厘ニ付一文ノ引合ナリシカ、後一厘三拾二文ノ引合トナリタルニ付、三拾二分ノ一ニ減セリ）。且右質畑銭見当ヲ以テ、地主ヨリ借金モ有之タルニ付、之ト決算致シ少シトテモ残余無カリシ由。

一天願村ニ於テハ三俵所ノ地所ヲ借受ケ、十五ケ年余専ラ耕作ニ従事シタルモ、只毎日ノ糊口ノミニテ、余勢無之、追々母モ年老ヒ、自分モ五十ノ坂近ク、迚モ労力ニ堪ヘカタキヲ以テ、明治廿三年二月、首里町端村ニ来リ（別紙戸籍写ノ通リ今猶仝村ニ原籍アリ）。借宅ニテ売トヲ以テ漸ク生活ヲ為シタリシカ、首里ニテハ永ク該営業ノ見込相立サルニ付、翌廿四年五月、大里間切与那原村ヘ寄留、専ラ仝業ヲ為スモ、家族トテハ七十五年ノ老母ト、七歳ノ女子ト両人（妻は離別）ノミニテ、売トノ外何ノ家業モ不相出来、日ニ増シ急迫ニ及ヒ、目下一日一飯躰ノ暮シニテ、時々親戚朋友ノ補助ヲ仰居候由。

一三男朝珍ニハ天願村住居中分家シ、今猶該村ニ現住シ居ルカ、病身ノ上子トテハ女三人ノミニテ、農作等ノ手助ケ相成ルヘク者モ無之、至極困窮ニテ、朝夕ノ煙モ立兼候由。

沖縄県首里町端村弐拾三番地　内第四号　士族

文久三年十一月十五日相続
明治廿三年十一月廿四日願済就籍
弘化元年五月七日首里山川村士族
亀山朝貞長女入籍ス
明治廿一年八月廿七日首里久場川村
士族本永朝功姉入籍ス

前戸主亡父　牧志朝忠
亡父朝忠二男
戸主　牧志朝昭
弘化三年四月十六日生
亡父朝忠妻
母　ナ　へ
文政五年六月十四日生
妻　ウ　ト
文久元年十二月廿八日生
長女カマト
明治廿三年三月三十日生

補論

牧志・恩河事件の背景

一　島津の積極外交への旋回と琉球

琉球に対する仏・英の通商要求が年ごとに強まり、また、一八四六年以来那覇に滞留して王府の監視と妨害のもとで、性こりもなく「国禁」のキリスト教布教に従事し続けるベッテルハイムの退去問題がおこっているなかで、薩摩では、一八五一年（嘉永四）二月、島津斉興《なりおき》に代わってその子斉彬《なりあきら》が藩主の位についた。

島津斉興は一八〇九年（文化六）襲封以来、四十二年の間藩主の地位にあった。その後半二十四年は側近に調所《ずしょ》笑左衛門（広郷）が活躍した時期であり、調所は、片やふみたおし同様に五百万両に及ぶ藩債を整理し、片や黒糖専売を強化、さらには琉球を介しての密貿易を盛んにおこなって、藩財政のたてなおしを強行した。調所の功績はともかくとして、藩主斉興の時代に、薩摩藩は「日本一の富強国」となり、幕末日本の政治を左右する「雄藩」としての基盤が築かれたのである。(1) 十九歳のときから、薩藩封建支配体制の強化と安定のために全エネルギーを燃やしてきた藩主斉興も、今はすでに齢六十をすぎ、「国家」の危急存亡よりも自己の位階昇進の方がより関心のまとであった。彼は、「私領琉球国」における「異国人」の挙動についての幕府への報告にも、ことさらに無事をよそい、「何も平常ニ相替候儀無御座、中山王始琉球役々共ニも致安堵、国中末々ニ至、人気も弥相治り、少も懸念之廉無之[2]」、と報告し暗に自己の手柄を誇示して、位階昇進の具にしようとさえしたのである。

要するにこの老藩主は、激動し続ける内外の状況を乗り切るだけの胆力をすでに失っていた。子の斉彬とてすでに四十三歳に達しており、ふつうならば「とうに家督を譲ってよい歳でであるが、斉興は頑張ってなかなか譲らない」始末だった[3]。斉彬は父斉興の隠退をひそかに望んだ。しかし、これまでの薩藩の基礎を固め、また、これといった失政もない父斉興に向って、隠退をすすめるようなことは、子としてできぬことであった。そこで斉彬は、幕府の阿部老中の諒解のもとに、斉興の羽翼を切りおとすことからはじめた。まず、調所の「密貿易事件」をあばかせて、詰腹を切らせ（一八四八＝嘉永元年十二月十八日）、斉彬擁立派を動かして斉興側近の有力者を謀殺する計画を進めていた。しかし、その謀議は斉興の知る所となり、逆に斉彬擁立派四十数名が酷刑を言い渡されるはめとなった（お由羅騒動＝一八四九～五〇）。しかし、斉彬はひるまず、斉興の異国事務の不手ぎわを表向きの理由に、結局隠退せざるを得ない状況へ追い込んだのである。

これまで父斉興のもとで、その異国事務の消極的な態度に不満を抱いていた斉彬は、こうしてみずから藩主の職を引き継ぐと、お家騒動のあと味の悪さをかみしめながら、今や急ピッチで年来抱懐し続けた積極政策に向って、藩論を誘導して行くのである。

日本に近づきつつある新たな激動期を、支配者としての立場から鋭敏に察知しはじめていた斉彬は、それを乗り切るための手段として、積極的に欧米諸国との通商をおこなって、進んだ西洋の軍事・産業技術を導入しようとはかった。そしてその拠点としてはさしあたり琉球をおいて適当な場所はなかったのである。幕府の鎖国政策は、薩摩にとって邪魔になるどころか、むしろそれを逆用して奇貨を占めることができるのだ。斉彬とて利にさとい薩摩人にちがいはなかった。しかも今は自分の考えと責任において何でも思う通り采配の振れる立場にあった。だれに遠慮がいろう。すでに幕府からは琉球の処置について「一手之進退ニ委任」されていたし、貿易許可までとりつけていながら、みすみすそれをほごにするてはないのだ。それに斉彬にとって幸いなことには、日頃から彼の「軍備・外交上の卓見に心服し」、支持している老中阿部正弘がひかえている。(4) 彼は父斉興が隠居するにしても、すくなくとも自分の考え通りの藩政が軌道に乗るまでは、江戸の藩邸に留ってほしかったし、国に戻ってそばからとやかくいわれたくなかったのである。(5)

藩主島津斉彬は襲封まもない一八五一年（嘉永四）七月、「側役への直書」のなかで、一八四四年（弘化元）の琉球への異国船渡来以来の状況が、「追々根深く」なりつつあること、「近年中ニ者、日本江通商願として渡来」するであろうこと、この「異国船手当之儀」は、「事ニ依而者、当家計《ばかり》ニも無之、日本の御国体ニ茂《も》響き候間、能々心得候様」といい、「天の時地の利よりも人の和第一」と強調し、「万一異国船渡来」という事態となっても、人心が離れないよう日頃から心掛けよ、と説き聞かせている。(6)

異国船が「近年中ニ者、日本江通商願として渡来」するであろうことを予測し、きたるべき新たな情勢に身構えるために「人の和第一」＝藩論の統一を強調していた斉彬の眼からすれば、一八五三年（嘉永六）のペリーの来航は、くるべきものがきたのであり、おどろくことではなかった。今や頑迷な幕府も、その鎖国政策を改め、欧米諸国との間に「和親条約」をとり結び、まもなく「通商」も開始される運びとなるだろう。そうなれば、再び外国貿易が幕府の管理のもとに、独占経営されるであろうことは、目に見えていた。斉彬は、幕府におくれをとりたくなかった。これまで、幕府の鎖国政策＝長崎貿易の独占に抗して、琉球を根拠に対中国貿易の利益を貪欲に収めてきた薩摩は、あらたな状況のもとで、再度、幕府に挑戦し、さきまわりして、独自の利益を追求しはじめるのである。

一八五四年（嘉永七）三月、神奈川で幕府との間に「日米修好条約」を結んだペリーは、同じ足で那覇に引きかえし、七月、首里王府との間に「琉米修好条約」をとりかわした。「琉球国」が条約の相手であったが、「この（琉球）群島は日本帝国諸侯中の最も強力なる薩摩侯の治むるところなり」とはペリー自身が認めているところであった。[7]薩摩は早速その本性をあらわにしてきた。同年九月八日付で「条約」文に対し苦情を申し入れてきたのである。すなわち、「琉米修好条約」の第一条後段には、合衆国民が物品の購入を求めた時は、「官と雖ども民と雖ども、あらゆる物を売ることができる。役人は法令を設けてすべての人民（の交易）を妨げてはならない」とあったが、それを「市店の品物と雖ども役所に届け出、購買者は品物と名前を記し、販売者は其の品物を役所に送り、その代価を役人に届け出てから品物の交易をおこなう。役人があらかじめたちいるのは、私議を禁ずるためである」というふうに修正することを要求してきたのである。[8]

むろん条文を修正する機会はなかったが、薩摩の意図は見えすいていた。さらに薩摩は九月二十日、次のような指令を発してきた。

一　蒸気船一艘、至急琉球の名義を以て購入し度き事、但何国へ注文すべきかは、確定せざれども、差当り亜米利加など可ならんとの事

一　逗留仏人等より請取置きたる蕃銭、差上す可き事

一　従来外国人へ支給したる品物は、代銀を請取らざる慣例の所、今後は伊豆下田等の例に倣ひ、二倍三倍の代償を請取る可き事

一　逗留英人等に対する応対も、従来の例を破り、国力疲弊せざる様勘弁ある可き事(9)

このように薩摩は、「従来の例を破り」積極的に外国との通商をおしすすめて、自藩の強化をはかとうとした。「今日本ノ形勢ハ累卵ノ危キニノゾミ危急存亡ノ秋ト云フベシ」との現状把握に立って、「軍備」と「理材」、すなわち強兵・富国の急務を日頃から説いていた藩主島津斉彬であった。(10)「西洋人モ人ナリ、佐賀人モ人ナリ、薩摩人同ジク人ナリ(11)」、西洋人のできることを、どうして薩摩人にできないことがあろう。幕府や他の諸藩におくれをとるまいとするあせりも、そこにはあったであろう。彼はさらに大胆な計画を実行に移そうとしていた。

一八五七年（安政四）十月、島津斉彬は市来四郎を渡琉させ、次のことを摂政・三司官に告げさせた。

第一、琉球大島及ビ漸次ニ山川港ニオイテ和蘭国或ハ仏郎西国ト貿易御開キノ御内意……

第二、蒸気船御買入ノ儀

第三、英米仏ノ三国へ書生差出シノ事

第四、台湾島ノ内便利ノ地ニ渡唐船碇泊場ヲ設クベシトノ儀

第五、福州琉球館取弘メ、商法盛大ニスベシトノ儀

第六、渡唐商人ドモへ内諭、大小砲売込マシムベシトノ儀

第七、三司官座喜味親方ガ一条(12)

第六の「大小砲売込」云々とは、無用になった旧式の銃砲ヲ、太平天国革命動乱中の清国に売り込もうと

いうことであり、第七は、鎖国主義者で反薩摩派と目されていた座喜味三司官をやめさせ、薩摩の方針を実行するのに都合のよい人を後任にすわらせようとするものであった。

これを聞いて摂政…三司官（座喜味は不出席）らは一同愕然として、しばし言葉が出なかった。彼らは、このような重大事は即答できないし、「国王へ申達」してから返事するといってその場は引きさがった（その席で市木は、物奉行恩河親方と通事大湾親雲上－牧志朝忠－の二人を居残らせて「懇談」した）。市木は「国王」に対しては、外国貿易を琉球で開始する薩摩の計画を説明し、「此事ハ交易ヲ主トスルニアラズ、日本ノ安危ニ係ル大事ノ訳ニテ、中山王ガ引受ケ日本ノ難題ヲ取扱フト心得、琉官ドモ苦情申立ザル様相諭シ、決テ断リノ使者ナド差立テザル様取計フベク」との、斉彬から市木へ言い含められた「中山王へ御密輸」の趣旨を伝え[13]、薩摩の命令を強引におしつけたのである。琉球に対しては「日本ノ安危ニ係ル大事」として断われないようにおしつけ、幕府に対しては後々「差咎」められるようなことがあっても、「中山王一手限リノ名ヲ以テ[14]」しておけば、「答ヘノ道ハ如何ヤウニモアア」る、というのが薩摩の腹だった[15]。

結局、王府は薩摩の要求をすべて受け入れることとなり、第二の蒸気船（軍艦）の購入については、滞琉仏人との間に具体的な話が進み、契約書のとりかわしもすませた頃、一八五八年（安政五）七月、薩摩では藩主斉彬が急死し、これらの計画はすべて「水泡ニ帰シタ」のである[16]。

藩主斉彬の急死と共に、薩摩の積極政策も、ついに一頓挫をきたした。薩藩内部では、これまで、斉彬のわがままな「洋癖」をハラハラしながら見守っていた保守派によって、一種の反動がおこったあ（斉彬くずれ）。それは当然、「琉球王国」内部へも連鎖し、ついに未曾有の大疑獄事件がひきおこされたのである。

二 「王国」内における保守派の指導権奪回のための悲劇 ——牧志・恩河事件

「琉球王国」をかくれ蓑にしながら、自藩の強化を急いだ島津斉彬の積極外交への急旋回は、王府首脳部を困惑させた。斉彬は、薩摩の方針を有無を言わさず「王府」に押しつけたばかりでなく、薩摩の方針を実行する上で都合の悪い人物を排除し、逆に都合のよい人物を異例に擢賞するという露骨な人事干渉をおこなった。次にその例をあげよう。

三司官座喜味親方の退役処分とその後任人事への干渉——「三司官」(三名)は摂政(一名)についで「国王」のブレーンとして、王府の事実上の最高ポストである。三司官は王府首脳部の互選によって最高得票数の者が選ばれ(註)、薩摩がそれを任命し、定まった任期はなかった。座喜味は、一八四七年(弘化四)以来一八五八年(安政五)五月の免官まで、十二年の間、継続して三司官のポストにあった。(17)

註——三司官の選挙について喜舎場朝賢は次のようにのべている。

「三司官選挙は王子按司親方吟味役申口座迄、久米村は諸親方総役長史諸大夫迄、那覇は里主物城迄、其投票権を有したるが、明治四年川平親方三司官に任ぜらる時の投票よりは、久米村諸大夫の投票権を止められ其余は従来の通なり」(『東汀随筆続篇』第九回第十一)。

先述のように、島津斉彬は、一八五七年十月、市木を渡琉させ、薩摩の要求の一つとして三司官座喜味の「退役」をおしつけてきたのである。その理由を市木は、「三司官座喜味親方ハ、多年当職ニアリテ上席ノモノ候処、元来生質驕謾ニシテ、恣欲威権ヲ以テ施政シ、国王幼沖、摂政官アリトイヘドモ軽侮シ、我意ニ募リ、己レニ佞媚ノ徒ヲ進メ、弁難スル者アレバ無辜ニ黜罰擯斥スル等ノ事少ナカラズ、従テ人望離散シ、佞媚党ト正論党ト府中稍両立、甚ダ混雑ニ相成リ、剰ヘ同人ガ外国ノ措置、専断ノ所為少ナカラズ、種々取繕ヒタル御届等申出デ、実況不分明ノ廉多ク」と数えあげている。[18] また、薩摩に流れた噂によれば、「座喜味三司官が国政を秉《と》るや、適々薩商が米穀を琉球に運び来れば、故（ことさ）らに醸酒禁令を発し、其販路を閉塞し之を苦しめ、且つ国庫の用度を省減して、吏員等をして禄資の利を失はしめ、且つ国中の蔗畑を制限し、農民をして耕利を失はしむと云ふ」。[19] これらの事実が実際にあったかどうかはともかく、薩摩が座喜味を退けようとした最大の理由は、長年三司官の地位にいて王府内に重きをなしている彼が、反薩派と目せられたこと、ことにペリー来航の際、首里城門を閉鎖してその入城を拒否しようとするなど、頑迷な保守・排外主義者であり、従って、「今後貿易御開キ等ノ儀ニツキ、此者在職障碍ヲ生ジ」ることを恐れたことにあった。[20]

一八五八年（安政五）四月一六日（陽暦五月二八日）、座喜味はついに三司官の職を退き、先規に従ってその後任選挙がおこなわれた。その時の状況を喜舎場朝賢は『琉球三寃録』の中で、次のように伝えている。

今回座喜味の後任は、選挙例規に拠り衆官（王子按司親方及び要路に居る親雲上等を謂ふ）投票を為したるに、多数票は與那原親方良恭に当れり。其次は伊是名親方朝宜、其次は翁長なり。翁長は只一票ありと云ふ。摂政三司官は之を薩庁に具状し、例格に拠り多数票者に任ぜられんことを請ふ。如何なる事由なるを知らず、薩庁は乃ち一票者なる翁長に任ぜられたり。其三司官を免職し多数票者を退けしことは、古来未曾有にして、朝野恟々怪訝驚愕せざるはなし。[21]

翁長親方は即日就任し、今帰仁間切の惣地頭職を拝し、譜久山親方と改称した。

座喜味三司官の免職およびその後任選挙に対する薩摩の「古来未曾有」の人事干渉は、王府内に疑惑を生み、やがて反薩派によるまきかえしの好材料となったのである。

異国通事牧志の異例の抜擢――三司官座喜味の免職処分と好対照をなすのが、通事牧志朝忠の破格の抜擢であった。彼は初め板良敷朝展（のち改名）といい、一八三八年（天保九）二十一歳の時、冊封謝恩使に随伴して中国へ渡り、北京で中国語を習い、帰国して與世山親方（津波古政正の父）について英語を学び、異国通事となった。一八五三年ペリー来航の際は、三司官座喜味親方ら衆官が、「城門を閉ぢて之を拒むを主張す」るのに反対し、彼は「場内に延て礼遇を厚ふせんことを請ふ」たといわれる。[22]彼はまたその時の通訳をつとめた。ペリーの『日本遠征記』にはこれにふれて、「通訳はイチラヂチ（板良敷）といふ若い琉球人であった。彼は三年間北京に滞在して教育をうけたのであった。少し英語も話すことはできたが、会話は支那語で行はれた。この青年は合衆国の歴史と地理とについても幾らか知ってゐた。彼はワシントンの性格と行為とをよく知ってゐて『非常に偉大な役人』であると云ってゐた[23]」とのべている。

一八五一年（嘉永四）二月、薩摩では島津斉彬が藩主の職に就き、積極的な外交方針へと急旋回するが、その年の九月、薩摩は通事板良敷の「勲功」を賞して「金子参拾両」と共に、次のような賞状を下付した。

琉球首里通事
板良敷里之子親雲上

右者去ル辰年（弘化元年）以来、異国船来着之節々、示談向等別テ骨折相勤、奇特之至候、依之御内々ヨリ右之通リ（金参拾両を）被成下候条、猶又精出可相勤候、

右可申渡候(24)

一八五五年（安政二）三月にも、島津斉彬は同じく「金子三拾両」を給して、その「多年骨折致精勤」を賞したが、以後板良敷は薩摩の推奨をえて、次のように短期間のうちに、トントン拍子に職位を昇進された。

一八五五年（安政二）八月一日　読谷山間切大湾村地頭職に任ぜられ以後大湾親雲上と改称。

一八五七年（安政四）十月十三日　十五人席（申口方吟味役席）を命ぜられ、欠員あり次第、日帳主取に進むべきこと。

一八五七年（安政四）十一月二十二日　日帳主取に任ぜらる（喜舎場親雲上の跡役）

一八五八年（安政五）四月十二日　真和志間切牧志村地頭職に任ぜられ、以後牧志親雲上と改称(25)。

この異例の人事はいずれも薩摩の命令によるものであった。むろん牧志の異国通事としての役職はそのままであり、むしろそれを「一涯精勤《ひときわ》」させるためであった。牧志の異例の昇進と薩摩の人事介入について喜舎場朝賢は『琉球三寃録』の中で次のように評している。

我国朝官吏の渉黜（陟黜?）は、専ら摂政三司官が国王に請て命ずるを常と為し、古来未だ曽て薩州の命に因るものあらず。且つ臣士身分の級格定規厳粛にして、平士格のもの容易に政務に昇るを得ず。今

牧志は平士を以て薩庁の命に因り国制を超え、一躍高飛す。亦頗る学識ありて雲外飛揚の自負心なき能はず、国人の猜忌を招く実に尠からず。[26]

もともと「琉球王国」の人事権を最終的に握っていたのは薩摩であた。「国王」でさえ、「願の通継目無相違被仰付」（一八四八＝嘉永元年、尚泰への辞令）[27]と、「願い」によって薩藩主が任命する形をとった。とはいえ、異国通事牧志親雲上の破格の昇進、三司官座喜味親方の免職およびその後任選挙への介入は、『琉球三冤録』の著者が「古来未曾有」といっているように、それは王府人事に対する薩摩のあまりにも露骨な干渉であったし、それが王府内に疑惑と反発をまきおこしたのも無理ないことであった。しかも、それが薩藩主島津斉彬の急進政策に随伴して発生していただけに、斉彬の死によってその押えがゆるむや、王府内の反発気分が一時にばくはつし、ついにむごたらしい疑獄事件に発展して行ったのである。

「牧志・恩河事件」といわれるこの疑獄事件は、一八五九年（安政六）二月、物奉行恩河親方の突然の免職、ついで投獄にはじまった。「罪状」はかつて薩摩に在る時、座喜味三司官を誹謗したとのことであった。ついで五月、三司官小禄親方が免職、投獄（七月）された。「罪状」は座喜味三司官後任選挙の際、薩官に贈賄して干渉させた、というのであった。小禄の後任には、さきに最多得票を得ながら座喜味派＝反薩派と目されて退けられた與那原親方良恭が、三司官の座についた。九月には、薩摩の口添えで破格の昇進をした日帳主取牧志親雲上朝忠が免職、ついで投獄された。「罪状」は薩官へ贈賄して小禄の宥免を請わそうとした、というのであった。

かくて「薩摩派の主要人物」と見られた三人が投獄され、残虐な拷問が準備された。牧志は拷問を恐れて

「罪状」を認めたといわれるが、恩河と小禄は幾度もくりかえされる拷問に耐えて「罪状」を拒否し続けた。

もともとこの事件には、当事者の「罪状」をうらずけるたしかな証拠とてなく、疑わし「世情の風雪」と目をおおわしめる拷問の責苦によって、「糾明」が続けられた。それだけに私怨私憤をおりまぜての党同伐異の惨劇を現出したのであった。むろん、火のない所に煙は立たない。「風説」はさらに「風説」をよび、ついには薩摩派による「国王」廃立の陰謀が企てられたという噂まで立つに至った。

この事件で王府はまっ二つにわれた。喜舎場朝賢は『琉球三寃録』の中で、当時の状況を次のように伝えている。

当時の衆官諸士、両党に分れ主意大反対を為し、軋轢すること氷炭も啻ならず。国王の明析瞭決せらるゝにも拘はらず、激昂衝突すること毫も止まず。相逢相値ふ毎に、必ず劇論猛議風の如く発し波の如く起る。是を以て交誼を絶ち、縁姫を離れ、妻を去り婦を逐ふに至り、国中荊棘の険しき此より甚しきはなし。(28)

「罪状」を確定する証拠もあがらないまま、事件は翌年（一八六〇）に持ち越され、閏三月、恩河は久米島へ六年の流刑、小禄は伊江島照泰寺へ五百日の寺入、牧志は八重山へ十年流刑（のち、終身禁獄に改む）の「判決」が下された。恩河は拷問の疲労ですでに獄中に果てた。牧志はのち（一八六二）薩摩の命で保釈の上、薩摩へ連れ去られる途中、伊平屋沖で海に身を投じて消えた。

王府内の衆官吏を疑惑と混乱の中に巻きこんだ「牧志・恩河事件」は、薩藩主島津斉彬の急進策とその挫折によってもたらされた間隙で、当面薩摩派対反薩摩派の反目・対立、反薩摩派（反斉彬派）によるまきかえしという形であらわれた。慶長以来、対中国貿易の利益のほとんどを奪い去られ、いままた斉彬の万事「従来の例を破」っての急進策、とりわけ人事問題への露骨な介入は、王府内の反薩派そいちじるしく刺激し、それがこの事件の誘因をなしたことは否定できない。

この事件はそういう意味で、のちに続く「琉球処分」への展望をふくめていえば、政治的には次のような結果を生んだ。すなわち、薩摩（斉彬）派＝開国派の敗北と反薩派＝鎖国・保守派の事実上の勝利は、王府内の衆官吏の世論を後者の方向へ結集する圧力となったこと、のちの明治政府の積極的な富国・強兵政策が斉彬時代の方針を受けついだものと見うるならば、明治政府の強圧的な「琉球処分」の時点で王府内の衆官吏を、「処分」反対の方向へ容易に結束させるメンタリテイーをつくりあげて行った、ということである。

【注】

（1）原口虎雄『幕末の薩摩』。
（2）『島津斉彬文書』中巻、10頁、嘉永三年六月二十八日。以下『斉彬文書』と略称。
（3）原口、前掲書、159頁。
（4）原口、同165頁。
（5）『斉彬文書』中巻69頁、122〜26など参照。
（6）同　204頁。
（7）岩波文庫『日本遠征記』㈠、225頁。以下『遠征記』と略称。
（8）東恩納寛惇『尚泰侯実録』87頁、原漢文。以下『実録』と略称。

(9)同　88頁。
(10)『島津斉彬言行録』65頁。以下『言行録』と略称。
(11)同　41頁。
(12)同　87頁。
(13)同　102頁。
(14)同　100頁。
(15)同　117頁。
(16)同　136頁。
(17)真境名安興『沖縄一千年史』付録「歴代三司官一覧」14頁参照。
(18)『言行録』129頁。
(19)喜舎場朝賢『琉球三冤録』、『琉球見聞録』合冊、157頁。
(20)『言行録』132頁。
(21)同　157頁。
(22)喜舎場朝賢『東汀随筆続篇』第一回。以下『続篇』と略称。
(23)『遠征記』(二)、97頁。
(24)『実録』42〜43頁。『続篇』第一回第七。
(25)同。
(26)同　156頁。
(27)『実録』20頁。
(28)同168頁。

(『沖縄県史』第二巻　各論編1　政治)

付録

一　置県後の士族の動向 ――秩禄処分と士族授産――

沖縄県の「秩禄処分」が、最終的におこなわれたのは一九一〇年（明治四三）である。従ってその全過程は「初期県政」の時期をはみだしている。しかし一九一〇年に内閣から帝国議会へ提出された「沖縄県諸禄処分法案説明書」の中で、「旧慣制度ノ唯一遺物タル禄制ヲ整理スルハ行政上頗機宜ニ適スルモノニシテ」①、と指摘されているように、沖鎌県における「禄制」は、初期県政の特徴をなす「旧慣」温存の文脈の中にあった。

日本本土においては、地租改正などの諸改革の一環として、封建領有制の遺産である「秩禄」が、一八七六年（明治九）に最終的な解体処分がおこなわれた。沖縄県においては廃藩置県後も「旧慣」諸制度をそのまま温存・利用する方向が定置される中で「秩禄」も処分されるのでなく、温存されたのであった。

政府―県当局は、沖縄県旧支配階級（士族層）の「秩禄」をいったん「処分」する方針をうちだしたのであったが、結局その「処分」はさきへひきのばされ、明治も末年に至ってようやく「公債処分」をおこなったのである。その間、沖縄県の旧支配階級は、「旧慣」に従って「金禄」を保障されていたのである。

沖縄県の「秩禄処分」が、このようにひきのばされたのはなぜであったのか。むろんそれは政府の「旧慣」温存策の一環をなすものであり、「秩禄」の経済的基盤である「旧慣」諸制度の改革なしには、その「処分」

もおこなえなかったということもある。だが同時に、農民統治・収奪の機構である「旧慣」を維持・温存するためには、沖縄県旧支配階級を温存・利用する必要があったというところに、「秩禄処分」がひきのばされ、旧支配階級が優遇されたことの積極的な政治的要因があった。「旧慣」温存とは従って別のことばでいえば、「旧慣」に寄生する諸階層を温存するということでもあった。

政府の「旧慣」温存策のもとで、「秩禄処分」がひきのばされた背景および沖縄県旧支配階級（士族層）の動向を、政治史の文脈のうえで追求して行きたい。

一　ひきのばされた「秩禄処分」

1　廃藩置県——沖縄の「禄制」

日本本土における封建領有制の廃止は、明治政府のもとで、版籍奉還（一八六九＝明治二）・廃藩置県（一八七一＝明治四）を通して、さほどの抵抗もまきおこさずにおこなわれた。それはたとえば、「廃藩願書を提出したほとんどすべての藩が、財政困窮のため存続ができない状況にあった」②からであり、同時にまた、「これらの変革は、領主階級をその全面的な崩壊の危機から救うために行なわれた荒療治的な改革であった」③

このように明治維新政府は、一方で「封建領主階級の大部分」に依拠し、それを一つの支柱にしながら、他方では彼らに対して「相対的に高度の独自性をもった専制官僚に指導され、廃藩置県と中央・地方の官制改革のなかで自己を確立」して行くのである④。「秩禄処分」（一八七六＝明治九）は、明治維新政府が「自己を確立」して行く過程でおこなわざるをえなかった、封建領有制の最後的な解体作業であった。

沖縄においては、同じく明治政府のもとで、中央集権的国家体制創出の過程の一環としておこなわれた「琉球処分」＝廃藩置県をはじめとして、それにつづく「地租改正」・「秩禄処分」などの改革的諸施策が、たんに時期的にもいちじるしくおくらされているというだけでなく、日本本土における一連の近代的諸改革の過程とは、またちがった特徴を指摘することができる
まず第一に、「琉球処分」＝廃藩置県がおこなわれる時点で、琉球藩が「財政困窮のため存続できない状況」にあったことは、本土各藩の場合と同じであった。一八七二年（明治五）十月、「琉球藩」が設置された際、明治政府は、「琉球藩御処分相成候ニ付テハ、同藩負債二十万両ノ金高ハ、今般政府ノ御引請ニ可相成筋」として、琉球藩負債二〇万両を肩代りする意向を示したが、琉球藩使臣たちは「同藩限ニテ消却イタシ度」と、政府の申し出をことわった。そして彼らは大蔵省の「保障」をえて、砂糖一万六七〇〇挺の「引当」（担保）で翌一八七三年（明治六）から「五ヶ年目ニハ屹度皆済」の予定で東京第一国立銀行から「二十万円」を借り出し⑤、「鹿児島県用聞共ヨリ高利付之借銀」をこの二〇万円で返済している⑥。しかし、さきの銀行からの借用金を返済しおえないまま廃藩置県となり、大蔵省が「引請」ける形となったが、結局は沖縄県からの租税（砂糖）によって支払われたのである⑦。

以上のように、琉球藩庁は財政的に困窮⑧していながら、明治政府の「引請」をことわり、さらには廃藩置県＝「琉球処分」に頑強に反対しつづけたのである。それは本土各藩が、財政困窮のために廃藩を願い出たのと好対照をなしているといえよう。

それでは琉球藩庁が、財政的な窮状にありながら、なおかつ廃藩置県＝「琉球処分」に対し、藩王はじめ

藩庁当局者が最後まで反対したのはなぜであろうか。彼らは、「琉球処分」に反対する理由として中国に対する五百年来の「恩義」を強調する。しかし、それはおもてむきの「理由」であった。彼らが、藩庁の財政窮乏が深刻であり、そのままでは「存続できない状況」に立たされていることを十分承知のうえで、しかもなおかつ廃藩置県＝「琉球処分」に反対できた理由は、実は沖縄の「采地」制＝「家禄」制度のなかにその秘密がかくされていると考えられる。

一六〇九年（慶長十四）の薩摩の侵入以後、沖縄を領有する最高の領主は島津であったが、島津は全島的な検地をおこなってその総石高を定め、それを「琉球国中山王」の「知行」として「与え」てその支配をゆだね、年々島津に対する一定の貢租を負担させた。島津は所定の年貢を確保できるかぎりにおいて、沖縄の「旧慣」を温存し、利用した。「国王」は、王子や按司《あんじ》（王子の子孫）に、または「勲功」に応じて諸士に土地を分配して与えた。これが「采地」とよばれるものであり、「采地」を領有するものが「地頭」である。「采地」は間切や村を単位として与えられ、そのうち間切を与えられるものは「惣地頭」とよばれ、村を与えられるものは「脇地頭」とよばれた⑨。このような「地頭」層が廃藩置県前後には三六二人いた⑩。これら「地頭」層はその「采地」（＝領地）から一定の収入をえた。これが「領地作得」または「地頭作得」とよばれるもので、それは農民からの直納であった。

さらに、これら「采地」を与えられた「地頭」層のなかの一部の者は、王府内における地位や役職、もしくは「勲功」のとくに重い者に、さきの「領地作得」のほかに「知行」（俸禄）が与えられた。この「知行」（俸禄）は、もともと「廩米」（王府に収納された租税収入＝蔵米）のなかから支給される性質のものであったが、実際はその「知行」（俸禄）部分も、それぞれの「采地」の農民から直接（王府の手をへないで）収納させた。こ

れが狭い意味での「家禄」とよばれるものである。(註)

註―狭い意味のこの「家禄」は一定の逓減法に従って子孫に世襲される。いわゆる「世襲禄」である。たとえば「摂政タルモノハ知行六百石、二代三代ハ三百石、四代ヨリハ百五拾石・百石・八拾石・四拾石逓減スル事」(「公文」1、六八四頁。また、「公文」2、六〇頁の「逓減概則」参照)。

「家禄」ということばは広い意味では、「領地作得」と「知行」(俸禄)を包含して使用されている。さらに「地頭」がその所有地(地頭地)の一部を農民に小作させ、その「小作料」(相対叶掛)をも「家禄」に入れられる。「琉球藩臣家禄記」(「雑纂」1　一〇一―一二〇頁)によれば、「地頭」の総人数三六二人のうち、「領地作得」のほかに「知行」(俸禄、狭い意味の「家禄」)を有するものが一九七人(王子二、按司二六、親方五五、親雲上八二、里主一八、秀才一、不明一三)となっている。「領地作得」のほかに「知行」(俸禄)が与えられたものは全「地頭」層の五四・四%にあたる。以下の本文では広義で「家禄」という言葉を使用する。

なお「地頭」の総数は、一八八〇年(明治十三)県庁の調べでは総計三七八人となっている(「公文」1、四九六頁。「公文」2、五四―五六頁も参照)。

三六〇―三七〇余におよぶ「地頭」層が、いわゆる「有禄士族」であり、「国王」(または「藩王」)を中心とする「琉球王国」(または「琉球藩」)とは、これら「地頭」層によって構成される「地頭」政権ともよぶべきものであった。そしてこれら数百の「地頭」層の「家禄」は、廃藩以後も政府によってその既得権が保障されるのである。

ここで指摘しておきたいことは、これら三六〇―三七〇余におよぶ「地頭」層が、その収益＝「家禄」を、直接「采地」農民から収納している、という点である。換言すれば、これら「地頭」層は藩庁の米蔵から俸給を受け取るという藩庁への寄生生活者というよりも、彼らの胃袋は直接的に農民に吸着していたのであり、農民がおさめる租税は、藩庁の米蔵よりも、これら「地頭」層の胃袋の方へ早く届くようになっていたのである。たとえば、「地頭」の収益（「地頭作得」）を生みだす「地頭地」についていえば、その生産物の配分は次のようなものであった。「地頭カ収益ノ方法ハ、土地ヨリ生スル収穫ヲ三分シ、其ノ一部ハ農民ノ所得トシ、残リ二分ノ内ヨリ百姓地ト同一ノ租税ヲ納メ、其残額ヲ地頭ノ所得ト為スヘキコトニ定メタルモノニシテ、地頭ノ所得ハ之ヲ地頭作得ト称シ、年々百姓ヨリ直接ニ地頭ニ納入スルコト、為シ」⑪、といわれているように、「地頭地」の全収穫高の三分の一が農民の手もとに残され、あとの三分の二を王府（租税）と「地頭」（作得）が分けあったのである，租税として王府に納められた分は、そのなかから王府内の諸費用（「領地」のない者への俸給や冊封使接待費・王子への「旅費」など）や島津への貢納等にふりあてられた。藩庁の「財政困窮」とは、ほかならぬこの「租税」部分の納入状況が悪いか、もしくは出費を償いきれない状況をいうのである。だから、藩庁（王府）はしばしば冊封使渡来に際して「献金」を募集したり、王子の「旅費」が足りないといっては同じく「献金」を受けたり、さらには島津への「貢納」不足でその分を「借金」したり、こうして一時的な弥縫策で急場をしのいできたのである。

　このような藩庁の「財政困窮」をしりめに、実は「地頭」層はせっせと自己のふところを肥やしていたのであり、彼ら「地頭」層にとって、藩庁の「財政困窮」は、さほど痛痒を感じさせなかった。また、藩庁の「財政困窮」を一時的にきりぬけるために、農民の負担＝租税を「担保」に「借金」することは、もうなれっこであった。一八七二年（明治五）十月、明治政府が藩庁の負債二〇万両を肩代りしようというのをことわり、砂糖を担保に銀行から「借金」しているのも、以上にのべたような慣例に従ったまでのことであった。なおまた、彼ら「地頭」層＝藩庁当局者が「琉球処分」＝廃藩置県に反対したのも、中国の「恩義」云々もさることながら、その最大の理由＝経済的基盤は、自已の既得権＝「家禄」を剥奪されることに対する恐怖であった。しかも、日本本土ではすでに「秩禄処分」が断行されて、「家禄」が廃止されており、そのことをいくら視野の狭い「地頭」層でも知らないはずはなかった。とはいえ、彼らはその既得権＝「家禄」が無事保障されることを知った時、やがて沈黙し、抵抗をやめた。彼らが、県当局＝明治政府の軍警の弾圧によって、もはや「琉球処分」＝廃藩置県に反対することができなくなった状況に追いこまれたなかで、ひたすら「旧慣」温存の方向で有利に妥協を策していたことは、すでに見た。

県当局＝明治政府も、租税を確保し、地方制度・土地制度を混乱なく維持・掌握して行くうえで、彼ら「地頭」層の協力と媒介なしにはできない状況にあり、ことに彼らの農民支配の経験を必要としたから、彼らの既得権＝「家禄」を、旧来通り保障してやったのである。

2　流産させられた「金禄公債処分」

まず、旧藩王尚泰（華族・従三位）については廃藩の年（一八七九＝明治十二）の十月、つぎのような計算にもとづいて「秩禄処分」がなされた。すなわち、旧藩中の「旧藩王及親族賄料」を八八一二円一〇銭五厘、「佐敷殿（旧藩王祖父母の居宅）俸禄」を一〇六二円一銭三厘、「中城殿（旧藩王妻の居宅）俸禄」を四二三三円六五銭九厘、「大美殿（旧藩王別宅）俸禄」を三八三〇円三六銭二厘、合計一万七九三八円二三銭九厘と査定し、それに「近臣従者等ノ俸給其他種々ノ雑費」若干をくわえて、尚泰の年々の「家禄」を二万円に見積り、この額を一割利息とみなして二〇万円の「金禄公債証書」にひきなおして下賜されたのである⑫。こうして旧藩王尚泰は毎年二万円を政府から授与され、優遇的（註）にその生活は保障されたのである。

註―本土における「金禄処分」の例によれば、金禄二万円に対しては五分利付公債証書で六年二分五厘に相当する額（一二万五〇〇〇円）が支給された。それに比較すると尚泰の場合、年限において三年七分五厘、利率において五分の「恩典」が与えれ、優遇されたのである（『公文』1、二〇二文書）。

一般の「有禄士族」についても、県当局＝明治政府は、旧藩王尚泰の「秩禄処分」につづいて、一八八〇年（明治十三）七月の時点で、「金禄」支給に改め、五カ年据置いて一八八五（明治十八）を期しそれを「公債証書」にきりかえて「秩禄処分」を完了する計画をたてていたが、結局ひきのばされ、最終的な「秩禄処分」がなされたのは、実に一九一〇年（明治四十三）であった。廃藩置県以後約三〇年の間、沖縄県の「有禄士族」ば「金禄」支給を受けつづけてきたのであった。つぎに、そのいきさつと、「秩禄処分」がひきのばされた状況などについてのべよう。

廃藩置県とともに県当局は、「地頭」層のその「采地」農民からの租税の直収を禁じ、違反者を逮捕して警察に拘引し、体刑をくわえた⑬。県当局は、一方で徹底的な弾圧の警棒をふるいながら、他方で「地頭」層を懐柔する方向をめざした。廃藩の年の十月、鍋島県令は政府に対し、「格別之訳ヲ以、従来ノ禄高ハ不相変稟米ニテ御賜給相成候様仕度、然ルニ於テハ士族一般モ愈朝恩ヲ奉戴シ、速ニ皇化ニ沾ヒ候道モ随テ相開ケ可申候」として、士族＝「地頭」層の旧来の「禄高」を「稟米」（租税収入）で支給することを要請し⑭、十一月、政府はこれを許可した。政府の意向としては、今年分は県令の上申通り現物＝「稟米」で支給し、来年（一八八〇＝明治十三）からは「石代」に改めて給し、「将来ハ悉皆従三位尚泰ノ例ニ倣ヒ、金禄公債証書ヲ以賜給相成可然見込」をたてていた⑮。十二月には、王子以下三六〇―三七〇余にのぼる「家禄・領地アル面々」に「旧慣」通り「家禄・作得」が支給され、彼らは「大旱に甘雨を得たるが如く、再生の思」でそれを受けとめた。

翌一八八〇年（明治十三）七月、政府は、内務・大蔵両卿の建議（同年五月廿八日）をいれ、沖縄県士族の「家禄並領地収納」を今年から「石代」に改定賜給する予定であった前年の決定を取消し、「金禄」に改定賜給することに変更した。それは、「石代渡ニテハ豊歉ニヨリ年々不同ヲ生シ、財政上不便不少」という理由からであった。かくて一八七六年（明治九）から七八年（明治十一）までの三年間の沖縄県における平均石代相場を基準として、士族の「家禄並領地収納」を「金禄」に改定し、それを向う五カ年間据置き賜給することとし、六年目（明治十八年）に「金禄公債」の処分にすることが予告された⑯。そのときに作成された「金禄計算書」によれば、沖縄県士族に賜給される「金禄」の年額総計は一六万一六〇九円八〇銭と計算されたが、これは石代相場の誤算もあって、のち一一万六八一〇円六四銭三厘に訂正された⑰。この訂正・確定された「金禄」の年額一一万六八一〇円余の内訳は、「家禄石代及夫銭之分」が三万七五五八円余、「領地石代及夫銭之分」が七万八五七七円余、「領地代り給米石代之分」が六七四円余、となっている⑱。当初計出された一六万一六〇九円余を基準に編成された受禄者およびその金額を示すと次表の通りである（先記のように訂正・確定された「金禄」総額は当初の計算から四万四七九九円余の減少を見ているので、次表の受禄金額も、その分だけそれぞれ減額されたはずであるが、訂正された時点の表がみあたらないので、参考のため掲げる）。

こうして沖縄県の士族＝「地頭」層は、その「采地」からきりはなされ、「金禄」受給者として県庁＝明治政府にくくりつけられた⑲。一、二年前までは、死すとも「日本の官禄」を受けずと誓いあった彼らも、今やその「日本」政府の禄を食む身とはなったのである。

この「金禄」の賜給は、先述のように一八八〇年（明治十三）から向う五年間据置かれ、六年目の一八八五年（明治一八）以後は、旧藩王の例にならって「公債証書」にきりかえる予定となっていた。しかるに、この当初の予定はまもなく取消され、「金禄公債処分」＝「秩禄処分」はついにはるかさきへひきのばされることとなった。

一八八三年（明治十六）一月、政府は会計検査院長岩村通俊を沖縄に派遣した。三か月余にわたる調査を終えて沖縄を去った岩村は、

表1　沖縄県「金禄計算書」（明治13年）

金　額	人　数	金　額	人　数
50円未満	4人	950～1000	2
50円以上100円未満	41	1000～1050	3
100～150	43	1050～1100	1
150～200	40	1100～1150	4
200～250	29	1150～1200	2
250～300	26	1200～1250	3
300～350	23	1250～1300	1
350～400	24	1300～1350	2
400～450	24	1350～1400	2
450～500	27	1550～1600	1
500～550	10	1850～1900	1
550～600	11	1900～1950	1
600～650	14	1950～2000	1
650～700	7	2000～2050	1
700～750	7	2050～2100	1
750～800	4	2150～2200	2
800～850	3	2200～2250	1
850～900	6	2450～2500	2
900～950	3	2500～2550	1

註：『沖縄県史』12、沖縄県関係各省公文書1、496頁

二〇日間そこそこで今度は「沖縄県令」として再び那覇に舞い戻り、上杉県令時代の改革的諸施策をつぎつぎ取消しにかかったのである。

岩村は同年四月から十二月のおよそ八か月間、「沖縄県令」として在任しているが、僅々八カ月間の彼の仕事は、沖縄県政をすべて「旧慣」の線にひきもどすことと、沖縄の旧支配階級を優遇し、慰撫すること、であった。

岩村は「沖縄県令」の任を離れる一八八三年（明治十六）十二月、沖縄県の「有禄士族」のために、つぎのような優遇措置を施すことを、政府に建議している。第一、華・士族の「金禄」を「公債証書」に改めるという政府の達しを取消し、「金禄」を今後も据置くこと。第二、「金禄」の相場を改めること。第三、華・士族の旧領地にかかる「相対掛増高」（旧「地頭」層が農民と私的に小作関係を結び、徴収していた小作料）を「金禄」のなかにくみこむこと。第四、当然「領地」を受くべき地位にありながら「領地」不足で「稟米」をもらっていた者については、それを全額「金禄」に編入すること、等であった⑳。以下、これらの内容について簡単にのべよう。

第一の「華士族金禄処分ノ儀伺」のなかで岩村県令は、「若シ十八年度ニ至リ公債証書トナシ、而シテ現収上ニ於テ減少ヲ見ルアラハ、之ニ対シ受禄者ノ不満ヲ抱ク如何計リニ可有之歟ト深ク懸念」されるとし、「就テハ十三年御達ノ内、公債処分ノ廉御取消、金禄ノ制依然御据置ノ旨御達相成候様致シ度」、とのべている。要するに、「公債証書」にきりかえることは「受禄者」の不利益となり、「不満」を抱かせる結果となるから、「旧慣」通り「自然ノ逓減ニ任セ」て、「家禄」の自然消滅を待つようにしたい、というものであった。政府は岩村県令からのこの要望をいれ、かくて「金禄公債処分」＝「秩禄処分」は断念された。その「自然ノ逓減」法に従えば、次表の通りであった。

第二の「華士族金禄相場御引直ノ義伺」では、要するにさきに「金禄」設定の際用いた石代相場は「旧華中鹿児島藩へ貢納スル時ニ用ヰタル相場」であって、「士族家禄・扶持米等ニ下渡ノ時ハ」別の「相場」がある、というのである。結局この「相場」改定についての要望も聞き入れられ、それによって年間一万九四三五円余が増額され、しかも明治十三年（一八八〇）にさかのぼり、同十六年（一八八三）までの四カ年間の分合計七万七七四三円余が「金禄へ増額」さ

表2　沖縄県華士族金禄表

代数	人数（人）	家　禄	領　地	領地代り給米	合　計
一代	165	598円31銭2厘	8118円69銭3厘	210円94銭6厘	8927円95銭1厘
二代	21	837円59銭	9498円87銭4厘	382円83銭	1万0719円 29銭4厘
三代	24	1452円98銭9厘	9192円93銭	54円69銭	1万0700円 60銭9厘
四代	30	2486円71銭3厘	7049円76銭7厘	0	9536円48銭
五代	18	2153円99銭1厘	4484円47銭	0	
六代	16	2085円66銭8厘	3935円64銭3厘	0	6021円31銭1厘
七代	13	1948円90銭4厘	4016円52銭4厘	0	5965円42銭8厘
八代	6	1128円31銭8厘	1748円23銭9厘	0	2876円55銭7厘
永世	85	2万4866円 8銭1厘	3万0532円 42銭8厘	26円4銭3厘	5万5424円 55銭2厘
合計	378	3万7558円 56銭6厘	7万8577円 56銭8厘	674円50銭9厘	11万6810円 64銭3厘

原註：

1. 本文計表員額中米価ノ義今般更正ノ石代相場ニ引直シ現今ノ員額ヲ表出ス可キ筈ナレトモ此員額ハ米雑石ヲ打混シ加ルニ現今ノ有様ヲ以掲出シタルモノニ付差向米額ヲ引分クルニ由ナシ因テ此中ニ含有スル米代ノ義ハ従前ノ石代相場ヲ以計算セシモノナリ
2. 合計金11万6810円64銭3厘ノ内ヨリ13年以降死亡40人分逓減金2998円4銭1厘ヲ差引現計金11万3812円60銭2厘ナリ.
3. 永世給与ノ合計金5万5424円55銭2厘ノ内金3万0602円75銭5厘ハ按司地頭金2万2609円90銭2厘ハ惣地頭　金2211円89銭5厘ハ平士へ給与スル額ナリ（「公文」2、54-55頁）

れることとなった。

第三の「華士族旧領地相対掛増高処分之義伺」は「地頭」層が、旧来その「地頭地」の一部を農民に小作させて私的に収納していた小作料（「相対叶掛」とよばれた）を、「家禄」のなかに編入する、ということであった。「地頭」層は廃藩によってその「采地」からきりはなされ、農民から租税の直收を禁じられたのであるが、彼らが旧来取得していた「公的」な部分は「家禄」として保障された。しかし、もともと「地頭ト耕作人トノ相対示談」によって「私的」に収得していた「相対掛増」は、置県当初は農民から「租税」の一部として県庁におさめられたが、農民からはその廃止が要求され、「地頭」はその収得権を主張し、県当局はこの「租税」をいったん収納したもののその処理に困り、政府に指令を仰いでも何の回答もなかった。このようなあいまいな「租税」が「旧慣」通り徴収されていたことじたい奇異であるが、ある地方では農民からは徴収して県当局へは納めずに地方役人が流用・費消し、ある地方では廃止された所もあったりして、「滞納者」が多かったが、名目不明瞭な「租税」のことだから「滞納処分」に付すこともならず、うやむやにされてきたものである。上杉県令の時代には、「県庁ニ於テ一切関係不致、存廃共各自ノ適意ニ任セ」る方針をうちだしていたが㉑、先述の通り政府からは何ともいってこなかったのである。

これをいま、旧「地頭」層の既得権として、明治十七年（一八八四）以降「各金禄高ニ編入」しようというのである。政府はこれを許容した。その合計年額は一万四六〇二円余であった。

第四の「士族旧領地給与ノ者へ家禄下賜ノ義伺」では、「勤功」をつんだもので当然王府から「領地」を与えられる資格を有しながら、当時「領地」が不足して「稟米」を給されていたものが、廃藩の時点で二三人いた。これらのものが受けていた「稟米」を「領地」相当の「金禄」にひきあてて支給したい、ということである。むろん、政府はこれを許容した。

以上のように、岩村県令の時代には旧「地頭」層の要望が全面的に聞き入れられ、「金禄」が実質的に増額されたばかりでなく、その優遇措置を半永久化し、旧「地頭」層＝旧支配階級を優遇的に温存する方向が定置されたのである。これが政府の「旧慣温存」の一つの側面であり、しかも最も露骨に「旧慣」の本質が、ここに示されているのである。

かくて、沖縄県における「秩禄処分」は阻止され、流産させられたのであった。


【注】
(1)『沖縄県史』13「沖縄県関係各省公文書」2、八九三頁。以下「公文2」と略称。
②原口清『日本近代国家の形成』七一―七二頁。
③同上　七頁。
④同上　九〇頁。
⑤『沖縄県史』12「沖縄県関係各省公文書」1、三三および四〇三頁。以下「公文1」と略称。
⑥同上　六二頁。
⑦同上　三九八―九九頁。
⑧幕末「琉球王国」の財政困難については、『沖縄県史』2　政治　九三頁以下参照。
⑨「地頭」のうち王子・按司の場合を「按司地頭」といい、親方の場合は「惣地頭」といった。いずれも間切《まぎり》を「采地」とされたのであるが、間切＝「采地」の総数よりも、王子・按司・親方の数の方が多かったから、一つの「采地」に両人がかさなることが普通だった。それで「按司地頭」と「惣地頭」を合わせて「両

物地頭」とよばれた。村《むら》を単位として「采地」を与えられたのが「脇地頭」である。比嘉春潮氏によれば、十八世紀ごろには「地頭の数は大体按司地頭が三十八人、惣地頭が四十一人、脇地頭が二百九十二人となっている。先島を除いて間切・島の数　が四十三、村の数が四百八十七だから、間切・島のほとんど全部が両惣地頭の所領であり、村の六割が脇地頭の所領であった」(『沖縄の歴史』二五四―五五頁)。地頭数については、『那覇市史』資料篇第一巻二に収録の「御当国御高並諸上納里積記」参照。

⑩『沖縄県史』14　雑纂　1　一二〇頁(以下「雑纂」と略称)。

⑪『沖縄県史』21　「旧慣調査資料」二〇四頁。

⑫「公文1」二〇二文書。

⑬『沖縄県史』2　政治　一五六頁参照。

⑭「公文1」三五九頁。

⑮同上書、三五八頁。

⑯同　四九四―九五頁。

⑰同七〇七頁。「県日誌」二六七頁。

⑱「公文1」七〇九―一〇頁。

⑲「県日誌」二二〇頁。

⑳「公文2」三七七文書。

㉑「県日誌」五四五頁。

二　無禄士族と士族授産

1　無禄士族とその窮状

「禄制」の上から見れば、沖縄の士族層は大きく二つに分けられる。第一は「有禄士族」であり、第二は「無禄士族」である。しかし、「有禄」といい「無禄」というのも、その界限は必ずしも固定的なものではない。すなわち「有禄」といっても、たとえば本士の例でいえば永泄禄・終身禄・年限禄の区別があったように、沖縄の場合でもおおまかに見ればその三種類に区別される。年限禄・終身禄はむろんのこと、世襲される永世禄でも、一定の逓減法に従って何代か後には「領地引揚」・「家禄引揚」が予測されていた。このことは「有禄」者がいつかは「無禄」者となることを意味し、逆にいえば「無禄」者もいつかは「有禄」者に上昇しうるということを意味していた。とはいえ、「有禄」者がその既得権の全部もしくは一部を、世襲的に保持するために努力し、また、そのための何らかの口実を見出すことの方が、「無禄」者が「有禄」者に上昇する機会を発見するよりも、はるかに容易だったのである。なぜなら、「有禄」者は政治の中枢部分を独占しているがゆえに「有禄」者であり、「有禄」者であるがゆえに彼らにとって好都合の制度＝政治体制はしくまれるからである。かくて支配階級の内部にも、「有禄」層＝特権階級だけの閉塞し、固定化した状況がつくり出され、そこから閉め出されながらも、なおかつわりこもうとする「無禄」層の、矛盾にみちた独特の意織と行動が生み出されるのである。

すでにのべたように、「首里王府」（または「琉球藩」）とは尚家の「国王」（または「藩王」）を中心とし、それをとりまく三六〇―三七〇余の「有禄士族」＝「地頭」層によって構成される「地頭」政権ともよばるべきものであった。かつ、「琉球処分」＝廃藩置県前後のこれら「地頭」層＝「有禄士族」の動向、および廃藩後における彼らに対する政府の「金禄」保障についても、すでに見た。以下においては、これら「有禄士族」社会の裾野に蝟集する無慮数千の「無禄士族」の状況を、「禄制」という問題に視角を据えて、みていこう。

一木書記官の調査報告書（一八九四＝明治二十七）によれば、当時、那覇・首里に本籍を有する士族は六～七〇〇〇戸であった①。同じころ（一八九三＝明治二十六）沖縄県の全戸数が八万四九四二戸で、そのうち那覇・首里を合せて一万三四三五戸であった②。これらの数字にもとづいていえば、那覇・首里に本籍を有する士族戸数は全県総戸数の七～八％、那覇・首里全戸数の約五〇％にあたる。六～七〇〇〇戸の那覇・首里士族のうち、いわゆる「有禄士族」が三六〇～三七〇余戸（五～六％）を除き、その九四～九五％は「無禄士族」ということになる。

三六〇～三七〇余の「有禄士族」がいたということは、王府内の役職や与える「采地」（「領地」）が、三六〇～三七〇余が限度であったということにほかならなかった。「禄制」における逓減法によって「領地引揚」や「家禄引揚」がおこなわれ、その分をあらたな「勲功」者に与えることになってはいたが、そのあらたな幸運にめぐまれるものは、時代がくだるにつれて王族（尚氏）に限られて行く傾向にあったから、結局、「有禄」者が「無禄」者に転落する道は開かれていても、その逆の道は、たとえ開かれていたにしても、非常にせまかったのである。

これら数千にのぼる「無禄士族」の最大の望みは、「士族」の肩書きにふさわしく「王府」の禄をはむことだった。だが、彼ら全部の望みをかなえてやるには、「王府」の世帯は小さすぎた。彼らのごく一部は「王府」の諸役署の書記生（「筆者」）として、また、徴税事務の下働きとして、職にありつくのもいたが、ここまでくるのにも長い間の無給もしくは薄給の「勤功」をつみあげなければならなかったのである。「王府」の下級の役職につくために、彼らは長いのになると四十年あまりも無給もしくは薄給で「勤功」をつまなければならなかった。換言すれば、はるか四十年あまり先きまで、「王府」内の役職につく順番がきめられていたのであり、その順番が自分にまわってくるまで、気長に待っていなければならなかったのである。役職によって必ずしも一定していないが、たいていの場合その在職期間は一か年であった。つまり、一か年間の就職のために、四十余か年の無給もしくは薄給のアルバイトが要求されたのである。「無禄士族」にとっては、それほどに就職難であった。

しかし、念願がかなって役職にありついたこれら「無禄士族」に対し、「王府」からはおもてむきの俸給は渡されなかった。彼らは農民から徴税の際、いわば公認の付加税を一緒に徴収し、その部分を「俸給」にあてたのである。これが「心附」とよばれるものであり、その額は、たとえば砂糖一〇〇斤につき五斤というぐあいに、きめられていた。この「心附」を受けれるようになった時、これを「心附役」とよんだ③。

以上にのべたことは「無禄士族」のうち、「王府」内の役職＝「心附役」に就くものの場合であった。この「心附役」のほかに、もうひとつ「無禄士族」の出仕のルートがあった。それは「渡清役」もしくは「渡唐役」とよばれるものである。二年に一度の中国への「進貢」、およびそれを迎えるための「接貢」に伴う役職である。その仕事は通訳（「通事」）などで、おもに久米村（那覇）士族があたったのであるが、一年に二～五人位づつの割合で合計一六二名の者が、一八七七年（明治十）の時点で、四十五年先き（一九二二年）までの順位がきめられていたのである④。

数千の「無禄士族」にとって、「王府」の役職にありつくことが唯一最大の目標であったにしても、「心附役」といい「渡清役」というのも、その順番が自分までまわってくるのは遠いさきのことだったのである。それでも彼らは、それに唯一の夢と希望を託しながら、せっせと「勤功」にはげんだ。不幸にして中途で当人が死んだ時、その「勤功」は子孫に引きつがれ、加算されることになっていた。彼らは役職にありつくまで、借金をかさね、妻を商いに立たせて、ようやく家計をつないだのである⑤。さきの一木書記官の調査報告は、このへんの事情を次のようにのべている。

那覇首里等ノ沖縄人ハ女子ノ養ヲ受クルカ為妻ヲ娶ルモノ、如ク、男子結婚ノ年齢ニ達スレハ己ト同年又ハ年長ノヲ娶ル者多シ、是年少ノ婦女ヲ娶ルトキハ家政ヲ挙ケテ之ニ委任スルコト能ハサルナリ……士族ハ多ク旧藩庁ニ奉職シ、俸給ヲ受クルヲ以テ畢生ノ目的トナスカ故ニ……此場合ニ至ルノ前、女子カ綪ヲ織り又ハ其他ノ営業ニ従事シテ良人ヲ養フハ、恰モ貯金ヲ為シ他日ノ計ヲ為スト同一ノ利益アリ⑥。

数百の「有禄士族」のまわりには、数千の「無禄士族」が、将来の「奉職」を「畢生ノ目的」としながら酔生夢死していたのである。いつかなえられるか知れない夫の出世を、これまた唯一のあてにしながら、豆腐や野菜を頭上にのせて、首里・那覇を上下する女房たちのいたいたしい、だが、たくましい姿、これが一般の「無禄士族」の実状であった。

このような状況のもとにおかれていた「無禄士族」のなかには、窮乏のはてに「居住人」（屋取人）として農村に居を移し、百姓にまじってなれないくわをにぎるのもいた。また、なかには背に腹はかえられず、「士族」の肩書にこだわらない職業をすでに選んでいたのもいたと思われる。

しかし、どこへも行き場のなかった「無禄士族」のなかには、みずからのおかれている現実と、私利私欲を追求することしか能のないひとにぎりの「有禄士族」によって窒息させられている士族社会の矛盾を、のろいをこめて批判するのもいた。そして彼らのなかには、明治政府の「琉球処分」を、これら「我民ノ血ヲ喰フモノ何百人ノ賊徒」＝「有禄士族」を誅し、現状打開をもたらすものとして、すすんで牒報活動に協力するのもいた⑦。

だが一方にはまた、同じ状況のもとで「琉球処分」に反対する「無禄士族」層もいたのである。閉ざされた士族社会のなかで、最も賓困な生活を強いられた彼らではあったが、その貧困をじつとこらえることができたのも、ほかならぬ彼らが、「無系」の「百姓」から区別される「士族」であったからであり、現在の体制のもとで、彼らには「出世」できる望みが全然なかったわけではなかったからである。そのような彼らにとって、ひたすらにその望みを託してきた「首里王府」が、一朝にして彼らの眼前から消滅し去られることに、耐えられなかったのである。だから彼らは「琉球処分」に反対したのであった。

以上のように、「琉球処分」＝廃藩置県に対する「無禄士族」層の反応は、一様でなかった。

さて、数十年さきの「奉職」の空証文だけを握ったまま廃藩を迎えなければならなかったこれら数千の「無禄士族」層は、県当局＝明治政府に向って、この空証文をどのような形で現金ひきかえを要求し、また、政府はどのような「救済」策を講じたのであろうか。つぎにそれを見よう。

2 「士族授産」と無禄士族の動向

ある種の「既得権」をもちながら、廃藩によって収入のあてを失なった「無禄士族」には、次の四つがあった。

第一、廃藩前においてすでにかなりの「勲功」をつみ、王府から「采地」（領地）を受くべき地位にありながら、「采地」不足のためその支給を受けていなかったもの（物奉行吟味役以下三一名）。

第二、「渡唐役」（渡清役）のもので、これは五十余年さきまで順位と人数がきまっていたもの（福州大通事以下一五二名）

第三、「心附役」のものだが、これは十八年さきまで順位と人数がきまっていたもの（士族・平民あわせて七七二名、かりにこれを「第一種心附役」とよんでおく）。

第四、同じく「心附役」のもので、「勤功」が浅く、「第一種心附役」のものが全部終って、十九年目以後に予定されるもの（士族・平民あわせて六八九名、その他、「俸米」・「扶持米」を受けるため無給で勤めていた士族・平民二八五名、合計九七四名、これをかりに「第二種心附役」とよんでおく）

以下、廃藩後これらの「無禄士族」に対し、政府がどのような救済策を施したかを順をおって見て行こう。

第一の「采地」高を給すべき「無禄士族」について――これは「無禄」のものが「有禄」の地位までつとめあげたものであり、「采地」（領地）のあきがなくて「地頭」になりそこねたまま廃藩となったのである。三二名のうち一〇名は廃藩前に「稟米」を支給され、あとの二二名（のち二三名）がとりのこされていた。このとりのこされたものに対し、政府は当人たちの要請に従ってその「領地」から受くべき金額計二〇〇〇余円を支給した（明治十五年）。かつ、これら「采地」高を受くべきもののうち、死亡者や不適格者を除いた二三名のものの年間合計金二三〇〇円余は、翌年岩村県令の時に、「家禄」とみなされ「金禄」に改定賜給されることとなった⑧。

第二の「渡唐役」の一五二名（久米村士族）について——五十四年さきまで予定された一五二名の「渡唐役」に対し、政府は一八八一年（明治十四）合計三六一六円余を「手当金」として給することを許可し、この合計金額のなかから毎年数名分づつ予算に計上し、五十四年目で完了することとした⑨。一八八三年（明治十六）に至って関係者からの「下賜金増加」の願いがあり、翌年一月、政府はそれを許可し、首里・那覇士族一九名および久米村士族一名の増加分をふくめて、合計人員一七二名へ新たに五万一二七〇円余を増額している⑩。しかし、一八八四年（明治十七）に至って「渡唐役」のものから、金額を半分にして一時に支給してほしいという歎願が出され、政府は翌年それを許し、予定金額の半分を一時に支給することにした⑪。

第三の「第一種心附役」について——これら七七二名の「無禄士族」はそのほとんどが首里士族であり、彼らこそ「王府」の役職にありつくことに唯一の望みを託しつつ、貧困に甘んじた階層であり、それだけに最も頑迷な「士族」意識にうち固まった人びとであった。「廃役士族等失望ノ余リ、頗ル動揺ノ色ヲ顕ハシ、頃日ハ廃役士族等数百人、県庁ニ出頭縷々及哀願、尚又在庁本県人等ニ拠リ百方哀訴」しているのも、この人びとであった⑫。彼らは県庁顧問旧三司官富川親方を通して、廃藩の年のうちに六〇万円（この額は「旧慣」に従って割出されたもので、初年六万余円とし年々減少して最終の一八年目に二〇〇円となり消滅するという計算に従っている）⑬、を「心附役ノ代」金として要求していた⑭。しかし政府は当初これら「心附役」のものへの「給与」を

「国費多端」の折として出すのをしぶったのであるが⑮、結局政府は一八八二年（明治十五）五月末に至って「右等ノ原因ヲ以テ自然騒擾ケ間敷挙動等相生シ候テハ、是迄優渥ノ御趣意ニ対シ遺憾ノ至ト被存」として、七万円を「授産資金」として下賜することにした⑯。むろんこの七万円も、さきの「渡唐役」と同じように、この場合当初出願の六七二人の十八か年さきまでの合計金であった。しかも年々配当する段になって出願者も一〇〇余人増加し、結局個々人が受け取る額は、多いもので「四五百円、下等ニ至リテハ五六円ノ少配ニテ、従前勤仕中ノ入費借金ノ返却取償ヒ難ク、直ニ金主ノ方ニ引取ラレ、一銭モ我手ニ落サル者数多罷在リ」という状況であり、これまた三〇万円の「下賜金増加」の「再願」がなされた⑰。政府は先記「渡唐役」の場合と同様、一三万一一一六円の増額を許可した⑱が、一八八五年（明治十八）に支給予定金額を半減して一時に支給することにした⑲。

第四の「第二種心附役」について――これは「第一種心附役」七七二名が終了する十九年目になって「心附役」につける見込みのものである。これに該当する合計九七四名分の一九年あとに「恩賜」されるはずの「授産資金」として、政府は七五〇〇余円を準備しておいたのである⑳。

以上のように政府は、第一の旧藩中「采地」高を給すべき「無禄士族」を「有禄」に格上げするとともに、第二の「渡唐役」、第三、第四の「心附役」の分として前後合計一七万四七六六円余㉑を、「無禄士族」のために旧藩の「役俸」を肩代りしてやったのである。「無禄士族」に支給されたこの額は、彼らが要求した額をはるかに下まわっていたにしても、また、彼らが個々に手にした額がたとえ微小なものであったとしても、彼らもまた政府の「旧慣」温存策の恩恵にあずかったというべきである。

しかるに、彼ら「無禄士族」は、一八八五年（明治十八年）の時点で、一時にその「既得権」を棚おろしをして後も、「恩恵」の増加と継続を策して、県当局や直接政府に働きかけるのである。

一八九七年（明治三十）一月、「旧琉球藩吏九百四十三名総代」として阿波連本大らは、竹林衆議院議員に書を呈し、「俸給残額下付」を「請願」しているのである。彼らによれば、「旧琉球藩ノ法例」に従えば、無禄士族の当然受けとるべき「役俸」は合計八〇万四七九三円余にのぼり、そのうちさきに受領済のものは一六万七六五八円余にすぎず、「全額ヨリ少ナキコト金六十三万七千百三十五円一銭ナリ」である。明治十八年（一八八五）に一時に下付を受けた時も、今後は「苦情歎願」をしないという「請書」に「捺印」することに不本意であったが、「捺印」しなければ金を下賜しないとの県庁の「厳達」でやむをえず「調印」したまでである。今や「有禄者」には厚い「恩遇至レリ尽セリ」であるのに、「無禄者」を冷遇する政府は、どのような考えからであるか、と難詰し、つづいて次のような脅迫的言辞がのべられている。

私等俸役者ハ、或ハ成童ニシテ職ニ就キシヨリ廃藩置県マテ数十年間ノ職俸ハ、旧琉球藩ノ法例ニ依リテ之ヲ受クヘキノ権利アル者ニシテ、藩政ノ相続者タル政府ハ、有禄士族ニ金禄ヲ給与スル義務アルト同シク、支給スヘキ当然ノ義務アルモノト信ズ、豈漫リニ旧琉球藩ノ法例ヲ添刪スルノ理アランヤ、若シ私等俸役者ノ請願ニシテ曩《さ》キノ請書ニ対シ信義ヲ欠クト云ハヽ、政府モ亦信義ヲ欠キテ旧章ニ率由セラレサルノミナラス、其所置ハ、飢渇ノ際ニ乗シテ、爾後苦情歎願等不仕トノ請書ヲ出サヽレバ下付金ヲ与ヘズト厳令シ、而シテ後ニ其請書ヲ質トセラレ、之ニ依テ以テ残高六拾三万七千円余金ノ受領権ヲ抛《なげう》タシメントシタルモノニシテ、之ヲ如何ンソ政府ガ国民ニ対スル至公至正ノ処置ナリト謂フヲ得ンヤ㉒

旧藩王尚泰も奈良原知事へ書翰を呈し、「拙者モ気之毒千万之至リ」として、「主務省ヲ動カシ、願意徹底候」よう協力してほしい、と側面から彼らを応援した㉓。一八九九年（明治三十二）七月には、これら「沖縄県旧藩吏九百四十三名総代」の阿波連本大・比屋根安栄・大田朝敷の三人は、「明治二十八年ヨリ上京仕居、本年迄五ケ年ノ久敷ニ相及候、如斯数年ノ久敷何等ノ御沙汰無之」として、さきの「請願」通り「残金」の下付を「歎願」している㉔。

無禄士族層のこれらの動きは、本土における「家禄賞典禄処分法」（明治三十年十月、法律第五十号）による禄高整理（不足分の増給など）に便乗したものであった。奈良原知事も、一八九九年（明治三十二）五月十日、内務・大蔵両卿あて、彼らの「誓願」をとりあげ、審議を急ぐよう要請している㉕。さらに同年十二月七日には、これら「無禄士族」の意を体して、沖縄県書記官椿秦一郎（当時在東京）から、「旧琉球藩ノ秩禄処分ヲ要スル事由」書が内務省地方局長に提出された。その内容は要するに「無禄士族」の「役得・地扶持ハ共ニ秩禄ナルコト」を主張し、これに「有禄士族」なみの「金禄」を給与すべきである、というものであった㉖。

この「沖縄県士族俸役下渡請願事件調査ノ件」は、一九〇〇年（明治三十三）二月、これを大蔵省内に設けられた「臨時秩禄処分調査委員会」に付して調査審議させることに閣議決定された。「臨時秩禄処分調査委員会」は翌一九〇一年（明治三十四）六月、その調査結果をまとめているが、「委員多数ノ意見ニテハ本件ハ秩禄トシテ処分スヘキモノニアラストノ見込」から、同委員会で「調査審議スヘキモノニ非ス」として、事実上、「無禄士族」の「請願」を却下したのである㉗。

沖縄の「無禄士族」は、すでに見た通り、廃藩前は「有禄士族」の下積みとなり、廃藩後は就職のあてを失なって、貧困と痛苦をなめた。「有禄士族」なみの「恩典」を望んでかなえられず、さりとて「商業ヲ営マンカ運転スヘキ資ナシ、農業ヲ為サンカ耕作スベキ地ナシ」㉘であった。彼らのなかには、何人かで政府から「授産資金」を借り受けて、久米島に渡って開墾を試み㉙、「稍良好ノ結果ヲ得タルカ如シ」㉚といわれるケースもあったが、多くの「無禄士族」の窮状は廃藩前よりも一層深刻なものであったと考えられる。「哀れつれなさや廃藩の士族、笠に顔隠《か》くち馬小曳《うまぐわひ》ちゅさ」とは、これら「無禄士族」に対する民衆の憫笑であったと同時に、彼ら「無禄士族」層の自嘲でもあったろう。

彼らの「俸給残額下付」の「請願」はついに実現しなかった。彼らが自己の「不幸」をかこちつつ、「恩典」を政府に要求し、みずからの「権利」を主張していたころ、何らの「恩典」も「権利」も与えられなかった農民大衆は、みずからの生産権と生活権を、みずからの力でかちとりはじめていたのである。そして、一八九九年(明治三十二)から「土地整理」が開始され、さらには、おそまきながら「旧慣制度ノ唯一遺物タル禄制」も、一九一〇年(明治四十三)に最終的に「公債」処分がおこなわれ、もはや「無禄士族」層の夢も、その実現の可能性をむざんにうちくだかれたのである。

【注】

①「雑纂1」五〇一頁。

②『沖縄県史』20「沖縄県統計集成」二〇四―〇七頁。以下「統計集成」と略称。

③「公文2」一〇八―〇九頁。

④同上書、一三四―四四頁によれば、五〇年目まで予定されている。

⑤「公文1」七六七−六八頁。
⑥「雑纂1」五〇六頁。
⑦「琉球処分」(『明治文化資料叢書』第四巻外交編) 一九五−二〇〇頁。
⑧「公文1」三一四および三四六文書、「公文2」三七七文書、なお本書二五〇頁参照。
⑨同上書、三一四および三四六文書。
⑩「公文2」一二八−三四頁。
⑪同　四〇九および四三〇文書。
⑫「公文1」七六七頁。
⑬「公文2」一〇七頁。
⑭同　一二六頁。「県日誌」六八六頁。
⑮「公文1」七八四頁。
⑯同　七六七頁。
⑰「公文2」一二六−一二七頁。
⑱同　三七八文書。
⑲同　四〇九および四三〇文書。
⑳同　一〇七頁。
㉑同　七五二−五四頁。
㉒同　七五七−五九頁。
㉓同　七五九頁。
㉔同　七六〇頁。

㉕同　七五六頁。
㉖同　五一六文書。
㉗同　七四九－五五頁。
㉘同　七五八頁。
㉙同　四一八および四四〇文書。
㉚「一木書記官取調書」（『雑纂1』五〇一頁。

三　「秩禄処分」とその特質

1　「沖縄県諸禄処分法」

沖縄県の「有禄士族」は、明治政府の「旧慣」温存策のもとで、廃藩後三十年にわたって「金禄」を保障されてきた。一八八〇年（明治十三）に「金禄」賜給が開始されてから一九〇八年（明治四十一）までの二十九か年間に、彼らに対して支払われた「金禄」の総額は、四一一万一四六八円余にのぼっている（表3参照）。廃藩置県いご、政府は沖縄県に対し一貫して「旧慣」温存策をとってきたが、それはたんに政府の消極的な怠慢という以上に、「政略上」の配慮から、国家的な方針として積極的におしすすめてきたものであった。しかし、廃藩後数年にして早くも「旧慣」諸制度――地方制度・土地制度・租税制度――の矛盾とその改革を要求する動きが、下からおこりはじめていた。やがてその動きは一八九三年（明治二十六）の宮古農民の「人

表３　沖縄県金禄支出決算額および増減一覧表（明治13—41年）

年度	支　出　額	前年度比 増減△	年度	支　出　額	前年度比 増減△
13年	115,033円876		28年	143,862円614	441円633
14年	115,033円876		29年	141,345円521	2,517円093
15年	113,729円941	1,303円935	30年	140,319円051	1,026円470
16年	189,098円023	△75,368円082	31年	141,904円783	△1,585円732
17年	125,382円779	36,715円244	32年	140,322円972	1,581円811
18年	152,847円817	△465円038	33年	138,948円183	1,374円789
19年	152,759円444	88円37 3	34年	138,300円524	647円659
20年	152,047円414	712円030	35年	137,638円817	661円707
21年	151,101円650	945円764	36年	133,874円713	3,764円104
22年	150,579円970	521円680	37年	138,775円964	△4,901円251
23年	149,631円791	948円179	38年	136,905円091	1,870円873
24年	147,391円277	2,240円514	39年	134,483円301	2,421円790
25年	146,203円939	1,187円338	40年	134,089円830	393円471
26年	145,496円622	707円317	41年	133,054円700	1,035円130
27年	144,304円247	1,192円375			
合計支出額　4,111,468円730			逓減1ヵ年平均　1,251円433		

註：

1. この表は『沖縄県史』13、沖縄県関係各省公文書2、895-97頁による。
2. 逓減歩合の算出には明治19年以降のものによっているが、そのうち、明治31および37両年度は計算から除かれている。
3. 明治18年度において前年度より増加しているのは新たに金禄を賜給されたものが出たためである。
4. この表の「金禄」は士族金禄（約97％）のほか、社禄・寺禄・僧侶飯米がふくまれている。
5. なお、明治42年度の「沖縄県諸禄支出予算額」は、合計137,011円で、うち金禄133,459円、社禄2,214円、寺禄1,129円、僧侶飯米209円、となっている（同上書、898頁）

頭税」廃止運動で頂点に達し、さらには謝花昇らの「民権運動」へと発展し、政府をつきあげて行った。政府もついに「旧慣」温存のこれまでの方針を全面的に検討し、修正せざるをえない状況に追いこまれたのであった。

かくて、一八九七年（明治三十）三月に「沖縄県間切島吏員規程」が制定・公布され、上杉県令の時代にその冗員整理がすでに日程にのぼっていた「地方役人」の改廃がなされ、「旧慣」の一角をなす地方制度が改革された。つづいて一八九九年（明治三十二）から一九〇三年（明治三十六）にかけて「土地整理」が実施され、土地制度・租税制度の近代的＝資本主義的修正がおこなわれて、「旧慣」の経済的基盤がとりはらわれたのであった。

政府の「旧慣」温存策に支えられ、寄生した沖縄県の「禄制」も、いまやその存立する基盤がなくなった以上、その全面的な廃止は必至となった。一九一〇年（明治四十三）四月二十八日、「法律第五十九号」として「沖縄県諸禄処分法」は公布されたのである。「沖縄県諸禄処分法案説明書」は、つぎのようにのべている。

> 沖縄県諸禄……ハ、明治十三年以降漸次之ヲ処分スルノ方針ナリシモ、当時ノ民情急激ニ旧慣ヲ打破スルヲ許サヽルモノアリ。為メニ明治十七年一月、該処分ヲ見合セ、依然禄制ヲ継続スルニ決シ、爾来二十有余年ヲ経過シテ今日ニ至リタルモ、旧《ママ》藩主尚泰侯爵ノ家禄ハ、廃藩ノ当時既ニ処分セラレタルノ例アレハ、右諸禄モ亦早晩処分ヲ要スヘキモノニシテ、シカモ受禄者ノ生活状態ハ今ヤ之カ急施ヲ大ニ切実トスルモノアリ、且、沖縄県ニ於テモ本年度ヨリ府県制ヲ施行セラル、ニ至リタレハ、此際、旧慣

制度ノ唯一遺物タル禄制ヲ整理スルハ、行政上頗機宜ニ適スルモノシテ、又財政上ヨリ見ルモ右諸禄処分ハ国庫ノ負担ヲ減シ、畢覚国債整理ノ一手段タルニ外ナラサルモノトス①

それではつぎに「沖縄県諸禄処分法」の内容をみてみよう。この「処分法」は九か条および附則からなり、ほぼつぎのようなものである。

第一条　沖縄県の諸禄――士族金禄・社禄・寺禄・僧侶飯米――は、本法により明治四十三年一月一日現在の受禄者に対し、「国債証券」をもって一時に給与する。

第二条　「国債証券」の金額は、標準額（永世禄ではないが二代以上にわたって世襲されるものについては逓減法に従って算出された禄高をいう）で現代禄高一〇〇〇円以上は千分の七十五（七分五厘）、

表4　禄高標準額算定表（永世禄）

禄　　高	年　　数
1000円以上	9年
900円以上～1000円未満	9年2分5厘
800〃～900〃	9年5分
700〃～800〃	9年7分5厘
600〃～700〃	10年
500〃～600〃	10年2分5厘
450〃～500〃	10年5分
400〃～450〃	10年7分5厘
350〃～400〃	11年
300〃～350〃	11年2分5厘
250〃～300〃	11年5分
200〃～250〃	11年7分5厘
150〃～200〃	12年
100〃～150〃	12年5分
75〃～100〃	13年
50〃～75〃	13年5分
40〃～50〃	14年
30〃～40〃	14年5分
25〃～30〃	15年
25円未満	15年5分

一〇〇〇円未満一〇〇円以上は千分の八十五（八分五厘）、一〇〇円未満は千分の九十五（九分五厘）の割合に相当する額の二十倍とする。

第三条　永世金禄を有する者に対する標準額は現代禄高に左の年数を乗じて算出する。

第四ー九条（略）。

附則「沖縄県諸禄ニ関スル従来ノ法令及旧慣ハ其ノ効力ヲ失フ」②

沖縄県の諸禄は、この法律に従って一九一〇年（明治四十三）一月一日を期して「公債」処分に付されることとなった。さきに引いた「説明書」によれば、「本案起草ニ際シテハ大体ニ於テ明治九年太政官布告第八号金禄公債証書条例ノ精神ニ準拠スルニ務メタリト雖、沖縄県ノ特殊事情ヲ参酌スルノ必要アリシヲ以テ、大

表５　人員別証券額及金高

種類	給与人員	給与証券額	給与現金額	計
華士族	二九二人	一、五七八、七五〇円	七、四七一円八〇銭	一、五八六、二二一円八〇銭
社禄（ノロクモイ）	二三六	三八、三〇〇	六、〇一三・五〇	四四、三一三・五〇
寺禄（僧侶）	一三	二〇、七〇〇	四五三・六〇	二一、一五三・六〇
僧侶飯米	二八	四、三五〇	八三八・七三	五、一八八・七三
計	五六九	一、六四二、一〇〇	一四、七七七・六三	一、六五六、八七七・六三

（杏生「沖縄県諸禄処分法に就いて」沖縄県統計協会編『沖縄統計』第二巻第二号、昭和十三年三月刊、三四頁）

要左ノ取捨ヲ加ヘタリ」として、たとえば、「旧藩主尚泰侯爵《(ママ)》ハ其家禄処分ニ際シ、内地旧藩主ニ比シ特殊ノ恩典ヲ蒙リタル事実アルヲ以テ、今回其ノ藩士等ノ金禄ヲ処分スルニ当リ、此事実ヲ全然無視スルハ行政上穏当ナラスト認メ、年限並利率ニ於テ恩典ノ約五割宛均霑セシムルコト、セリ」といわれているように、一般に優遇的な「取捨」がくわえられたのである。

政府は沖縄県諸禄の「処分」のために、初年度において総額一六七万〇六六〇円の「国債証券」を発行し、これを年々償還して三十か年で元利とも消却する見込みをたてた。こうして「藩政時代ノ遺物」であり、「旧慣制度ノ唯一遺物」となった「禄制」は、明治も末年になって、やっと「処分」がおこなわれたのである。日本本土における「秩禄処分」(一八七六＝明治九)におくれること実に三十四年であった。

なお、「沖縄県諸禄処分法」による各受禄者に対する給与額は表5の通りであった(明治四十三年五月十九日付、沖縄県への達し)。

2 「金禄」温存と「復藩」論

沖縄県の「禄制」が、廃藩後三十一年間も温存され、しかもその「処分」にあたっても、本土の場合よりも優遇されたことについては、すでにみた。

それでは、沖縄県の「秩禄処分」が、このようにおくれ、また「処分」に際しても優遇的な措置がとられたのは、なぜであろうか。

まず第一に、沖縄県における「秩禄処分」がひきのばされた原因は、ほかでもなく明治政府の「旧慣」温存策と関連している。換言すれば、「旧慣」の重要な一環をなす沖縄県の「禄制」の改革＝「秩禄処分」は、「旧慣」諸制度、ことに「旧慣土池制度」および「旧慣租税制度」の改革なしにはおこなえなかったからである。本土の「秩禄処分」が「地租改正」と並行し、密接に結びついていたように、沖縄県における「秩禄処分」も「土地整理」——土地制度・租税制度の改革——をぬきにしてはおこなえなかったのである。これが、沖縄県における「秩禄処分」がひきのばされた経済的条件であった。

第二に、沖縄県の「禄制」は、すでに見た通り、廃藩後三十一年にわたって優遇的に温存されたばかりでなく（「土地整理」が完了してからでも、最終的な「秩禄処分」がおこなわれるまでにはなお七か年の間があった）、「秩禄処分」に際しても本土の例にくらべてその年限と利率において優遇されているのである。このように沖縄県の華・士族の「禄制」が優遇された理由は、ひとつには、廃藩置県以後も中国（清朝）にたよって「復藩」を策する旧支配階級を慰撫するためであったが、もっと大きな理由は、旧来の支配・収取体系である「旧慣」諸制度の温存策を沖縄県政の基本方針とした政府が、彼ら旧支配階級を利用しなければならなかったからである。これが、沖縄県の「禄制」が優遇された政治的条件であった③。

以上のように、沖縄県における「禄制」の温存・優遇は、政府の「旧慣」温存策と対《つい》をなすものであり、楯の両面であった。しかも、この「禄制」の温存・優遇こそ、皮肉にも旧支配階級の「復藩」論と「脱清」（清国への脱走）行動の基盤でもあったのである。

士族層の一部による「脱清」行動は、すでに一八七六年（明治九）の時点から開始されていた。この年「脱清」した幸地親方（向徳宏）以下十余人の士族は、明治政府の「琉球処分」に反対する藩庁当局から、いわば公式に「派遣」されたもので、彼らは藩王の「密旨」を奉じて、清国の救援を哀訴するために「脱清」したのである。

「琉球処分」に反対し、「県政」をこばんだ旧支配階級の一部の「脱清」行動は、廃藩後もつづけられた。彼らの目標は清国にたよって「復藩」をはかることにあった。旧支配階級の頑迷な反対派に対して県当局＝政府は、廃藩置県の時点で徹底的な逮捕・弾圧をおこなった。県内での活動を封じられた彼らは、各地に配備された警察の目をぬすんでひそかに清国へ脱出し、清朝政府の武力にたよって「復藩」の夢を実現しようとはかったのである。表6で見られるように、廃藩置県がおこなわれた一八七九年（明治十二）には七名のものが、「当時ノ黒党協議ノ上脱清」を決行している④。

これら「脱清人」は、有禄士族ばかりではなかった。むしろ有禄のものはごくわずかで、数の上では無禄層が圧倒的に多かった。第一、有禄士族は廃藩後といえどもその「家禄」は安全に保障されていたし、その意味では彼らには経済的には「脱清」し、「復藩」に血路をあげるほど追いつめられていたわけではなかった。有禄者のなかには、たとえば、旧三司官であり県庁「顧問」もつとめた富川盛奎もまじっていた。彼は一八八二年（明治十五）春ごろ、洋銀三〇〇枚（三〇〇ドル）をふところに、家人には告げず「脱清」をはかったものである。また、一八八三年（明治十六）秋ごろ「脱清」した沢岻安本は旧親方で勘定奉行を勤めたこともあり、家禄四〇石（金三四〇円）の「金禄」を受ける有禄者であった⑤。

表6　脱清人数（士族）

年　代	既　遂	未　遂	合　計
明治12年	7人		7人
〃15年	12		12
〃16年	31	13人	44
〃17年	20		20
合　計	70人	13人	83人

註：士族のうち、船主・船頭は除く

しかし、彼らの「脱清」行動は、生活をくいつめたあげくになされたというよりも、逆に、「脱清」の費用を容易に工面できたがゆえに、なしえたものであった。

それにひきかえ、無禄士族にとっては、「渡唐役」にしろ「心附役」にしろ、廃藩によって完全にその就職と糊口の途が絶たれたのであるから、「復藩」＝「脱清」にかける期待は、むしろヒステリックなまでに強烈であったろう。とはいえ、これら無禄士族の「脱清」行動でさえ、経済的には有禄士族に支えられていたのである。たとえば、一八八四年（明治十七）八月ごろ「脱清」未遂で検挙された首里の無禄士族宮里安申は、伯父にあたる先記沢岻親方（当時在清中、明治十七年十一月に帰県）の留守宅で「金銭出入等一切ノ家政ヲ主管」しているものであったが、この年の沢岻親方の「家禄金六百八拾円位」の中から、「百円ハ此度脱清ニ付船代等ニ支払ヒ、拾円ハ旧銅銭ト取替船へ積込、拾五六円ハ船頭水夫等ト共ニ酒食料ニ使ヒ、焼酎買入代ニ七円四拾銭ヲ充テ」るつもりであった、と陳述している⑥。このように有禄者は県庁＝政府から支給される「金禄」を自己の、また、ちかしい無禄士族の「脱清」のための費用につかった。

彼らは、行く時は船頭や出航地の人民に、まもなく「藩政」が復活するであろう、その時になったら「相当ノ勲ヲ与ヘル」な

表7　在清人数（士族＝明治17年12月調査）

	福州	北京	天津	合計
明治7年ヨリ在留	2人		1人	3人
〃 9年旧3月ヨリ	5	6人		11
〃 12年旧3月ヨリ	2		1	3
〃 15年3月ヨリ	5	2		7
〃 16年9月ヨリ	4		2	6
〃 17年8月ヨリ	6			6
〃 17年9月ヨリ	?	?	?	6
合計	18？	8？	4?	39人

などといって船を雇い、食料や薪を所望し⑦、帰ったら帰ったで、「意気揚々、恰モ戦勝凱陣セシカ如ク」⑧、「総テ支那靴ヲ履ミ、或ハ帽子ヲ冠リ、戒ハ支那馬掛ヲ着用シ、寒シト雖トモ扇子ヲ用ヘ、矢張旧藩政進貢使等カ帰国ノ如ク、喜悦傲慢ノ体ニテ上陸」というありさまであった⑨。

県当局＝政府は、これら「恋旧ノ迷夢ニ彷徨」する「不化頑愚ノ徒ノ所業」が、「愚民ヲ煽動」して民心を清国へ向わせようとしていることは、「実ニ廃藩置県ノ大令ニ戻リ、啻ニ内治ヲ擾乱スルニ止ラス、猶遂ニ吾国清国間ノ交際ヲ破ルニ至ルノ結果ヲ生スルナキヲ保セス」として、その厳重な取締りに乗り出している⑩。

ところで、さきにあげた表でも見られる通り、「脱清」者が多く出ているのは一八八二年（明治十五）から八四年（明治十七）にかけてであり、ことに一八八三年（明治十六）には既遂三十一人、未遂十三人で最も多かった年である。このように旧支配階級が「恋旧ノ迷夢ニ彷徨」していた時に、岩村会計検査院長が沖縄県令として赴任し、すでに見たように、有禄士族に対しては「金禄」処分を中止するなどの優遇措置を施し、無禄士族に対しても同じく大はばな特恵措置が講じられたのである。

このように政府は「脱清人」に対し、一方ではその厳重な取締りの方針をうちだしながら、他方では彼らを懐柔し、利用するという置県当初からの方針を一歩もかえてはいないのである。換言すれば、政府による沖縄県旧支配階級の経済的基盤の保護・温存こそ、彼らの「復藩」論と「脱清」行動、すなわち「反政府」的な運動を支え、続けさせたひとつの大きな要因であったといえよう。このことを最も明瞭に示したのが、一八九六年（明治二十九）の「公同会事件」であった。この事件は、要するに「尚家」を世襲の沖縄県令とし、明治政府の「監督」を受けながら、事実上、旧支配階級の年来の夢であった「復藩」を実現しようとするものであった（註）。

註―政府の「旧慣」温存策こそ、「公同会事件」＝「復藩」論の基盤であったことは、「沖縄県税制改正ノ急務ナル理由」（明治三十年）でも次のように指摘されている。

「県民ノ一部ニハ猶ホ旧藩ノ往時ニ復センコトヲ希ヒ清国已ニ頼ムニ足ラサルヲ以テ更ニ人民ヲ勧誘シ政府ニ復藩ヲ悃請セントスルモノアリ是レ素ト児戯ノ沙汰ニシテ更ニ顧ミル者ナカルヘシト雖モ又県下愚民ヲ蠱惑騒擾セシムルコト少カラサルモノアリ蓋シ沖縄ノ天地ニハ各般ノ行政事業専ラ旧慣ニ拠リ施行セラル、等渠等ヲシテ猶ホ往時ヲ追想セシムルノ具瀰漫シ其迷夢ヲ覚醒スルニ足ルモノナキヨリ遠ク眼ヲ中外ノ形勢ニ注クノ念ナク旧制尚語ルニ足ルモノアリトナスニ由ルカ如シ此時ニ当リ若シ在来ニ於ケル施政ノ方針ヲ保守シ県下各般ノ行政事業依然旧慣ニ是レ拠リ更ニ改善釐正ノ途ヲ講スルコトナクンハ本県ノ進歩ト民心ノ開発トヲ企ツヘキ好機ヲ失フノミナラス却テ渠等カ頑然タル旧藩追夢ノ妄念ヲシテ助長セシメ延テ県下ニ茶害ヲ貽スモノアルヤ必セリ……」（「旧慣資料」五六七―六八頁。傍点引用者）

「公同会事件」についての詳述は避けるが、ここではとくに次の二点を指摘しておきたい。第一には、この事件では「脱清」にみられるような、政府に対する後向きの拒否的行動ではなく、むしろ前向きに政府と迎合する態度を指向しながら、伝統的な「尚家」を「長司」（県令）として仰ぎ、政府からの干渉を最少限度にくいとめて、旧支配者層のかえり咲きをねらったという点で、「復蕃」論の再版であり、その最後の試みであった、ということである。第二には、「脱清」行動には有禄士族ばかりでなく、多くの無禄士族が参加していたように、「公同会事件」でも同じく無禄層が多く参加していること、である。このことは、沖縄の旧支配階級を構成する無禄士族が、たえず有禄士族を羨望し、追随することはできても、あるいはそうすることしかできず、独自の思想と行動の原理をもちえなかった、ということを示している。

以上のように、沖縄県の旧支配階級は、一方では政府の「恩典」を要求し、その「恩典」に守られながら、他方では「復藩」の夢を追いつづけていたのである。政府は彼らを必要とし、利用しなければならない限りにおいて、彼らを優遇し、懐柔した。しかし、今や「旧慣」諸制度が近代的に再編成され、資本主義体制が制度的にも確立された時点で、利用価値が相対的に低くなったこれら無為徒食者を「金禄」で保護する必要はなくなっていた。「旧慣」温存策の重要な一環として優遇・温存されてきた旧支配階級も、「旧慣」諸制度の改革とともに、彼らが存立する政治的・経済的基盤を奪われ、かくて「秩禄処分」はおこなわれたのであった。

【注】

①「公文2」八九三頁。傍点引用者。
②同　八九〇—九二頁。
③井上清「沖縄」（岩波講座『日本歴史』16　近代3　三二九頁参照）。
④「公文2」二七六頁。
⑤同　三二二—二四頁。
⑥同　三一五—一六頁。
⑦「公文1」八四八頁。
⑧「公文2」二七一頁。
⑨同　三一三頁。

⑩同　二六九―七二頁。

(『沖縄県史』第二巻　各論編1　政治)

二　沖縄歴史論考

1　伊波普猷の「ヤドリ」研究

期待される研究の盛り上がり

伊波先生（以下、伊波）の業績とその評価については、ここ数年来、再評価、再検討ということも含めて一定の論争というか、あるいは議論も起こってきている状況である。いわゆる〝伊波普猷論〟というのが、最近若い人々の間に大変関心を持って論じられてきている。

すでに一九六〇年代に沖縄タイムスが伊波の業績を三冊にまとめて、〝伊波普猷選集〟を出版しているが、当時、沖縄に関する文献や資料が少なかった時代だっただけに、伊波の業績を知り、私たちがそれを学んでいく上に大きく貢献したし、そして最近は平凡社の方で全業績を刊行することになっている。さらに今年は伊波の生誕百年にあたっているということで、その記念行事も企画されている。

以上のように伊波の沖縄研究に関連して今年は、生誕百年祭と全集の完結も含めて、一定の盛り上がりが期待される年である。

そこできょうは、数年来、伊波の論文を読んできて気がついたことや、多少疑問に思ったことについて、問題を限定して話を進めてみたいと思う。

屈指の論文へのコメント

まず、私自身が歴史研究という側面からアプローチしている関係上、伊波の〝ヤドリ研究〟という点について話をしぼって、伊波の研究方法の特徴などについてふれていきたい。

私が伊波の数ある論文の中で、大変屈指の作だと考えている論文の一つは、「沖縄県下のヤドリ」と題し、〝都市と農村との交渉に関する一考察〟という副題がついている論文である。この論文は大正十年の五月にそのまま「地方」という雑誌に掲載され、同じ年の十月に発行された『琉球古今記』の中に収録され、それから沖縄タイムス社刊の『伊波普猷選集』の中巻、さらに『伊波普猷全集』（平凡社刊）の第七巻に収められている。ここで私がなぜこの論文を取りあげて問題にしていくのかということについて、簡単にコメントをしていおきたい。

まず第一に伊波の数ある論文は、どちらかというと文化史的な考察ないしは大きなわく組としては、島津と沖縄という丸ごと沖縄というのがあって、そして島津という外来の権力があるというとらえ方が主になっているのに反して、「沖縄県下のヤドリ」という論文は、沖縄内部の問題、つまり首里王府というものと沖縄の地方というわく組みというか、シェーマを設定して分析したという点で、一つのユニークな論文であるということ。すなわち、首里王府というものを明確に〝搾取の機関〟であるとして位置づけて、そして地方農村を搾取される被支配の地域として設定していることである。

第二に階級的な視点で農村問題を取りあげて分析した伊波の唯一の論文であろうと思われること。恐らく他にもそのような視点で分析された論文があるかも知れないが、少なくとも代表的な論文に数えられるだろうと思う。

第三点は伊波の歴史研究、ないしその歴史研究における方法論の特徴がよくにじみ出ているところである。

以上の三点からユニークな位置をしめているのが〝ヤドリの研究〟であると考えている。そして伊波がこの〝ヤドリ研究〟を手がけたのは、恐らく大正五、六年のころからではないかと思う。たとえば、大正六年に「農村に於けるヤドリの位置」という論文を〝沖縄時論〟という雑誌の創刊号に書いてあるし、同じテーマで補遺として大正八年に〝沖縄朝日新聞〟に論文を掲載してある。したがって大正五、六年のころから始められた〝ヤドリ研究〟の集大成を行ったのが「沖縄県下のヤドリ」という論文であろうと考えている。

研究の動機と目的への予測

そして伊波のこの〝ヤドリ研究〟の動機や目的については私じしんよくわからないが、予測としていえることは、恐らく伊波が地方を回っておこなった〝民族衛生〟の地方講演と表裏をなしたものとしてあったのではないかと思われる。この〝ヤドリ研究〟とともに表裏をなしたと思われる伊波の地方講演は、優生学的立場、あるいは進化論の立場からなされたと聞いているが、その内容については、当時の新聞の欠落などもあって知り得ないが、沖縄タイムス昭和二十三年一月二十一付の紙面の「〝きょうの人きのうの人〟郷土訪問記」という欄に〝あの頃を語る伊波冬子さん〟という見出しでもって、冬子夫人を通して伊波の〝民族衛生〟のことがうかがわれる記事が紹介されている。その記事内容は「なかでも衛生学の地方講演で国頭に巡回したときはウスメー、ハーメー達にも非常な人気を博したといわれる。それは伊波氏がどんな難解な学術語でも、琉球語で平易に説明できる話術をもっていたことで、〝酔っぱらった時の夫婦関係は慎まねばならない。なぜなら泥酔時の精子は尾ムッカーになっているから〟」といったものである。このように伊波の地方講演というのは方言で、しかも民族衛生学の立場から非常に通俗的な形で沖縄の歴史を含めながらおこなったといわれており、この講演のかたわら「ヤドリ」に関する資料を収集したのではないかと考えられる。

〝ヤドリ〟の起源と発達

伊波が各地でおこなった地方講演と表裏をなす「沖縄県下のヤドリ」とは、一体どういう論文かということに触れてみたい。

この論文の書き出しに「沖縄本島を巡視したことのある人は、農村が衰頽しつつあるに反して、ヤドリと称する新部落の発展しつつあることに、気が付いたであろう」としるしている。つまり大正十五年というと不況の波が押し寄せてきているし、一般的に農村が衰頽しつつあるのに、同じ農村にある〝ヤドリ〟というものが、発展しつつあるのに気づくであろうという書き出しに続いて、国頭、中頭、島尻各地に存在する「ヤドリ」の名を具体的に挙げていく。そしてこれらの「ヤドリ」が作られる最初の移住者が、いずれも貧乏士族であり、乞食同様の生活をしていたこと、それが今ではいずれも、体力、知力、金力等の点で近隣の村落を凌駕している事実を指摘した上で、「ヤドリ」の起源とその発達の理由や原因を述べはじめる。

そして「ヤドリ」の起源については、まず蔡温による貧乏士族救済策としてはじまったのだという。すなわち士族人口の増加にともない官職、采地が不足し、激しい生存競争がおこり、無数の落後者が発生したので、これら首里、那覇および久米村の士族を社会政策の上から農村に送りこんだという。

最初は蔡温時代に起こる

この一七〇〇年代の「ヤドリ」現象を含めて、四回にわたって「ヤドリ」の現象が起こる。第一次は、二五〇年前の蔡温時代であり、第二次が一五〇年前にあたる一八二〇年代で、この時期に沖縄社会内部でどういう歴史的状況が進展しつつあったかについて、私自身十分調べているわけではないが、少なくとも一つの事例としてあげうるのは、当時、沖縄の農村が疲弊し、その復興のために農村監督官としての下知役がおくりこまれていること、しかもその下知役に任命されたのが、ほとんど例外なく無禄士族たちであったこと、これは貧乏士族救済としてのヤドリ現象と無縁ではあるまい。

第三次が九十年前の廃藩置県の激動の時期に起こった。そして第四次は明治四三年（1910）の秩禄処分が行われて、その秩禄の公債証書を使い果たした時点で、士族たちが都落ちをしていくという現象が起こったという。

このように「ヤドリ」現象の歴史を伊波は指摘していく。そこで伊波は「ヤドリ」の語義について触れていくが、それについてはよく知られているように「ヤドリ」は「宿り」に語源を持つのだと指摘している。そして、零落して都落ちした、これら貧乏士族の移住者が当初、片田舎でいかにわび住まいをし、また、農村民から冷遇されたかをいくつかの資料を示してもう一度確認している。

「ヤドリ」に関する十分な文献資料はないが、平敷屋朝敏の「貧家記」や「如何なる首里那覇の片髪やても、あとの附口や　具志川間切」といった俗謡や、〝浜千鳥〟の「旅や浜屋取　草の葉ど枕　寝ても忘らぬ我親の御側」という一節などを挙げている。それが、歴史的に事実かどうかはよくわからないが、伊波はこういう資料をいくつか挙げながら「ヤドリ」当初の士族たちの生活の実態を指摘している。

“ヤドリ”の成功した原因

次に、ヤドリ人が農村でどのようにして土地を入手するかについてふれている。当時は地割制であって百姓地の配当を受けるのは地人と呼ばれており、そういう中へヨソ者が入ってきて、どうして土地を手に入れるのかということについて、伊波は農村に起こっていた一つの慣習を紹介している。つまり地人たちが生活に困って土地を耕作できない。そのために叶掛、浮掛という小作の習慣があり、あるいはまた請地というのがあって、耕作不能になった農民の土地を一たん王府が取り上げて、あらためて資力のある農民に与えるという私有地の慣習があり、こうした余分の土地をヤドリ人が借り受け、買い受けたという。それから本人の希望で平民の籍に編入され地割地の配当を受けるケースもあったという。

以上のように「ヤドリ」が起こってくる起源について述べながら、伊波はもう一つの重要な問題である「ヤドリ」の成功した原因についてふれている。その第一の原因は一歩踏みはずせば、たちまち飢餓が待っていたから、かれらはそこで踏み止まって進撃に移らなければならなかったこと。つまりもはや都会へは帰れない。かといって農村でなれないクワを握るのも大変なことである。しかしながらそこで挫折しようものなら、一家たちまち飢餓に追い込まれていく、という絶体絶命に追いつめられた状況の中で、粉骨砕身農事にはげんだのが「ヤドリ」成功の原因の一つだと指摘している。

それからもう一つは、独立自営の精神が発達したことで、人里稀なる耕地の真ん中で、共同体的な相互扶助の条件がなかったことが、逆にかれらの中に独立自営の精神を発達させたこと、これがヤドリ成功の第二の理由である。第三には住居と耕地との距離が近く、農耕に有利な条件をもったこと、つまり耕地の監督や手入れ、などの時間と労力が省けたことである。第四は士族ゆえに免税や免夫の特典を有していたこと。そのために農村が誅求されていたときに、いくらかの貯蓄ができたことである。第五は都市にいた時にくらべ、親戚縁者との付き合いが少なく、それだけに生活にゆとりができるようになったこと。そして第六に〝優生学的の理由〟を挙げて、農村民との結婚による〝優良種の発生〟していったことなどを挙げている。

以上のように「ヤドリ」が成功した原因について、いくつか挙げているが、その他の理由も考えられると思うし、また伊波が挙げている理由についても、いろんな批判や問題もあるのかも知れないが、伊波自身はヤドリの成功の理由をこのように理解している。

このあとは、論文の副題である「都市と農村との交渉に関する一考察」が示すように、伊波の見解や方法論が述べられていく。それを集約していく方法論が〝優生学〟の立場であり、また、進化論的な把握である。つまり、農村民から新鮮な血液をもらった報酬として、居住人達は村芝居などを通して都会人の優美な性情を農民に分与した、といったように優勢学や民族衛生あるいは進化論といった立場から「ヤドリ」現象について説明を加えていくわけである。だいたい、その辺がこの論文の骨子になっていることがらである。

階級制度確立への実証

伊波は前で述べた見解や方法論をもう一度歴史的に確かめるべく、いささかとっぴな形で沖縄の「階級制度」「階級思想」に話を移していく。たとえば第一尚氏について「征服国家」でありながら、ついに「被征服者の処分法を案出することができなかった」。つまり第一尚氏は階級制度を確立しえなかったために「勃興してわずか六十年余で亡びたのだ」としている。そして第二尚氏、とちわけ尚真の時代に按司の首里集居・ノロの組織化などを通して搾取の機関である階級制度を確立した。ここにおいて沖縄の階級制度、階級思想というものが確立し定着した、という歴史的な事実を述べた上で、その制度の意味を指摘している。

すなわち「由来、諸種の制度なるものは、征服者が被征服者を征服しおわるために生れるのであるが、沖縄の諸制度もこうしてできたと思ったら大過なかろう」と。つまりいろいろな制度というのは、征服者が被征服者を完全に支配するために案出されたのだと指摘した上で、「首里おやぐに」＝首里王府を搾取の機関として明確に位置づけている。たとえば首里の貴族達によって大勢の田舎美人が徴発された。もっとわかりやすくいうと妾にされたことであり、そのことについて「こうして雌雄淘汰の結果、強い男子と美しい女子とが生れて来るのは、当然なことである。経済的の搾取のみならず、血液の搾取までやつた征服者なる首里人は巧みに諸制度を運用してこの三、四百年の間、自分らの十倍にも余る被征服者を奴隷化して、明治の初年に及んだ」ということを述べている。

そして、その階級制度が爛熟してくると、自然に結婚の範囲がせばめられ、ついには近親結婚がさかんにおこなわれて、その結果として、首里の貴族達の間には体質が漸次低下するに至った。そして王家である尚姓までが王妃を出すようになり、「したがって王族から多くの変質者が続出するようになった」。その時点で「琉球処分」がおこなわれたのだと指摘する。そして「かういふやうに、都人が田舎に這り込むといふ事は、いわば四百年この方〝首里おやぐに〟が農村から搾取したものに、多少の利子を附けて、返済するのだと思ったら、何の不思議もあるまい。これ、とりもなおさず衰頽しつゝある農村に取つては、一種の血清治療えある。」という形で結論づけている。

一貫した二つの視点

以上、伊波の大正十五年に書かれた「沖縄県下のヤドリ」という論文の内容についてふれてきたが、この論文を貫いている視点を大づかみにみると二つの点が指摘できると思う。まず首里王府とというものを明確に搾取の機関として位置づけた。そしてその上に島津支配というもう一つの搾取の機関があり、沖縄の農民というのは二重にも三重にもしかけられた搾取の機関によって、取られるすべてのがしぼり取られたのだというような指摘。そしてその指摘は伊波の琉球処分評価ともすぐつながっていく。すなわち、二重にも三重にもしかけられた奴隷制度のもとに置かれた沖縄の農民は、やがて琉球処分によって解放を迎えるという理解、つまり琉球処分を肯定的ないしは讃美的に評価する理解につながっていくわけである。そういう意味で伊波の歴史のとらえ方は一貫しているといえると思う。

ただもう一つ伊波のこの論文では、琉球処分という奴隷解放によって、失ったものを回復することができないうちに、再び窮乏の淵に落ちこもうとしているのだ、ということを大正十五年の時点をふまえて指摘している。この点が伊波の歴史理解ないし方法論のきわめて重要な点であると思う。もう一つは民族衛生というか優生学の立場である。すなわち首里王府の搾取制度というのは、人々の容貌までかえた。農村へ三百六十回にわたって民族講演をしに行ったが、そこで見せつけられるものは、容貌の醜い悲痛の顔つきをした農民たちであった。顔付きそれ自体が悪制度を呪詛するに十分な表現だと感じた、と述べながら一方では、ヤドリ人たちは血清□法で優美な都会の性質を農村に送り込んだということになっている。

このようにこの論文を読んでいると、伊波が書きたかったのは、そのことではなかったはずだろうに、すくなくともそれを強調することがこの論文のねらいではなかったはずだ、と思わざるをえない。

論文の背景からの考察

では伊波は、この論文を書くことによって何を明らかにしたかったのだろう。なぜこの論文を書く気になったのか、その動機や目的などについては私自身、自信をもってこうだというわけにはゆかないが、ただここで私なりに考えていることを述べてみたい。

まず第一に、ヤドリ人にある独立自営の精神ないしは企業家的才能を、歴史的に追究したかったのではないかということ。恐らく当時、沖縄の経済破綻の問題が起こってきていたし、農村や金融界も疲弊のどん底に落ち込んでいたが、そういうものを立ち直らせる主体は何か、誰かという問題をヤドリの中で分析しながらさぐってみたかったのではないか、ということである。

第二は、農村復興、ひいては沖縄復興の主体、指導者層を中間層としての居住人に□定したと思われる。第三は少し皮肉にいえば、謝花昇を含む農村、郡部出身者への一定の違和感があったのではないかと思われる。それは謝花昇の自由民権運動について、積極的な発言をしていないことからも考えられる。そこでヤドリ人、または彼らと階層的につながっている首里、那覇の下級士族層に歴史的な一定の役割というか、沖縄復興のためにふんばってもらいたいという期待をかけたのが、ヤドリ研究の論文を書かせた積極的な動機ではなかったか、と考えられる。

しかし現実にはヤドリ人は昔の首里の生活への夢を捨て切れず、名誉と家名ばん回を最大の希望とするかれらの意識と行動に、一定の幻滅を感ぜずにはおれなかったのではないか。そのことが恐らくこの論文をしまりの悪いものにした大きな原因ではないか、と考えている。

（小見出しは新聞社が付したものをそのまま使用させていただいた）

《沖縄タイムス　1976年1月31、2月1、2》

2　沖縄研究の歴史と思想

一　東京での沖縄研究

わたしは時どき、こんなことを考えたりする。『古琉球』という先駆的な啓蒙書を世に贈った伊波普猷、『南島風土記』という手堅い実証的研究を二十代の若さで仕上げた東恩納寛惇、『沖縄の歴史』という緻密な名著をのこした比嘉春潮、『琉球の歴史』を理論的・体系的に叙述しようとした仲原善忠、唯物史観の立場から『沖縄史を考える』作業を続けてきた新里恵二、情熱的な改革者としての『謝花昇』像をほとんど固定化するに至った大里康永、その他、これまでの沖縄研究に重要な貢献をした人たちの多くが、いずれも沖縄を離れて本土に住みついていること、これはいったい何だろうか、と。

もっとも、このような発問は、たいした意味をもたないのかも知れない。ただ、わたしは考えるのだが、これまで沖縄研究のうえで重要な足跡をのこしてきたこれらの人たちが、そろいもそろって本土に住みつくようになったのは、たんなる偶然という以上に、ある種の必然性があったのではないか。というより、本土に住みつくことによって、あのような業績をのこすことができたのではないか、とおきかえた方がよいのかも知れない。そのことが、ひいてはこれらの人たちの沖縄研究に、一定の共通した特徴を刻印しているのではないか、ということである。

沖縄を離れて、本土に住みつくに至ったこれら「沖縄学」者たちの遍歴は、さまざまであったろうし、彼らの立場や思想も決して一様ではなかったと思う。だが、彼らには共通した何かがあった。

それは第一に、「沖縄」に対する愛着ではなかたか。彼らは、こよなく「沖縄」を愛し、その「沖縄」を学問研究の対象に据えることによって「沖縄」を見つめ、忘れまいとした。ふるさとを遠くにあって思う一種のノスタルジアは、彼らの沖縄研究を、時には懐古趣味にそらせる要因ともなったが、同時に、それをひからびたものでなく、血のかよったものに結晶させる原動力ともなったのではないか。

第二に、他方で彼らは、「沖縄戦」の体験と戦後体験を、沖縄現地の人びとと共有してなかったことのために、戦後における彼らの沖縄研究の方向に、一定のとまどいと、現地の人びととの感覚のズレをともなったのではないか、ということである。むろんそれは、当然といえば当然のことであり、せめられるべきものではなかった。このとまどいとズレは、沖縄と本土との政治的分離によって、ますます深められたともいえるが、逆にそのことが、彼らの「沖縄」への新たな関心をよびさましもした。こうしたなかで、戦後の新しい沖縄研究が開始されたのである。仲原善忠の『琉球の歴史』（一九五二〜五三年刊）、新里恵二らの「現代沖縄の歴史」（一九五七年、歴史評論）、比嘉春潮の『沖縄の歴史』（一九五九）、などがそのなかから生み出されている。

戦後の新しい沖縄研究も、上記の中原・比嘉・新里らの、いずれも本土在住の沖縄出身者によってはじめられ、担われてきたのには、それだけの理由があった。周知のように、沖縄現地の史料・文献は、今次大戦でほとんど灰燼に帰していたことも、その理由のひとつに数えられるであろう。

東京で、沖縄出身者によって地道に進められてきた沖縄研究の蓄積は、一九六〇年代のなかばころから活発化してくる、沖縄現地での沖縄研究の出発点となり、刺激剤となって、ひきつがれてゆく。

二　伊波普猷と沖縄研究

沖縄は学問の育たない風土なのだろうか。わたしは、そうは思わない。だが、育ちにくい条件があったことは否定できない。

明治＝近代以後、急速におしすすめられていった政治的中央集権化にともなって、学問・文化の面でも勢い中央偏重の傾向を生み出し、辺境地域としての「沖縄」は、忘れ去られるか、せいぜい「南門の鎮め」としての軍事的拠点としてしか重要視されなかった。くわえて、置県後、政府―県庁によって意識的・積極的におし進められた「皇民化」＝同化政策の一環としての、方言撲滅および郷土文化軽視の風潮は、沖縄人から「民族的誇り」を奪いとり、独自の文化をほりおこし、研究する意欲を喪失させていたからである。学究者としての伊波普猷が、とびこんできた当時の沖縄の政治的・学問的状況は、このようなものであった。

伊波普猷（一八七六―一九四七）は、一九〇六年（明治三九）三十一歳の時、東京大学を卒業して帰郷し、一九二五年（大正一四）に上京するまでの二〇年近く沖縄で活動し、その間、『古琉球』（一九一一＝明治四四年初版）などの著述を世に出した。伊波はその「自序」で、青年時代には「他日政治家になつて、侮辱された同胞の為に奮闘する決心をした」こともあったが、結局、「自分の性質や境遇が、政治的生活を送るに適しないといふことを覚つて、断然年来の志望を抛」ち、学問研究の道を選んだ、と書いている。

伊波は、大学時代に学んだ新しい知識と研究手法を駆使して、うずもれようとする沖縄の文化遺産をほりおこし、研究し、その成果をつぎつぎと地元の新聞や中央の雑誌に発表しつづけた。他方、社会進化論の立場からの「民族衛生」の講演を県下各地でおこなっている。その講演は、方言で前後三〇〇回もおこなった、と彼じしんのべている。

学問・文化の中央集権的状況が進行するなかで、研究者としての伊波が、そのもてる全力をふりしぼって、ひたむきに地方(沖縄)文化の発掘・研究にとりくんでいったことのなかに、伊波の反骨的な学問姿勢と、強烈な使命感(侮辱された同胞の為に奮闘する)のようなものを読みとることができるように思う。このような、学究者としての伊波普猷の姿勢については、外間守善の次のような指摘がある。

　学究としての眼を琉球語に注ぎつつ、言語変化の普遍的な法則性を次々と発見していった伊波普猷が、研究を深めていく過程で、沖縄社会の支配構造の二重性や、中央政治権力による行政差別にめざめ、思想的に立ちあがっていこうとする姿勢は、痛々しく胸にささるものがあるし、伊波をして、日琉同祖論的研究、いわゆる「沖縄学」的姿勢に傾斜させていく必然を作っていった当時の社会状況は、悲劇的ですらあるのである。今日的沖縄問題と、日本的体制を問題にする立場からは、沖縄は日本であることの学的証明をしようとした「沖縄学」の基本理念や、伊波普猷の思想的弱点を指摘する思想が生まれてくるのは、生まれてあたりまえのことではあるが、それらの中に、そのような歴史的状況の中で、学究伊波普猷が苦慮した人間的心情を、哲学を、どれほどにくみこみことができたか、問題であろう。ことばでのつくろいとしてではなく、具体的な内容の中でということである。思想に対して厳正、忠実であろうとすることのために、人間的体温を失った干からびた思想で伊波の思想を律しては、およそ魅力に乏しい告発になってしまうであろ。(「沖縄研究の流れと現状」、同氏『うりずんの島』所収、三一一頁)

学究者としての伊波が、みずからに課した学問的な課題と、それへ向けてのひたむきな努力を、彼が生きた当時の歴史状況の場において、とらえなければならないという外間の指摘は、重要である。

数年前、わたしは伊波普猷の「歴史認識」を検討するなかで、伊波の二つの視点を問題にしたことがある（拙稿「伊波普猷試論―その歴史認識の検討を中心に―」、琉球新報、一九六七年九月二七日〜十月六日）。二つの視点とは、一つは、伊波には沖縄が同一民族として日本との「国民的統一」の方向を歴史的必然のものとして確信していたこと（日琉同祖論的な視点）、他の一つは、沖縄の「個性」的な独自の文化を守り、発展させようとする視点、である。

伊波の場合、沖縄の「個性的文化」は、あくまで日本文化総体のなかにふくまれる一部分であり、日本文化の内容を豊かにする重要な構成要素（同質性）としてとらえられており、沖縄文化と日本文化とを異質のものとして対立的にとらえるのでなく、統一的にとらえようとしたのが、伊波の一貫した視点であったように思う。むろん伊波は、それを十分体系化するまでには至らず、むしろその体系化を阻害するさまざまな政治的・社会的現実＝差別と、不断に格闘してきたのが伊波の学問上の生涯ではなかったか、とも考える。

伊波が研究課題に見据えてきた個性（特殊）と統一（普遍）、もしくは同質性と異質性の問題は、こんにち、新たな視角からとりあげられ、検討されつつあるように見える。

ところで、沖縄人の「奴隷根性」をたたき出し、自分で自分を維持する自立的な人間性の確立をめざして、「侮辱された同胞の為に奮闘」した伊波が、どのような事情から沖縄を飛び出し、晩年を東京で送るようになったのか、彼じしんは語ってくれない。東京での彼は、専心「おもろ」研究に没頭したようであるが、おそらく、彼じしんが畢生の研究課題としてみずからに課した「沖縄」の重みに、たえかねてのがれたのではないか、と憶測してみたくもなる。それほど、「沖縄」の重さを重さとして気づいていた研究者も、数すくないのではないか、とわたしには思われるからである。彼の最後の著書『沖縄歴史物語』(一九四六年)の結びの、「地球上で帝国主義が終わりを告げる時、沖縄人は『にが世』から解放されて、『あま世』を楽しみ十分にその個性を生かして、世界の文化に貢献することが出来る」という言葉も、そうしてはじめてその重さが理解しうるのではないか、と思う。

三　沖縄研究の意識と思想

さきに指摘した通り、これまでの沖縄研究は、東京でおこなわれてきたが、戦後、とりわけ一九六〇年代のなかば以降においては、現地沖縄での研究活動も活発に進められてきた。

それには、琉球政府のもとで継続的におこなわれている『沖縄県史』および那覇市役所の『市史』編集事業等による、史料の収集・刊行が大きくあずかって力があったからである。それに、復帰運動を中心とする県民の歴史意識の高揚と、いわゆる「沖縄問題」への人びとの関心が、学問的な沖縄研究を誘い出していったからである。くわえて、戦前には予想もされなかった研究者層も成長しつつあった。こうしたなかで、さまざまな研究団体も誕生し、また、本土との文化的な一定の交流も進み、人びととの知的欲求とあいまって、現地沖縄での沖縄研究がにわかに活発化してきたのである。

歴史の分野では、先記『沖縄県史』『那覇市史』の資料編の刊行に助けられて、とりわけ明治以降の近代史研究の面では、いくたの研究成果が生みだされた。

まず、一九六五年に結成された沖縄歴史研究会は、結成以来今日まで、毎月二回の定例研究会を継続的にもってきている一方、それと並行して史料の復刻をはじめ、機関雑誌「沖縄歴史研究」の編集・発行（現在第九号まで発行）など、地道で精力的な研究活動を持続的におこなってきている。また、同会が「沖縄歴史研究」の別冊として出した『近代沖縄の歴史と民衆』（一九七〇年刊）は、共同研究の初めての試みとして、二年余をかけてまとめられた論文集である。九名の執筆者は、それぞれのテーマを担当しながらも、共通したモチーフを堅持している。それは、第一に、近代以降の沖縄の歴史が、たんに沖縄内部だけで自己完結的に展開しているのでなく、日本史＝日本資本主義のなかでの矛盾を最も集中的に受けつつ展開していること、第二に、歴史をその最も基層において推動する民衆の側から、近代沖縄の歴史を照射してゆくこと、の二つである。そこには、復帰運動をはじめとする沖縄民衆の運動の高まりに支えられつつ、戦後の歴史的諸課題を科学的歴史学の立場から積極的に受けとめ、その解決の方向を見い出すために、主体的にとりくもうとする研究者の姿勢がよみとれる。自己の学問分野を通して、研究者としての社会的責任を果たそうとするこの姿勢は、貴重なものである。

つぎに、近代沖縄における「民衆意識」の形成・発展を基軸に据えて、沖縄の近代史をあとづけた大田昌秀の『沖縄の民衆意識』（一九六七年刊）をあげなければならない。本書は、主として当時の新聞資料を豊富に駆使しながら、新しい視座から、多岐にわたる史実を著者一流のタッチで再構成した、ユニークな研究書である。本書については、さきにわたしは他の友人と共同で書評を試みたことがあるが（「沖縄歴史研究」六号）、大田はそのなかで、明治以来強調された「人間不在」の「皇民化教育」と、それを内側から補完していった「明治の沖縄のエリートたち」が、最終的にはあの壮大な破滅に導いたのだ、と暗に、だがきびしく指弾する。大田のこの視点は、やがて『醜い日本人』（一九六九年刊）につらなり、『拒絶する沖縄』（一九七一年刊）へと発展する。そこには、学徒隊として「沖縄戦」にかりだされ、多くの学友たちを失い、みずからは九死に一生をえた著者が、死者を代弁して生きているかぎり叫ばずにはおれないという、腸わたをちぎる思いの告発があり、読む人の胸をゆさぶるものがある。戦争体験を、これほどまでになまなましく、かつ、持続的に、自分の生き方のバネにしつづけてきた人も、そう多くはない。

沖縄近代史、ひいては現実の「沖縄問題」が提起する思想的側面を問題としてとりあげてきたのは、大城立裕・新川明・川満信一など、主として文学者たちであった。なかでも「反復帰」・「非国民」の立場から問題をなげかけつづけてきたのが新川明『反国家の兇区』である。新川は、「日本同化志向＝『復帰』思想」を批判し、日本と沖縄の異質性＝『異族』性」を強調することによって、「〈国家としての日本〉を撃つ」拠点としての、「沖縄の自立的思想の可能性」を求めることが、今日緊急な課題だと指摘した。このような思想・観点から、新川は沖縄近代史に関する従来の研究と研究者に対する批判を展開しており、それに対しては歴史研究者の間からも一定の反論と、それに対する新川の反批判も出されている。だがそれは、どちらかといえば政治論的に処理されたきらいがあり、学術的な論争にまで昇華されるに至っていない。新川が、すぐれて「思想の問題」としてなげかけていることがらは、その論理と実証をふまえながら歴史研究者も、しんけんにとりくみ、検討してゆく必要があると考える。

新川が指摘している通り「復帰」思想のもつ「日本同化志向」という一面を、わたしじしん否定するつもりはないが、戦後の「復帰」運動が担ってきた多面的な意義と役割は、ただたんに、「日本同化志向」という一面だけでは律しきれない、豊富な内容をもっていたと思う。別言すれば、「復帰」運動の過程で内実化されてきた沖縄民衆のエネルギーないし思想は、「復帰」が現実のものとなた時点で、雲散霧消してしまうようなものではなく、現実のあらたな局面で、変革のエネルギーないし思想として、発展的に継承されてゆくにちがいなし、また、継承されうるものだと信ずる。

二十七年間にわたる異民族＝アメリカの軍事的植民地支配という苛酷な状況のもとで、それとの不断に、日常的に対決することを避けては生きられなかった沖縄の民衆は、そのような境遇からの脱出のスジミチと抵抗の拠点を、同民族との結合・連帯という方向に求めてきた。それは、いわば歴史的必然であったようにわたしには思われる。

だが、われわれの前につきつけられた「復帰」は、沖縄の民衆が多年にわたってかかえこんできた矛盾と痛苦を、何ひとつ根本的に解決するものでなく、逆に、自衛隊の沖縄配備に象徴される、不吉な現実が、われわれの前途を暗く、重く塗りこめている。このような事態は、まったく予測しなかったことではない。否、「復帰」が現実のものとなってゆく過程で、そのマイナス面は色濃くわれわれの前に浮上してきていたからである。だとしても、沖縄の大方の人びとには、「復帰」そのものを拒む理由はなかったのである。そうしたなかで、過去の歴史体験に照らし、また、予測される事態を先取り的に「拒否」する思想的営為として、「反復帰」論は、新川にみられるごとく、「沖縄の自立的思想の可能性」を求める方向とともに、沖縄文化の独自性ないし異質性を強調してゆく方法論を導き出している。

ただ、新川のいう「異質性」＝『異族』性」の問題についても、結論的にわたしの考えをのべるとすれば、かならずしも「反復帰」論の論拠にはなり得ないと思う。また、日本との対比において一面的に強調されるのではなく、歴史の長い時間とひろがり――たとえば東アジアの地域的なひろがり――のなかで、見据えてゆく視点も必要ではないか。それも、新川が本誌三号の論文「文化・発想・情念――その断片的覚え書き」

でとりあげたような、結局は日本との対比における異質性の強調という形で処理されるのではなく、たとえば、和歌森太郎の次のような指摘に、わたしはひとつの方向を見出せないものかと考えている。

いずれにせよ、歴史の視角からいえば、まさに沖縄文化は、沖縄民俗をふくめて、独自性を具えている。それが本土人に違和感をおぼえさせるものをもっていることも、明らかである。けれども、一般日本文化以上に、極東アジアの文化を、それこそ象徴的に保留しているといえるようである。違和感は、日本人の多くが、余りにも既成の「日本的なもの」に固執するところから生じることだといえよう。国際的な視野で、沖縄を位置づける訓練が、一般の国民として必要だということを、沖縄文化の見方の上からも、また現実の沖縄の発展を考える上からも、痛感させられるのである。

（「沖縄文化の歴史的条件」科学と思想　No.2　一九七一年十月）

以上、沖縄歴史研究（近代史）の分野から若干の問題点を、かなり恣意的に指摘してみた。これまでの沖縄研究がそうであったように、おそらくこれからも、新里恵二がリンカーンの言葉をもじっていみじくもいったように、沖縄人の、沖縄人による、沖縄人のための沖縄研究を余儀なくされてゆくであろう。最後に友人の「手紙」を掲げて小稿をむすびたい。

しかしあなたやぼくのような沖縄の「歴史学徒」は、沖縄問題の中に自己の学問的課題を見つけることを一瞬たりといえどもやめるわけにはいきません。まして沖縄のように解決されていない歴史的課題を多く持つところでは、現実の複雑な状況に反映して存在している歴史的課題を敏感に発見し、それを学問上の問題に昇華し分析するという作業は沖縄の知識人や科学者たちに特有な課題として、沖縄学の大成者伊波普猷以来ひとつの潮流をなしています。特に現在、いわゆる沖縄問題に直面している吾々はますますそのような課題を自分のものとしないわけにはいきません。なぜなら、吾々は沖縄の知識人であることをやめることができないからです。

（高良倉吉「沖縄問題と歴史家の責任――ある沖縄の歴史家への手紙――」日本史研究　第一二二号）

「沖縄の知識人であることをやめることができない」、そのわれわれに「特有な課題」として、「沖縄」は永遠に問いかけてくるであろうし、その問いかけからわれわれはのがれることはできないのである。沖縄研究の課題は重い。

小稿は、歴史の分野から、わたしの関心に従ってまとめたものである。

わたしじしんは「中国近代史」に興味をもち、それを「専門」にしてきたが、「沖縄」から離れることはできなかった。「沖縄」を通して中国近代史を見、また、中国・朝鮮・日本をふくむ東アジア近代史のひろがりのなかで、「沖縄」の近代以降の歴史をとらえてゆきたい、そう考えつづけてきた。

このような問題意識が、「学問的」にどれほどの有効性をもち、実りをもたらすか、各国別の個別具体的な研究が、ますます細分化されながら進行しつつある日本の学界状況のもとで、雲をつかむ話に終るかもしれない。そうではあっても、やはりわたしは、「沖縄」にはじまり、「沖縄」に帰着する、そういう研究の方法と姿勢を模索しながら追究してゆきたいと思う。

〔『沖縄経験』4秋　1972年11月〕

三　書評

1　西里喜行著『清末中琉日関係史の研究』

「あとがき」によれば、本書は著者の「主に一九九〇年代以降に発表した十数編の論文を、『清末中琉日関係史の研究—琉球所属問題始末—』というテーマのもとに包括して再構成し、京都大学に提出した学位請求論文をもとにして」編まれたものである。

八〇〇頁を越すこの大著は、清末時期（一八四〇年代のアヘン戦争の時期から九〇年代初期の日清戦争直後まで）を対象に、〈琉球所属問題〉をメインテーマに据えて、中国・琉球・日本の〈関係史〉を多角的に分析した研究である。先行研究を丹念にフォローしているのはもちろん、内外の基本史料を博捜・駆使して、まとめられている。とりわけ解読に骨の折れる漢文史料を読み下して引用し、〈通説〉を批判的に検討しながら、随所に新しい知見が著者一流の達意な文章で開示されている。

本書は序言（書き下ろし）・結語（同）を除き、既発表の一五の論文が時系列・課題の展開を基軸に配置されている。そのうち、冒頭の「緒論」は著者自身が指摘している通り「本書全体の見取り図」となっていて、他の一四の論文が適宜第一編から第四編に振り分けられている。これらの論文は個々に独立して起稿されたものであるが、著者の明確な問題意識に支えられて、首尾一貫した著書にまとめられている。

これらの論文のほとんどは、個々に発表された時点で著者から恵贈され、一通り目を通していたはずであるが、こうして一著に首尾よく収録された段階で、あらためて通読して見て、著者のテーマに対する一貫して揺るぎない探求心に敬意と賞賛を禁じ得ない。

本書は「序言」で〈本書の課題と構成〉を明示し、東アジア諸国の従来の〈関係史〉の研究が、たとえば日朝関係史とか日中関係史といった二国間関係史の研究に「閉じられてしまう傾向」ないし「矮小化する傾向」に不満を表明し、本書では「アヘン戦争前後から日清戦争直後に至る半世紀余の琉球〈所属〉問題を中心に置いて、中琉日関係の諸相を検討」することを課題として設定している。そして、第一編から第四編までの、各編で取り上げる具体的課題をあらかじめ提起している。

「緒論」では、〈冊封進貢崩壊期の諸問題〉が取り上げられる。ここで著者は「前近代の東アジアにおける伝統的な国際秩序」を〈冊封進貢体制〉と呼び、その〈体制〉は政治的・経済的・文化的の三つの側面（機能）があったことを具体的に指摘し、その三つの側面（機能）が「有機的に組み合わされていることに注目」している。そのことを踏まえて、著者は「冊封進貢体制崩壊過程の時期区分」を試みている。

実はこの「緒論」論文は「あとがき」で著者のコメントがある通り、「復帰二〇周年記念沖縄研究国際シンポジウム」（一九九二年一〇月、那覇市）での報告がもとになっている。「本書へ収録するに当たって一部補訂」とあるが（たとえば〈琉球処分〉・〈廃藩置県〉という表現がなくなっている―評者注）、論旨に変更はない。著者はその中で、前近代の「東アジアにおける伝統的な国際秩序＝冊封進貢体制」が崩壊し、「欧米列強の主導する近代的な国際秩序＝万国公法体制」が成立して行くプロセスを、第一期（一八四〇～五〇年代）から第五期（一八九〇年代後半以降）までの五期に区分し、それぞれの時期における〈琉球問題〉に対する清国と日本、および当の琉球側の立場や思惑などを織り込みながら、冊封進貢体制の崩壊→近代国際法秩序の形成過程を、ダイナミックな手法で分析している。著者によれば、第三期（一八七〇年代から八〇年代前半）以後を「冊封進貢体制の本格的解体期として特徴づけられ」るとし、「東アジア諸国関係の再編成を主導したのは、成立後まもない明治政府であった」として、この〈イースタンインパクト〉の文脈の中で、台湾事件・琉球併合（廃琉置県）・壬午事変・甲申政変を位置づけた。

さらに、そうした時期に日清両国間に〈日清提携〉・〈興亜論〉・〈アジア連合論〉が提起されたことに注目し、ただ日本と中国における認識がクロスすることなく、現実には日清戦争における両国の決裂によって提携・連合の絆は失われ、冊封進貢体制も最終的な解体期を迎える、と結論する。

以上本書は、第一編「アヘン戦争前後の国際秩序と琉球王国」、第二編「中琉日関係の再編成期における琉球王国」、第三編「清国外交官の対日観」、第四編「清末ジャーナリズムの国際認識と琉球問題」と続き、「結論」で締め括られる。各編ともそれぞれいくつかの章を立てて議論を展開しているが、個々の論旨の紹介は割愛し、最後に本書の成果と幾つかの問題点を指摘しておきたい。

本書の最大の成果は、著者自身が「序言」で記していたように、一九世紀の四〇年代から九〇年代頃までの、東アジアの国際環境のもとで、〈琉球問題〉ないし〈琉球所属問題〉が、どのように取り上げられ議論され、解決が図られようとしたか、を二国外交の狭い枠組みでなく、多角的に分析・検討が加えられたことであろう。なによりも琉球の〈歴史的個性〉ないし琉球の〈主権〉という視点を導入していることが注目される。

次に日清間に〈琉球分割条約〉が交渉妥結し、調印の直前になって清国側の遷延策にあって事実上調印拒否・廃案に導いた背景について、従来の通説によれば、〈伊犂問題〉をめぐる露清葛藤（ロシアと清国のトラブル）の動向に目が向けられて来たのであるが、著者は独自に発掘した豊富な史料によって、李鴻章など清国要路者に対する亡命琉球人の陳情＝救国運動が最大の要因であることを論証した。これは新たな知見として貴重である。

若干気になる事柄もある。それは用語の問題として、これまで〈琉球処分〉で慣用されてきた用語に代えて、本書では〈廃琉置県〉という用語が使用されている。たとえば清国総理衙門の日本政府への「照会」文の中には日本側の〈琉球処分〉を〈廃球為県〉（球ヲ廃シ県ト為ス）という用語が使用されているが、〈廃琉置県〉の用語は使用されていないように思われる。この用語は深い意味を込めた著者の造語かと推測する。つまり、〈琉球処分〉とは次元の異なる意味を込めた用語として使用されていると思われるが、同時代の行政用語として使われ、歴史用語としても定着している（と考える）用語に代えて、あえて新たな用語を使用しているが、これらのことについては今後、議論を呼ぶことになろう。

本書は著者の琉球（沖縄）へのこだわりと深い思索から導かれた成果である。当該時期の〈関係史〉を研究する上で、盤石の基礎を据えた著書として高く評価したい。

（『日本歴史』二〇〇六年一〇月号）

2　海音寺潮五郎『鷲の歌』

著者は、「あとがき」で朝日新聞学芸部のスタッフから、「琉球の歴史小説」を書いて欲しい、と頼まれた。「沖縄の復帰問題は現代日本の大問題」だと認識していた著者は、「沖縄の歴史を本土の日本人に知らせる必要があると思うから」、という彼の強い要求に打たれて、書くことに決めた。

それから、著者は「沖縄関係の書物を集めにかかり」、読み始めた。その中で、喜舎場朝賢の著『琉球見聞録』の附録になっている『琉球三寃録』と『東汀随筆続篇』に巡り会い、「これだ!」と、「夜の明けたような気になった」という思いに至った。

海音寺潮五郎『鷲の歌』

海音寺のこの作品は『朝日新聞』(東京、夕刊)の、一九六八年五月二〇日から、翌六九年四月一九日まで、ほぼ一年かけて二八一回にわたって連載された。

著者は朝日新聞一九六九年四月二四日(夕刊)に、《『鷲の歌』を終って》を掲載しているが、その中でこのように述べている。

「沖縄と薩摩との関係が、最も集約的に、最も劇的に、最も鮮明に表れている事件である。

しかも、時代は幕末風雲のころだ。一般維新史と薩摩維新史とに照合して、この事件をながめると、最も興味深いものがある。中央の歴史学者も知らず、沖縄の歴史家も気づかないことが、ここにはある。はげしく心がおどった。」

「事件」とは、「牧志・恩河事件」と呼ばれる琉球王国末期に起こった疑獄事件である。幕府の鎖国政策の向こうを張って、積極外交の展開を目指す薩摩藩主島津斉彬は、その拠点として琉球を指定し、蒸気船の購入、海外貿易の拡張のために福州の琉球館を拡張、西洋諸国への留学生の派遣等々、当時としては破天荒の政策を打ち出す。その政策の実行に、都合の悪い人物を排除し、他方、例えば外国語通事牧志朝忠を異例に抜擢するなど、王府人事に対する露骨な干渉をしかけてくる。この積極外交を進めてきた藩主斉彬が急死することとなり、薩摩の方針が頓挫すると、たちまち王府内の保守派の巻き返しの反動が起こり、薩摩の政策を支持してきた恩河朝恒（親方、向汝霖、御物奉行）・小禄良忠（親方、馬克承、三司官）・牧志朝忠の三人が、逮捕・投獄され、厳しい拷問を受けた。「事件」は一年余の糾明が終わり、一八六〇年（万延元、咸豊一〇）一二月、三被告に判決が下され、「事件」はひとまず終息する。

「事件」の内容＝ストーリーとしては、ほとんど『三寃録』に依拠したものになっているが、薩摩側の内幕を丹念に取り入れて、「事件」の奥行きを覗かせている。

本書は史実を踏まえながら、「小説」としての体裁でまとめられている。「小説」として見ると、おそらく主役は牧志朝忠で、脇役が赤人（あかひと、糸満の漁民）として設定されていると考えられる。本書は「あとがき」も合わせて二四の項目（見出し）を設定しているが、その中で「大湾朝忠」と「糸満の赤人」（架空の人物）の二項目のみ、登場人物名をあげていることからもうかがわれる。牧志朝忠については、歴史的に実在の人物、しかも「事件」の中心人物であるので、改めて紹介するまでも無いかも知れない。必要な場面で触れることとして、ここでは、赤人がどういう役割を担って登城するか、触れておきたい。

赤人は糸満の漁民。土佐沖を漂流中に土佐の漁民に救助された後、土佐藩から江戸に送られ、後に薩摩藩に引き渡される。

数年前には土佐の漁民中浜万次郎が暴風のために漂流し、アメリカ船に救助されてアメリカで勉学し、帰国を試みる。途中摩文仁の浜に来着する（嘉永四＝一八五一年とされる）。しばらく翁長に滞在するが（その折に牧志朝忠は万次郎に会っている）、のち鹿児島に連れて行かれ、藩主に即位した島津斉彬に厚遇され、のち長崎奉行を通じて幕府に引き渡される。万次郎は幕府の直参のさむらい待遇をうけている。

赤人は三年近くの江戸滞在の間に、斉彬にも万次郎にも会っている。偶然とはいえ、鹿児島・江戸での見聞と引き較べ、赤人には、琉球がいかに堅苦しく生きずらい社会かを身を以て体験した。そのことを万次郎の前で、次のように述懐している。

「（琉球では）王子、按司、親方の三つはヤマトの大名衆だが、その下に侍がある。これが親雲上、里之子・筑登之、平士と四段あって、その下が百姓。糸満の漁師はその下だ。大名と侍と百姓と糸満漁師との間には、それぞれ高い壁がそびえている。上級者の下級者にむかっての態度やことば使いなど、その威張りようといったらない。もっとも、糸満人はかえって百姓らを見下げているが。こうであるくせに、薩摩からの在番役人には、王様も頭が上がらない。王子だって、按司だって、親方だって、ごきげんばかりとっている。」（八六頁）

のち赤人は市木四郎（伊知良親雲上）の下人（召使）として雇われ、その手足となって情報を集め、事態の進行に大きな役割を果たす。最後は船で薩摩に連行される朝忠の付き人として、朝忠の投身自殺を目撃することになる。

この小説の終わりに近く、著者はこの「事件」が架空の疑惑ででっち上げられたものであった、と次のように記している。

「小禄らにたいする政府当局の疑惑は、実は根のないものである。進歩的考えをもっている故に島津斉彬の方策に協力し、従って栄えていた小禄らにたいする、保守派の嫉妬と憎悪とが、空中に描き上げた蜃気楼にすぎない。」（三五六頁）

また、次のような牧志朝忠の述懐も、記憶に留めておく価値のある指摘だ。これは、獄中から奉行所に連れてこられ、薩摩へ連れて行かれる直前、牧志が赤人に語った言葉である。

「わしらがあんなに働いても、藩の方針がかわると、もう見向きもせん。ひとことか二言、口をきいてくれれば、わしらは救われたのだ。玉川王子は夫婦別れせずにすみ、恩河親方は死なんですみ、小禄親方は罪せられんですんだのだ。わしもだ。わしは終身禁獄の判決を受け、もう三年八ヵ月牢舎にいる。うらめしいぞよ。」（三八〇～八一頁）

この小説の終章は「綾羽の鷲」という名がついているが、「綾羽の鷲がかえったならばな、白羽の鷲がかえったならばな、正月《しょうがち》の朝早く、新年《あらとし》の朝まだき、浦安の国へ舞い行け、大ヤマトの島へ翔《かけ》り行け、美しい鷲よ、勇ましい鷲よ」と、いくつもの鷲が空高く渡って行くさまを、子供達が歌い、赤人も歌っている、という情景で結ばれている。この「歌」は八重山の「鷲の鳥節」をなぞったものと思われる。

その真意を著者は先記の新聞記事の中で、次のように締めくくっている。「小説中の赤人の心は作者の心である。復帰の一日も早からんことを切願している。」

この小説では、牧志の「入水」の年月日（文久二年七月一九日＝『三寃録』）については、本文著述では触れられていないが（意識的に？）、「あとがき」で一年遅らせて「文久三年」としている。その理由を著者は、次のように弁明している。

「三寃録の記述と相違して書いた点もある。たとえば、三寃録は牧志朝忠が薩摩役人によって牢獄から連れ出され、鹿児島に連れて行かれる途中、入水して謎の死を遂げた時日を、文久二年六月としているが、これは文久三年六月であったはずと信じ、そう書いた。文久二年の六月以前には、薩摩藩には英語にたけた人物を必要とするような外交や貿易の事務はまだなかったからである。」（三九〇頁）

史実を勝手に換えるのはどうかと思う。「生麦事件」（文久二年八月＝一八六二）に伴うイギリスとの賠償交渉が難航したこととの絡みで、通訳としての牧志の必要性の時期を設定していると思われるが、薩摩が強引に牧志を連行したのには、外国語通事として必要としていた以外に、前藩主斉彬の手足として奔走した牧志を、政治的に糺明する人物として、呼び出した可能性も否定できないのではないか。

もう一つ、慶長の役（島津の琉球侵攻）の際、薩摩で殺害された謝名について触れたか所がある。

「薩摩ははじめから侵略を決意していたのだから、琉球がどんな態度に出ようが、結果は同じであったとも思われるが、当面のこととしては、親中派の謝名の政策が弾力を欠いていたための失敗である。薩摩のほしいのは中国貿易の利なのだから、やりようでは、その利をある程度あたえることによって、はるかに有利な局を結ぶことが出来たかも知れないとも言える。」（四九〜五〇頁）

謝名（鄭迵）の思想と行動に触れるのであれば、彼が薩摩で起請文への連判を拒否して、斬首された経緯にも触れなければ、片手落ちの誹《そしり》を免れない。

総じて本書は、「牧志・恩河事件」の経緯を『三冤録』を下敷きに、薩摩側の事情を詳細に取り入れながら書かれている。いくつかの疑問点も指摘したが、著者が現実の沖縄の「復帰」問題が取り沙汰されていた時期に、渾身の思いを込めて書かれた作品だといえると思う。

《追記》

こういう本がある、と武石和実氏から本書を示され、書評を勧められた。一読してその内容が、ほとんど喜舎場朝賢『琉球三冤録』を基本的に踏まえた記述となっていることがわかった。書評の視点を決めあぐねて苦慮したあげく、再読した上で書き上げたのがこの書評である。

なお、本書は当初『朝日新聞』（東京、夕刊）に連載されたということで、冨田千夏氏には関連記事の一部をコピーで提供していたき、書評を書く上で大いに役立った。

《参考までに》

沖縄の作家にも「牧志・恩河事件」を題材にした作品がある。

嘉陽安男『奔流に生きる――小説・琉球三寃録――』
琉球新報　連載（一九九一年）
嶋津与志『琉球王国衰亡史』（岩波書店　一九九二年）

牧志恩河事件関係略年表

年	月日	関連事項
弘化元・辰（道光二四）（一八四四）	三・一一	仏船一隻那覇に来たり、通信・布教・貿易を要求
	三・二〇	宣教師一人、中国人一人、天久聖現寺に留め屋く
弘化三・午（道光二六）（一八四六）	四・五	英船一隻来たり、ベッテルハイム、護国寺に留まる
	六・二六	島津斉彬、飛船を琉球に発し通信・貿易を許せ、と
	七	新納四郎右衛門、琉球出張の命を受ける
	一〇・三	浦添王子・国吉親方、奉行所へ出頭を命ぜられ、運天に出島を築き貿易を許るべし、との密命を受ける
弘化四・未（道光二七）（一八四七）	九・一七	尚育王死去
嘉永元・申（道光二八）（一八四八）	五・八	尚泰即位式
	一二・一八	調所笑左右衛門死去
嘉永二・酉（道光二九）（一八四九）	一二・六	島津斉彬の与党多く罪せらる（斉彬崩れ）
嘉永四・亥（咸豊元）（一八五一）	二・二	島津斉彬、藩主を継ぐ
	九	薩摩藩、板良敷朝忠の功を賞して三〇金を給す
嘉永五・子（咸豊二）（一八五二）		是の年、大里王子尚惇（章鴻勲）摂政に任ず

嘉永六・丑（咸豊三）（一八五三）	四・一九（新五・二六）	ペルリ那覇港に来航
	四・三〇	ペルリ提督以下入城
	五・一二	総理官摩文仁按司、米人入城の責任で退職、宜野座按司これに代わる
	一〇・　二	藩庁、板良敷親雲上を賞す
安政元・寅（咸豊四）（一八五四）	六・一七	米国と条約交換（琉米条約に調印）
	九・二〇	薩摩より内命あり（蒸気船一隻購入の事、他）
	一〇・二九	薩摩藩内命の件に付、有司の意見を徴す
安政二・卯（咸豊五）（一八五五）	三	薩庁命あり、用意方筆者板良敷里之子親雲上に金子三〇両を給賜す（異国人との交渉の功績に対する褒奨）
	八・　一	板良敷里之子親雲上、読谷山間切大湾地頭職に任じ大湾親雲上と改称
	一〇・一五	琉仏条約に調印
安政四・巳（咸豊七）（一八五七）	三・二七	大湾、私意で外人と贈答した廉で謹慎を命ぜらる
	七・一二	小禄親方良忠（馬克承）三司官に任ず
	八・一七	市来正右衛門、島津斉彬（藩主）の密命を受け渡琉し、英米仏三国へ書生派遣をはかる
	八・二三	斉彬、市来に密命し汽船購入の件をはかる
	八・二六	恩河親方、鹿児島に着く
	八・二九	汽船注文・三司官座喜味親方排斥の件で斉彬重ねて市来に密命、恩河親方もこの二件につき斉彬の「内意」を受ける

	九・一二	新納・恩河・摩文仁三人、山田壮右衛門宅にて密命を受ける。即日三人連署、書を琉球に発し密命の趣意を遵奉せんことを勧む
	一〇・一一	市来正右衛門着琉、恩河親方同船
	一〇・一三	大湾朝忠を十五人席に列せしめ欠員あるを候ちて日帳主取に任ずべき旨、薩摩より命あり
	一一・　三	市来、摂政三司官および小禄・恩河・大湾等を私宅に招き密命を伝う。この日、市来は恩河・大湾二人を居残らせ、密議を続けたが、二人共にその議に賛成し開国論を唱えた
	一一・　六	池城・小禄両人、市来宅へ出頭し復命、即ち汽船購入の件、渡唐通商の件、台湾開港の件、福州琉球館拡張の件、座喜味親方免職の件等を承諾し、内地商人の件、留学生派の件、大島琉球に交易場設置の件等を謝絶する
	一一・　八	一〇月一三日の指令により大湾を十五人席に列せしめ、日帳主取の事務を執らしむ
	一一・一〇	小禄・恩河・大湾三人市来を訪問し、前日謝絶の数件、会議まとまりがたき旨を伝える
	一一・一三	豊見城・池城・小禄・恩河・大湾等が在番奉行所に出頭し、国王の命により内命悉く承認の旨を伝える
	一一・二三	大湾親雲上日帳主取に任ず
		この年大湾朝忠、薩摩の命で市来・岩下二人に英語を教授

安政五・午（咸豊八）（一八五八）	四・一二	大湾親雲上、真和志間切牧志地頭職に転じ以後牧志親雲上と称す
	四・一六	翁長親方毛恒徳（向汝礪）、座喜味親方に代わり三司官に任じ譜久山と改称
	五	恩河親方上国
	七・一六	島津斉彬死去（二〇日喪を発す）
	七・二四	奉行所より小禄を布政官に、牧志を度支官に昇任を命ず
	八・九	汽船注文一件結了、市来復命を発す
	九・二	飛船、斉彬死去の報を琉球にもたらす
	一二・二〇	斉彬死去によりオランダとの交易一件は、琉球だけのことにして手軽く取り結ぶべし、と
安政六・未（咸豊九）（一八五九）	二・二三	物奉行恩河親方朝恒を免職
	二・二八	恩河親方を獄に下す
	三・二五	唐首尾使者宜野湾親方、帰帆。新納太郎左衛門の密書を持参し上申
	五・九	三司官小禄親方を免職。與那原親方（馬朝棟）がこれに代る（総理官＝高嶺按司、布政官＝伊是名親方） 摂政・三司官、親見世にて茂久斉興に「異心」無きを誓書血判、小禄免官につき欠席。
		摂政＝大里王子、三司官＝譜久山親方、池城親方。
	五・一〇	小禄親方、隠居を命ぜられる

	五・一三	牧志、桑江を小禄邸に遣わし、与力潮平に面会し、異国方岩下新之丞に贈賄し、事を平穏に治めしめんことを勧めるも、潮平これを拒む
	七・一八	小禄を獄に下す（小禄等の陰謀の噂世情に流布す）
	八・一二	與那原親方（馬朝棟）、法司に任ず
	九・　三	三司官小禄の与力潮平を拘留す
	九・一七	島津斉興死
	九・二三	潮平等を糺問する
	九・二六	日帳主取牧志親雲上朝忠を獄に下す
	一〇・一七	宜野湾親方・阿波根親方を糺明奉行に加える
	一一・　四	伊江王子・仲里按司・摩文仁親方・宇知原親方四人を糺奉行となす
	一一・二〇	名嘉地・桃原等の誣言により潮平を引き出し礼物一件につき糾明（伊江文書）
	一二・二六	名嘉地・桃原を引き出し、潮平と対決させる
	一二・三〇	恩河を久米島に六年流刑する
万延元・申（咸豊一〇）	閏三・一二	恩河、獄中にて死去
（一八六〇）	一〇	衆官を国学に集め小禄・牧志等の罪を議定す
文久元・酉（咸豊一一）	一・一〇	小禄以下罪状決定、報告書を出す
（一八六一）	一・二六	摂政大里王子退役、或いは安政の疑獄による引責か
	三・一二	仲里按司朝紀（向允譲）摂政任官、同二一日與那城王子と改称

文久元・酉（咸豊一一）（一八六一）	このころ	牧志、八重山へ一〇年流刑の宣告を受けたが、風不順、或は他国に漂流し外人の目に入ることを恐れ留置中
文久二・戌（同治元）（一八六二）	五・二二	宜野湾親方、池城親方に代り三司官に任ず
	六・四	薩庁の命で牧志を連れ出すことに
	六・五	牧志一件について評議する
	六・七	與那城王子等、在番所へ出頭、牧志の上国の用捨（容赦）を歎願
	六・一〇	牧志病気とのことで家族を奉行所へ出入りさせる
	七・一四	宜野湾親方等、出船
	七・一九	市木次十郎、牧志を携えて出船、同夜牧志入水
	八・三	嘆願使宜野湾親方鹿児島着

（東恩納寛惇著『尚泰侯実録』によって作成）

あとがき

本書に収録した「牧志・恩河事件」に関する史料（喜舎場朝賢「琉球三寃録」手写本、「三司官小禄親方與力　潮平筑登之親雲上里実事跡」、および「伊江文書　牧志恩河一件」）は、とくべつの場合（たとえば抬頭や本文の区切り）以外、改行が無く、句読点も無しで記載されている。本書に収録するにあたっては、適宜改行をし句読点を施した。また文中助詞のたとえば、「江」・「者」・「茂」などの変体がなを、「え」・「は」・「も」に置き換えた。

本書の主題である「伊江文書　牧志恩河一件」では、主要人物三人――恩河・牧志・小禄――に対する判決文は見られない。「風聞」以外に確かな証拠のない裁判である故、「罪」の確定が困難であったことにもよると思われるが、糾明する側でも「罪」を認めるまで、「栲問」の続行を主張するいわば徹底糾明派と、栲糺を止めて処分法を議すべしとする一派と、二派に議論は分かれた。糾明のほぼ最終段階に来た時点での、両派の意見を最後に紹介しておきたい。

まず、小禄・牧志の「糺方一件」で「見立相替」（見解の相違）があるはずだから、「吟味書」を廻すので意見を申し述べよ、という次の文書から始まる。

「小禄親方・牧志親雲上一件につき、加勢主取與那城里之子親雲上并に宇地原親方・摩文仁親方・伊江王子の御意見に付き、落着成り難き所より、見立て相替るはず候間、右吟味書を相下げ、存じ寄りの程を書き付けを以て申し上ぐべき旨仰せ渡さる」。

ここでいう「與那城里之子親雲上・宇地原親方・摩文仁親方・伊江王子のご意見」というのが、すぐ次に

示す文書である。〔「申」は万延元＝咸豊一〇＝一八六〇年〕

紏明官意見書〔宇地原親方・摩文仁親方〕　徹底紏明派の主張

小禄親方・牧志親雲上の晴目筋の儀、当分張合に相成については、疑いの情犯を以て罪科仰付けられたく、役人共は申出、與那城里之子親雲上（大屋子主取）には、なお紏し方仰せ付けられたく申し出候。之により、吟味つかまつり候は、お咎目向きの儀、明白に紏し付け、所犯相当に仰せつけられず候ては、叶なわざる事に候ところ、役人共見付の通り、疑いの情犯を以て罪科を召し行われ候ては、従者は張本に相成り、穏やかならざる儀に御座候。小禄の紏明筋、いまだ行き届いてない所より、白状致さざるつもりと存じ奉り候間、なお口問等をくわしく取り調べ、紏明筋を精々（詳細に）手を尽くし候はば、白状または証拠に相成るべき儀共が出来いたし、犯す所が明白に相成り、相当の御取り扱い相成り申すべくやと、存じ当たり申し候。此の段申し上げ候。以上

（申？）六月

宇地原親方

摩文仁親方

右吟味の通り同意存じ上げ候。以上

伊江王子

（本書　一九九ページ「F　紏明官意見書」参照）

これに対する慎重派の批判的見解が、次の文書である。

疑いの容疑で罪を減ず

糺明官の意見〔小波津親雲上・盛山親雲上・與世山親方・仲里按司〕

摩文仁親方・宇地原親方書面に、小禄疑いの情犯を以て罪科を召し行い候ては、従者は張本と相成り穏やかならざる段相見え候ところ、なるほど証拠が之れ有り候えば、糾し明白に相成るべく候えども、何も証拠之れ無く、口柄までの事ゆえ、自然《もし》牧志も中使致したる儀之れ無き旨、張り通し候はば、何分首尾引き結び難き躰にも成り立ち候処、牧志には中使致したる段申出、小禄には牧志より小禄の名を仮り、内意致したる積もりと張り合いながら、小禄晴目の内、気づき不足の明き間《すきま》これあり候につき、小禄より内意致したる形に糾明相決し、疑いの情犯を以て等を減じ、牧志より罪科軽めの方に仰せ付けられ候ても律法通りにて、従者は張本と相成り候筋にてはこれ無し。

尤も先例も之れ有り候処、お咎め向きは明白糺し付け、所犯相当に仰せ付けられず候ては叶わずとて、限りなく糾明致し候向きにては、終に失命または苦痛に耐えかね、いやいやながら請合させ、実情を得ざる罪科差し過ごし候方に相なるべし。左候えば証拠無きにつき、疑いの情犯を以て等を減じ、御咎目を仰せ付けられる儀は穏やかならず、限りなく究明致し失明等に及ぼさせ候儀は、穏やかと申す筋合いにて、抑も律意取り失い差し当たり御不足（国王の至らなさ）はもちろん、往々《ゆくゆく》この流弊いかが成り行くべきや。（ここで中国唐代の残忍な刑官の例をあげているが略）。当時にても証拠・証跡構い無く、定法に替わり重刑具を以て責め扱い候はば、有らざる事も受け合い、または死亡に及ばざる者は罷り在るまじく積もりにて、此の所能くよく相慎まず候て叶わざる儀と存じ奉り候。

小禄糾明筋、いまだ行き届かざる所より、白状致さず候間、なお口問帳等くわしく取り調べ、糾明致し候はば、埒あき申すべくと相見え候ところ、凡そ糺問は兼ねての心得題目にて、これまで糺問のみぎりは前もって口問帳取り調べ、節々取り束ねて尋ねの趣向、主取役人中の吟味を以て、出席の人数、差図を得候えば、存じ寄りの程も取り添え、段々相糺し糾明なかばにも、存じ寄り之れ有る節は、犯人引き寄せ候て、吟味の上なおまた問つけさせ、去年七月以来、拷指・栲問都合十二座に及ぶ責め扱い致させ候えども、三司官内意致したる儀、毛頭之れ無き段、申し出候につき、奉行役人共工面を尽くし、手懸り相成るべくと存じ候儀共は、無罪者まで牢込めを以て段々相糺し、その上ながら風説の事々も穿鑿致し候えども、何ぞ手がかり相成るべき儀出来申さず。尤もお見付替わりの御銘々にも、兼ねがね口問帳、平等方又は御取り寄せにて、お調べ成られ候につき、とかくご工面を尽くされたる筈候えども、此のほど何たる御存知寄りも之れ無し。

此の上は重ねて穿鑿の手筋相絶ち候処より、是非に及ばず当分の晴目書にて、糾明し居り候方、吟味を以て申し上げ置き候ところ、今更小禄糾明の手筋行き届かず、なお口問帳等くわしく取り調べ、精々《くわしく》手を尽くし候はば、白状または証拠が出て来るとの儀、何とも心得がたき儀と存じ奉り候。

右は御尋に依り吟味仕り申し上げ候。以上。

申　七月

小波津親雲上
盛山親雲上
與世山親方
仲里按司

（本書一七三ページ　L　「糺明官の意見」参照）

東恩納寛惇『尚泰侯実録』によれば、その前年（安政六＝咸豊九＝一八五九）の一二月三〇日に「恩河ヲ久米島ニ六年流刑ス」、翌年（万延元＝一八六〇）閏三月一二日、「恩河親方獄中ニ卒ス」とあル。文久元年（一八六一）正月一〇日、「小禄以下罪状決定、報告書ヲ出ス」とある。「是頃」として「牧志八重山へ十年流刑ノ宣告ヲ受ケタルモ、風不順、或ハ他国ニ漂流シ、外人ノ目ニ入ラン事ヲ恐レ留置中」とある。翌文久二年（一八六二）六月四日、薩庁の命で獄中より連れ出され、七月一九日、薩摩へ連行される船上から「入水」とある。

小禄親方についての「罪状決定」後の経緯については、右『実録』には記載は無い。『三冤録』では、「同日（万延元）十二年（月）、小禄旧三司官を伊江島照泰寺へ五百日の寺預」とある。ところが、『伊江村史』によれば、「小禄は伊江島に渡ったというが島では何も伝わっていない。身分の高い人故寺から出ず島民に見られることがなかったのではないかと思われる」とある（上巻、三八四頁）。このように晩年の小禄親方のゆくえは確認されていない。

最後に本書をまとめるにあたっては、冨田千夏氏にはデータの作成等に協力していただいた。元沖縄県立博物館・美術館長田名真之氏からは、史料解読に助力を得た。また、歴代宝案編集室のスタッフの皆様にも支援をいただいた。感謝申し上げたい。

二〇二四年十月〇日

金城　正篤（きんじょう　せいとく）

1935年生。糸満高校・千葉大学卒。京都大学大学院修了。琉球大学名誉教授。
主な著書。『琉球処分論』・『伊波普猷』（共著）。『沖縄県の歴史』（共著）・沖縄県の百年』（共著）・『沖縄から中国を見る』・『沖縄県史』（政治編、経済編等分担）。

沖縄学術研究双書・19

牧志恩河一件　琉球王国末期の疑獄事件

ISBN978-4-89805-256-3　C1321　　2024年　12月５日　印刷
2024年　12月10日　発行

著　者　金　城　正　篤
発行者　武　石　和　実
発行所　（有）榕　樹　書　林

〒901-2215　沖縄県宜野湾市真栄原3-8-3 大光ビルⅢ-203
TEL 098-943-7991　FAX 098-943-7274
E-mail：gajumaru@chive.ocn.ne.jp
郵便振替　00170-1-362904

印刷・製本　（有）でいご印刷　Printed in Ryukyu